VICTORY

不列颠的荣耀

英国巨舰与海上战争

张恩东　编著

机械工业出版社
CHINA MACHINE PRESS

本书为英国巨舰与海上战争的第二册，介绍了从乔治一世到维多利亚女王统治前期英国建造的所有一级舰及英国海军当时参加过的重要战役，其中不乏像"胜利"号、"皇家主权"号这样的历史名舰以及圣文森特角海战、特拉法尔加海战这样家喻户晓的经典战役。本书将从技术参数、历史背景和使用情况等多角度向读者展现这些巨舰的英姿。

图书在版编目（CIP）数据

不列颠的荣耀：英国巨舰与海上战争／张恩东编著．—北京：机械工业出版社，2017.10（2023.3 重印）

ISBN 978-7-111-58101-7

Ⅰ.①不…　Ⅱ.①张…　Ⅲ.①海军—军事史—研究—英国
Ⅳ.①E561.53

中国版本图书馆 CIP 数据核字（2017）第 235148 号

机械工业出版社（北京市百万庄大街 22 号　邮政编码 100037）
策划编辑：杨　源　责任编辑：杨　源
责任校对：杨　源　责任印制：单爱军
北京虎彩文化传播有限公司印刷
2023 年 3 月第 1 版第 2 次印刷
184mm×260mm・17 印张・3 插页・426 千字
标准书号：ISBN 978-7-111-58101-7
定价：198.00 元

电话服务　　网络服务
客服电话：010-88361066　机　工　官　网：www.cmpbook.com
010-88379833　机　工　官　博：weibo.com/cmp1952
010-68326294　金　书　网：www.golden-book.com
封底无防伪标均为盗版　机工教育服务网：www.cmpedu.com

序 言

我家书架上如今已然摆放，甚至堆放着各式各样、内容繁杂的图书，为此我常自得其乐，徜徉架前，或翻找、或阅读、或欣赏……仿佛一位统帅在检阅自己的“千军万马”。在众多图书中，有三本书格外夺人眼球！它们不仅有着国际流行的硬壳精装样式，而且还有着设计精美的蕴味，当然更在于它独到的内涵。几年前，我第一次看到这三本书时，为其极具冲击力的书名震撼：《血与金的无敌战列舰——风帆巨舰与海上战争》、《郁金香的海上兴衰——荷兰战列舰与海上战争》和《鸢尾花的海上沉浮——风帆时代的法兰西巨舰》。假如一些人有兴仔细翻阅这些书，也许会得出这样一个结论：该书作者肯定是一位学富五车、饱读战史的老学者，或是长期从事风帆战列舰及其作战研究的老专家。然而，如果接触作者，则会让你吃惊：这三本书的作者张恩东，今年才刚过而立之年；也就是说，我的这位“忘年交”早在 30 岁之前，就已出版了上述三本颇有份量，且较有见地的专著了。

不过，最令我吃惊的是，如今时间也就刚过一年，“初生牛犊”的张恩东再度改写、编撰了《不列颠的崛起——英国巨舰与海上战争》《不列颠的荣耀——英国巨舰与海上战争》；再为他的《风帆战列舰》系列增添一个全新角度的系列新品。在这部新书中，作者增加了许多生动有趣的小故事，并重新采集了更为清晰的图片与照片。此外，该书对装帧也下了很大功夫，有了重大改进，采用软皮硬壳精装，高质量的彩色印刷，清新简洁。

作为国内首部系统介绍英国风帆时期主力战列舰的科普读物，此书内容的时间跨度大约从 1509 年至 1714 年。作者之所以选择这段时期的战列舰，只因在此阶段，英国海上力量成功地完成了从崛起到走向霸权的巨大蜕变；伴随这个过程而建造的诸多威武战列舰中，自然就有许多性能卓越、令人扼腕的精品。例如 17 世纪上半叶，英国曾建造了万众瞩目的“皇家王子”与“海上主权”号两艘划时代的战列舰。“皇家王子”号大概是世界战列舰历史上第一艘正规的三层甲板战列舰；而“海上主权”号则是全球公认的首艘火炮数量超过 100 门的主力舰。17 世纪上半叶，快速崛起的荷兰立即成为了英国最大的海上战略对手。从 1652 年至 1674 年，英、荷双方爆发了三次战争，荷兰利用自己更为先进的海战理论在与英国的三次较量中均占得先机。然而，由于内部的诸多原因，这个“一夜暴富”的小国很快便在 17 世纪末开始衰败；进入 18 世纪后，便完全沦落至“无人问津”的地步。

进入 17 世纪，英国所面对的海上强大敌人，远不止是荷兰。自路易十四当政后，法国海军也开始步入飞速发展时期；到 17 世纪 80 年代，法国人打造出了一支在规模和数量上均属世界一流的舰队。不幸的是，在随后展现路易十四野心的奥格斯堡同盟战争和西班牙王位继承战争中，这支精锐舰队在与英国（也包括英国的同盟国荷兰）的对抗中完全损失殆尽，自此雄心勃勃的法国人最终又回到了起点。

1714 年，随着斯图亚特王朝最后一个国王——安妮女王的驾崩，英国开始步入漫长的汉诺威王朝时代，紧随其后的“英国巨舰与海上战争”舞台又开始上演崭新而又激烈的一幕。

国防军事专家 李 杰

目 录

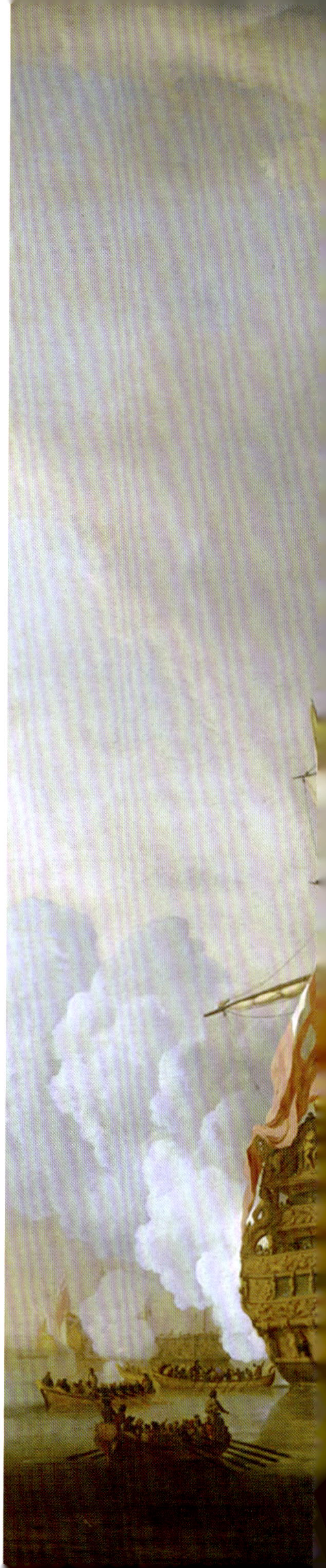

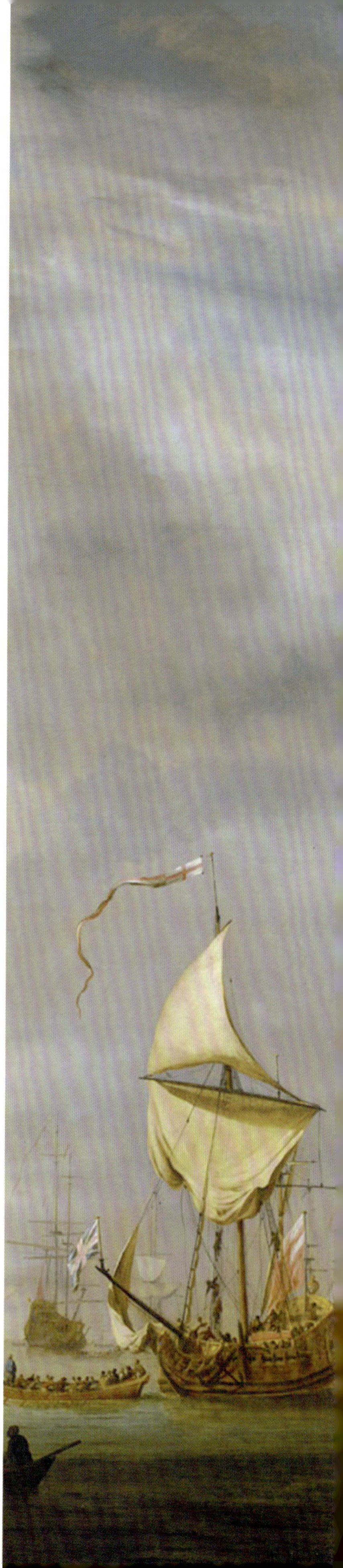

引 子

汉诺威王朝的开启使英国进入了一个崭新的时代。从乔治一世继承英国王位开始直到维多利亚女王去世的近200年的时间里，英国实现了由欧洲海洋霸主到“日不落帝国”的蜕变。而完成这一切的主导力量当然还是那个带领这个国度走向富强的海军。进入18世纪后，随着在西班牙王位继承战争中击败最大强敌法国和老对手西班牙及荷兰，一时间，英国海军“打遍欧洲无敌手”，成为名副其实的海洋霸主。

西班牙王位继承战争结束后，野心勃勃的路易十四逝世；暂时没有了野心家的欧洲大陆进入一个相对平和的时期。英国则利用这段宝贵的时间休养生息，建造出大批先进的优秀军舰；而这其中有很多为日后著名的舰型（诸如74门火炮战列舰）奠定了基础。

重建于1721年的英国“爱丁堡”号70门火炮战列舰的木质模型，该舰的前身是建于1666年的“厌战”号。70门火炮战列舰为日后标准的74门火炮战列舰的诞生奠定了基础

18世纪上半叶的英国一级舰

随着军舰设计建造的规范化（引进了舰级这一影响至今的理念）和海军人才培养的系统化，英国逐渐走在了各海上强国的前列，并且将这一优势一直保持下去，与身后追逐者的距离越拉越大，最终登上了“日不落帝国”的宝座。

以重建为主旋律的“老瓶装新酒”

随着长达13年的西班牙王位继承战争的结束和法王路易十四的死去，饱尝战争之苦近30年的欧洲终于回归平静。尽管由反法同盟所支持的哈布斯堡家族并未夺回西班牙的王位，但在接受了法西永久不得合并的条款后，路易十四最初发动王位继承战争的企图并未达成，这也使得欧洲再度回到均衡的势态中去。由于在位时采取的“穷兵黩武”政策深深伤害了国力，当路易十四死去，他的曾孙路易十五继位时（当时路易十五还只是个5岁的孩童），法国已然成为一座千疮百孔、摇摇欲坠的大厦，无力再与英国抗衡。大批在路易十四时期建造的主力舰因缺乏经费保养而破损和被拆毁，太阳王的庞大舰队在数年之内便化为乌有。

1715年登基时的路易十五的画像。路易十五登基时法国海军正处于“寒冬之时”，其衰弱的实力已经完全不足以和英国对抗

相较因为王位继承战争而几乎破产的法国和经济衰退导致急剧衰败的荷兰，英国虽然从战争中获利颇丰，但也并不能完全弥补因此而造成的损失。进入 18 世纪的最初十几年，英国并没有大规模建造新舰，其主力舰大多以翻新旧舰为主。例如 1670 年建造的 96 门火炮战列舰“伦敦”号，该舰在 1706 年接受重建升级为一艘拥有 100 门火炮的一级舰，并且将吨位由 1328 吨大幅增加至 1685 吨。此外，“皇家安妮”（由“圣安德鲁”号更名而来）、“皇家乔治”（由“皇后”号更名而来）、“皇家威廉”、“不列颠尼亚”与“皇家主权”（由著名的“海上主权”号更名而来）号均为这一时期重建的一级舰。这其中最为著名的当数“皇家主权”号了。

1701 年重建后的“皇家主权”号。该舰在 1724 年至 1728 年再度进行了重建，并在 1741 年重新服役

在上一本书里已经为大家详细介绍过世界第一艘火炮装载数量过百的主力舰——英国“海上主权”号。这艘战列舰在1685年便已更名为“皇家主权”号，并将这一光荣舰名一直延续至蒸汽时代。1701年重建的“皇家主权”号作为乔治·鲁克的旗舰参加了西班牙王位继承战争，战争结束后，该舰被闲置在查塔姆锚地。根据1719年英国海军建设计划，该舰于1724年2月18日开始重建，1728年9月28日重新下水并在次年完成了全部建造工作。然而该舰的服役却推迟至1741年，在此之前它一直与其余众多主力舰一同被闲置在查塔姆锚地。可以理解的是在和平年代，维护一艘巨舰的日常开销是十分高昂的，因此英国人的习惯是将这些暂时没有作战任务的舰只封存起来。

通常来说，重建的军舰都会比其前任拥有更大的舰体、更高的排水量甚至更强大的武备。但“皇家主权”号显然是个例外，重建的该舰与前一代相比在尺寸上几乎没有差别。“皇家主权”号在1756年被降级为一艘90门火炮的二级战列舰，终其一生似乎都未参与过任何一次海军作战行动，最后于1768年退役拆解。

随着经济的稳步增长和海军军费的增加，英国人翻新旧舰的热潮慢慢减退了。海军部制定了一个系统的增强海军舰队实力的计划，这就是著名的“1719年海军建设计划”。英国人将作为舰队核心力量的三层甲板战列舰划分为3个量级，分别为：100门火炮、90门火炮和80门火炮（与后期的80门火炮双层甲板战列舰完全不同）战列舰。随着时间的推移，90门火炮战列舰又逐渐进化为98门火炮战列舰；而战斗力不足的80门火炮三层甲板战列舰则在18世纪下半叶被双层甲板的同等级军舰所取代。在1719年海军建设计划实际建造成功的主力舰中，最引人注目的无疑是最后建成的100门火炮一级舰“胜利”号（和后文提到的“胜利”号并无联系）；而这艘战列舰的出名竟是因为它拥有风帆时代极为罕见的四层艉楼。

三层甲板的80门火炮战列舰“拉塞尔”号正在攻击一艘法国74门火炮战列舰。这种较小的三层甲板战列舰在面对新式双层甲板战列舰时并无太大优势，遂逐渐被淘汰

四层艉楼！独创一格的 1737 年版“胜利”号

建造于 1737 年的“胜利”号是根据英国海军部设立的 1733 年针对“1719 年海军建设计划”的改进意见所诞生的产物。该舰有一部分原料取自建于 1675 年的老一代“胜利”号。这艘老前辈于 1721 年因火灾而损失严重、因难以修复而被放弃。不过其尚未被烧毁的水线以下部分船体则被新“胜利”号所利用。新“胜利”号的设计者为著名造船大师约瑟夫 · 艾林，而这位别出心裁的大师则赋予了“胜利”号看起来毫无违和感的第四层艉楼。

保存在博物馆的 1737 年版“胜利”号的木质模型。其独有一格的四层艉楼清晰可见，并且并没有在视觉上让我们产生任何违和感

约翰·诺里斯爵士，（1670/1671—1749年）的肖像。他是为数不多的参加过1700年至1721年北方战争的英国海军将领之一

从“胜利”号的模型船艉样式可以看出，相较于17世纪的花哨和烦琐，这一时期的主力舰已经明显简化了船艉的装饰；不过依然在立柱和窗栏上有精美夺目的雕刻。这些金色的雕刻多采用木质为原料、在外面涂刷金色油漆，比旧式的纯金装饰不仅节省了大笔开支，还减少了艉部不必要的承重。不过尽管如此，该舰的造价依然不菲。据记载，“胜利”号的主体建造共耗费38239英镑，而其船艉和船体内部的各类装饰（该舰从一开始就作为旗舰来设计，因此内饰相当豪华）则又花去了12652英镑；使得总价高达50000英镑之多——这还不包括武器、补给和其他设备的费用。要知道，该舰是最后一艘全部配备青铜火炮的战列舰，而青铜火炮则比普通铁质火炮要昂贵得多。

说到这里自然要提及“胜利”号的火炮配置，其配备的100门青铜火炮如下所列：

28门42磅炮布置在下层火炮甲板；

28门24磅炮布置在中层火炮甲板；

28门12磅炮布置在上层火炮甲板；

4门6磅炮布置在艏楼，另有12门布置在艉楼。

从上数火炮配置来看，“胜利”号毫无疑问拥有当时英国海军的最强火力；而英国所装备的42磅火炮大概也是那个时期欧洲最具威力的海军舰炮之一了。

尽管在1737年便完成了下水，但“胜利”号迟至1740年才完成全部装配并成为海军上将约翰·诺里斯爵士的旗舰。诺里斯爵士曾参加过奥格斯堡同盟战争和西班牙王位继承战争，是一名身经百战的老兵。1734年退休后因詹金斯耳朵战争的爆发而被“重请出山”委以海峡舰队司令的重任，负责在英吉利海峡监视可能行动的法国舰队并与其对抗。

“胜利”号的尺寸在当时算是中规中矩，其设计火炮甲板长约53.26米，龙骨长约43.15米，船宽约15.39米，平均吃水约6.25米，船艉最深吃水处可达7.01米；标准排水量为1920吨，根据估算，它的满载排水量可以达到2906吨。该舰的最大船员数为850人，但在战时可视情况最多搭载大约900人参加战斗。

从以上参数可以看出，“胜利”号在英国人自己的海军里确已是首屈一指的大舰；然而放眼欧洲，相比同期法国和西班牙的同等级主力舰，它却是不值一提的。1740年4月8日，一艘名为“公主”号（Princesa）的西班牙70门火炮战列舰与3艘同等级的英国战列舰（均为70门火炮战列舰）相遇，经过一番殊死对决，3艘英舰艰难地迫使这艘西班牙军舰降旗投降。如获至宝的英国人随即将这艘新型西班牙军舰拖回本土进行研究。研究的结果令高傲的英国人咋舌——区区一艘70门火炮战列舰的尺寸和吨位竟与己方最大的“胜利”号相差无几，完全压倒了自己所装备的同等级军舰；此外，新式西班牙军舰无论在操控性还是武器承载能力上均胜出一筹，这甚至迫使英国人开始引用西式造舰技术来改善自己的产品。当然，这些都是后话了。

一幅描绘3艘英舰围攻堵截西班牙“公主”号的油画。西班牙军舰顽强的战斗力给英国人留下深刻印象，而这艘看似不起眼的军舰甚至对其后来的海军造舰体系产生了一定影响

海军上将约翰·巴尔肯爵士（1670—1744 年）的肖像。和诺里斯爵士一样，他也是一名参加过奥格斯堡同盟战争和西班牙王位继承战争的老兵；然而悲剧的是，他在 74 岁高龄时却葬身于风暴之中

对于“胜利”号来说，它的各项参数都显得乏善可陈，唯独四层艉楼却给人留下了深刻印象。但是换个角度来看，也许恰恰正是这多出来的一层艉楼使得船身重心不稳、从而增加了其在恶劣海况中倾覆的可能性。1744 年 10 月 3 日，由海军上将约翰·巴尔肯爵士指挥的海峡舰队前往塔霍河入海口营救被法国布雷斯特舰队封锁的英军部队（查尔斯·哈迪爵士指挥）；但是在 10 月 4 日 15 点 30 分左右，旗舰“胜利”号与其同行船只却在海峡群岛附近遭遇暴风而集体消失，甚至连舰队指挥官巴尔肯爵士也未能幸免。

“胜利”号的消失成为英国海军史上的“千古悬案”。直至 264 年后的 2008 年，这艘著名战舰的残骸才被潜水员发现。随后人们对其残骸进行了打捞，如今，包括下层甲板一门 42 磅重炮和上层甲板一门 12 磅轻炮在内的舰上遗物展览在博物馆中，供后人们瞻仰。

由著名画家彼得·莫纳米（1681—1749 年）所描绘的“胜利”号倾覆时场面的油画。不管是多么巨大的战舰，在海上风暴面前依然显得脆弱无比

英国 1719 年海军建设计划概述

1719 年海军建设计划是英国海军部在西班牙王位继承战争结束后所制定的第一个建设计划，也是 18 世纪英国海军第一次明显的革新。在此之前，海军部曾于 1706 年制定过一次建设计划，但这个计划却因为过于保守而饱受争议。1719 年海军建设计划的核心思想是旨在创建一支标准化的舰队（包括舰级概念的引入），以降低维护这支庞大舰队的成本。但其副作用则是由于舰船设计过于统一以至于在新的“1745 年海军建设计划”出炉后，这批舰船被全部淘汰。

根据 1719 年海军建设计划，英国海军的舰队中总计存在 9 种不同火炮数量的定级军舰（一级至六级），这其中有 6 种为战列舰、3 种为护卫舰；而在战列舰中则有 3 种为三层甲板。排在首位的自然是拥有 100 门火炮的一级舰。海军部按照 1704 年重建的“皇家主权”号为一级舰设计了模板，但事实上在该计划的第一阶段并没有任何一艘符合此条件的一级舰被建造出来。1733 年，海军部对模板进行了改动，重新规定的一级舰的技术参数为：火炮甲板长度约为 54.3 米，龙骨长度约为 44.1 米，船体宽度约为 15.5 米，型深约为 6.6 米；排水量为 1999 吨。随后，前文提到的“胜利”号被建造成功，尽管在设计上可能存在诸多问题（例如采用了完全没有必要的 4 层艉楼），但作为 1719 年海军建设计划实际建成的唯一一艘一级舰，该舰理应在历史上有其一席之地。

一幅作于 1864 年的描绘英国海军部制作的“胜利”号全肋骨木质模型的油画。该舰的四层艉楼格外引人注目

一幅描绘“尼普顿”号战斗的油画，时间是 1782 年。此时“尼普顿”号已经更名为“托贝”，位于画面的最左侧

作为昂贵的一级主力舰的补充，装备 90 门火炮、同样拥有三层甲板的二级舰在海军中的装备数量显然要多了不少。第一批服役的二级舰一共有 5 艘，分别为“乔治王子”号（1723 年下水）、“联合”号（1726 年下水）、“那慕尔”号（1729 年下水）、“尼普顿”号（1730 年下水）以及“马尔伯勒”号（1732 年下水）。但是这 5 艘二级舰无一例外都是重建而来的“翻新货”。1733 年，海军部同样对二级舰的技术参数做了细致定义，具体为：火炮甲板长度约为 50.6 米，龙骨长度约为 40.9 米，船体宽度约为 14.6 米，型深约 5.9 米；排水量为 1626 吨。火炮配置为：

26 门 32 磅炮布置在下层火炮甲板；

26 门 18 磅炮布置在中层火炮甲板；

26 门 9 磅炮布置在上层火炮甲板；

2 门 6 磅炮布置在艏楼，另有 10 门布置在艉楼。

根据 1733 年的改动方案，英国又翻新了两艘老舰“公爵”号（1739 年下水）与“圣乔治”号（1740 年下水）。相较于早期那 5 艘 90 门火炮战列舰，新舰在尺寸上略有放大，改善了适航能力，但在武备上则没有任何提高。1741 年，海军部在此基础上再度进行改进，并自 1743 年起将上层火炮甲板搭载的 9 磅炮升级为 12 磅炮。重建于 1749 年的“拉米伊”号和晚于其一年下水的“王子”号属于此类军舰。

除去较为常见的拥有三层甲板的一级和二级战列舰，英国海军中还装备了一批更小的“3-decker”；这些“迷你”三层甲板战列舰拥有80门火炮，被定为三级，算得上是三级舰中最强火力的成员了。但是仅从参数来看，这种80门火炮三层甲板战列舰并没有比双层甲板的70门火炮更大的尺寸（除了船壁高度，毕竟多了一层甲板），这就意味着它们的稳定性会相当差劲。按照1733年海军部对80门火炮三层甲板战列舰的定义，其火炮甲板长度约为58.2米，龙骨长度约为38.9米，船体宽度约为13.8米，型深约5.7米；排水量为1400吨。由于船宽较窄，80门火炮三层甲板战列舰无法在中、高层甲板配备过重的火炮，这也导致了其火力的不足。其具体火炮配置为：

26门32磅炮布置在下层火炮甲板；

26门12磅炮布置在中层火炮甲板；

24门6磅炮布置在上层火炮甲板；

4门6磅炮布置在艉楼。

很明显，在1733年对80门火炮三层甲板战列舰的武备定义中，除了最下层甲板的主炮，其余火炮都实在是过于“轻量化”了；以至于其在面对70门火炮甚至更低级别的60门火炮战列舰时都占据不了太大优势。这一点在1743年时得到了一定程度上的改善：英国人将该级舰中层火炮甲板的12磅炮更换为18磅炮；将上层火炮甲板的6磅炮更换为9磅炮。也许6磅升级至9磅的效果并没有那么突出，但是12磅升级至18磅则为该级舰带来立竿见影的效果。在风帆时代的海战中有一条不成文的“规矩”，那就是：倘若想要达到破坏敌方船体的效果，那至少得拥有18磅火炮。于是12磅及比之更小的火炮统统被划分为“轻型舰炮”，与18磅及比之更大的火炮们形成天壤之别。

战斗中的英制80门火炮三层甲板战列舰。图为1747年10月8日由“拉塞尔”号捕获西班牙70门火炮战列舰“光荣”号的场面。增强了火炮配置后的英制80门火炮战列舰在面对西班牙70门火炮战列舰时具备了些许优势

一幅描绘英国最著名"74门火炮""贝娄娜女神"号的油画。该舰位于画面正中央的远端。"贝娄娜女神"号一直以来都是风帆模型爱好者的宠儿，关于这艘战列舰的模型套材和精美艺术品层出不穷

不过尽管得到了改善，80 门火炮三层甲板战列舰的先天不足却是无法弥补的。在标准的 74 门火炮战列舰诞生后，这种无论在火力还是机动上均不及后者的小型三层甲板战列舰被迅速淘汰。英国在 1757 年最后一艘80门火炮三层甲板战列舰"亚美莉娅公主"号下水后遂停止了此类军舰的建造，而到 18 世纪末期时，这些过时的军舰终于彻底退出了历史的舞台。

除去三层甲板的 100 门火炮、90 门火炮与 80 门火炮战列舰，英国在 1719 年海军建设计划中还规划了 3 型双层甲板战列舰和 3 型单层甲板护卫舰。其中位于这些舰型中顶端的 70 门火炮战列舰尽管在后来被逐渐降格为 64 门火炮战列舰（即 18 世纪末最低等级的三级舰），但以其为基础却衍生出了风帆时代最著名的舰种——"74-Gun Ship"（74 门火炮战列舰）。可以说，1719 年海军建设计划为日后英国海军舰艇更为系统性的划分奠定了坚实的基础。

詹金斯耳朵战争时期的英国舰队

由一只耳朵引发的战争

西班牙王位继承战争结束后，国力衰弱的西班牙争取到了难得的休养生息的机会。通过休战期，西班牙国王费利佩五世抓紧时间发展国内经济，当然也增强了原本虚弱无比的海军的实力。到18世纪20年代后期，西班牙已基本从哈布斯堡家族晚期经济破产的阴影中走出，并且拥有了一支虽然谈不上多么强大，但却现代化的海军舰队。而在羽翼渐丰后，西班牙人也开始寻求为其海外殖民地恢复往昔的权益。1729年，英西双方在订立《塞维利亚条约》时，英国方面曾同意不与西班牙殖民地进行私下贸易。为了确保条约有效落实，西班牙被允许在其领海范围内登上英国船只进行巡检。然而在1731年，一艘名为“丽贝卡”的英国双桅帆船船长罗伯特·詹金斯向议会报称其在加勒比海的西班牙海域接受西班牙方面登船巡检时遭到了劫掠；而且这事还没完，在爆发冲突后，西班牙人还将他的一只耳朵割下。

詹金斯船长返回英国后曾向英王乔治二世申冤，而加勒比海英军总司令亦曾就此事件向国内撰写报告；不过事件最初没有成为舆论焦点。但到了1738年，詹金斯再度公开讲述其遭遇，而且还戏剧性地在下议院一个听证会上展示“相信是”自己被割下的耳朵。此事件就此在英国国内掀起轩然大波，下议院更有激进者发表言论，认为詹金斯耳朵被割是“整个大不列颠的耻辱”“有损英王和国家的形象”。

一幅描绘詹金斯船长在下议院展示“自己耳朵”的画作。作为发起一场战争的理由，这个看似荒谬的场面竟被狂热的英国人所承认

一系列对西班牙“挑衅”行为的抗议和国内对自身实力的盲目乐观，使得要求对西班牙开战的声音不绝于耳。尽管当时英国内阁无意开战，但受迫于舆论压力，首相罗伯特·沃波尔爵士最终不得不在 1739 年 10 月 23 日对西班牙宣战，掀起了一场本不应该爆发的战争。

英国首相罗伯特·沃波尔爵士（1676—1745 年）的肖像。他在 1727 年至 1740 年担任英国首相，但是后来因为对西班牙宣战而产生的不利影响引咎辞职

英军在西印度的卡塔赫纳的失败

在战争爆发时，西班牙在加勒比海地区有4个主要的贸易港口，分别为位于墨西哥的维拉克鲁斯、哥伦比亚的卡塔赫纳(又被称为“西印度的卡塔赫纳”)、巴拿马的贝洛港（如今被称为波托韦洛）以及作为这3个贸易港口“核心中转站”的哈瓦那。哈瓦那同时也是西班牙在加勒比海地区最大的港口和军事中心。

一幅描绘1639年时哈瓦那港的画作。自从1515年西班牙人在此建城后，哈瓦那一直是该国在加勒比海地区最重要的据点

1739年11月，英军袭击了位于新格拉纳达总督辖区的贝洛港。这支英军舰队的指挥官是海军上将（当时是中将）爱德华·弗农，实力为6艘战列舰；而他们所面对的贝洛港则只有贫乏的守备力量。在英军的突然袭击下，西班牙人很快便放弃了抵抗。此次攻击是打击西班牙国家财政长久计划中的一部分，而这样一场“开门红”无疑更加膨胀了英国国内民众的信心。大家普遍认为，这是一场“没有悬念”的较量。

英国海军上将爱德华·弗农（1684—1757年）的肖像。他参加过西班牙王位继承战争和詹金斯耳朵战争，对英国夺取西班牙在加勒比海地区的殖民地立下功劳

攻击贝洛港的胜利和国内民众的狂热使英国政府认为，只要投入更多的兵力，那么西班牙在加勒比海地区的所有据点都将成为英国的囊中之物。鉴于此，英国方面赋予了弗农非常大的权力——授命他指挥相当于当时皇家海军总舰艇数量四分之一的舰队前往加勒比海地区。1740 年，这支英国远征舰队从本土启程，他们的第一个目标是西班牙最重要的港口哈瓦那。弗农将哈瓦那视为首要目标的原因是这里具备完善的造船设备（1740 年时哈瓦那已经一跃成为西班牙最大和最活跃的造船厂），能够为船只提供必要的修葺。但是英军却在随后遭到意外打击：舰上搭载的英军总指挥卡斯卡特勋爵在 12 月 20 日死于航途之中，由于他的死去，远征舰队内部为究竟谁来担任新的指挥官而意见不合，这使得英军的远征行动蒙上了一丝阴影。

随后英军的内部策略发生了改变，英国国内（受商会因素主导）趋向于攻击地理位置更为重要、能带来更高收益的西班牙港口卡塔赫纳（即西印度的卡塔赫纳）。早先弗农曾派出过一支小规模舰队突袭卡塔赫纳但告败，不过尽管如此，这位海军中将仍相信如果进行大规模进攻就一定能拿下这座守备力量不如哈瓦那的城市。不过同时他也担心由于在热带环境（卡塔赫纳位于更加炎热的地域）下作战，军队中会疾病横行，造成不可估量的损失。很显然，进攻卡塔赫纳的“利”大于“弊”，因此在牙买加召开的一次战争议会将卡塔赫纳变更为远征舰队的首要进攻目标。

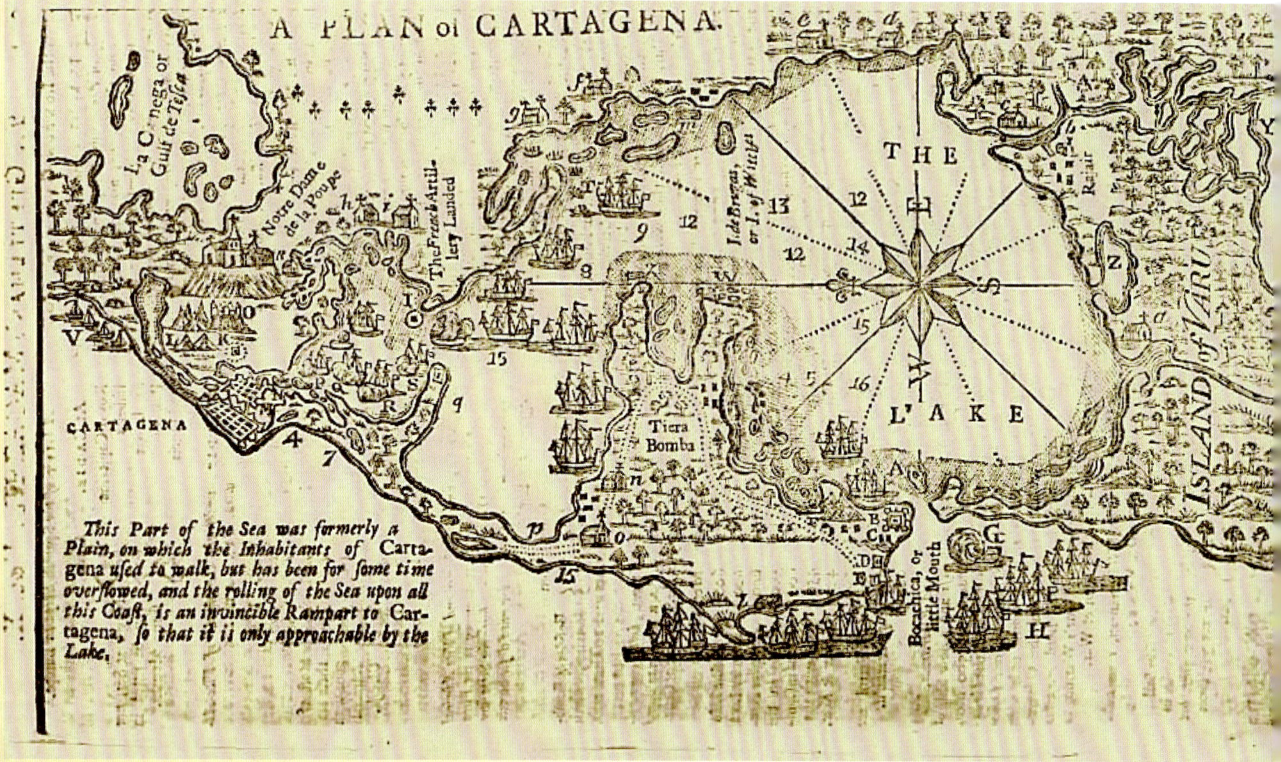

1740 年刊登在英国《绅士》杂志上的卡塔赫纳的地图。可以清楚地看出地图上西班牙人在这座热带都市的守备舰队布置及其易守难攻的地形

留存至今的卡塔赫纳市的防御壁垒。从其规模和城墙高度可见当年入侵者攻城的难度之大

但是英国人显然低估了西班牙人和卡塔赫纳市的实力。18 世纪上半叶，卡塔赫纳已经发展为一座拥有超过 10000 人口和庞大而富有的城市。它不仅是卡塔赫纳省的省会，同时也是南美殖民地最大的城市之一。由于其地理位置的重要性，西班牙人在这里修筑了坚固的防御工事，并且一直得到翻修和扩建。卡塔赫纳拥有完善的堡垒、炮台、工厂和船台，被誉为当时世界上最好的深水良港之一。这里每年都会汇聚从新格拉纳达和秘鲁搜刮来的金银通过珍宝船队运往哈瓦那，然后再从哈瓦那启程前往欧洲本土。在弗农和英军将领们看来，拿下卡塔赫纳后可以为继而进攻哈瓦那提供有利条件。

不过从地图中我们不难发现，想要拿下卡塔赫纳也绝非易事。据记载，卡塔赫纳由佩德罗·埃雷迪亚于 1533 年建城。在 1740 年之前的 200 多年里，这里曾两次被外国人占领，占领者分别为 1585 年英国的弗朗西斯科·德雷克（我们所熟知的英国海盗头目和航海家）和 1697 年法国的波提斯男爵（1645—1707，法国著名私掠船长）。不过事实上这座城市仍然是一座易守难攻的壁垒。它的出海口位于加勒比海西部，在其南部海湾有两个入口：博卡奇卡（入口较小）和博卡格兰德（入口较大）。其中博卡奇卡是唯一的深水入口。然而它却相当狭窄，几乎只能让一艘船只通行（这里可以算是战列舰的必经之路）。倘若能攻陷港口，进攻者还将面对装备了大约 160 门大炮的高厚城墙（湾道沿途也配备了大约 140 门大炮），可谓层层关卡、危险重重。

西班牙卡塔赫纳市守备司令布拉斯·德雷佐（1689—1741年）的肖像。布拉斯·德·雷佐与16世纪的阿尔瓦罗·德·巴赞被誉为风帆时代西班牙最伟大的两位海军统帅

为了确保能拿下卡塔赫纳，英军在弗农的指挥下集结了庞大的兵力。据记载，这些用于攻城的各型船只总计186艘；包括29艘战列舰、22艘护卫舰、2艘医院船（风帆时代的海上移动医院，一般只有规模庞大的舰队才会配备）、80艘运输船、50艘征用的商船以及一些炮艇和纵火船。舰队总共搭载火炮2000门。运输船上运载着27400名士兵，这些人中，陆军士兵有12000人，海军陆战队6000人，殖民地正规军3600人；剩下的还有一些民兵和自由武装（如与西班牙敌对的海盗等）。对于英国来说，在一场战役中投入如此庞大的兵力，即便是在整个风帆时代也是不多见的。

而他们的对手，西班牙驻卡塔赫纳的正规军人数仅仅在2700至3000之间，而且这些兵力还是在1740年10月临时由西班牙本土托莱多、里斯本和纳瓦拉调集过来的。除此之外，还有600名印第安弓箭手以及大约4000至6000名自愿保卫城市的市民和土著居民。但是无论以怎样的方式计算，西班牙方面的守备力量都不会超过10000人，而在人员训练水平上，他们也是远远落后于英国人。然而即便是处于如此悬殊的劣势下，西班牙人仍有信心将敌军击退；而给予他们信心的不是别人，正是最令英国人头疼的西班牙海军将领布拉斯·德·雷佐。

弗农的担心变为了现实。3月4日，当远征舰队抵达卡塔赫纳时，舰队上已经因之前流行的热带疾病而减员严重。由于卡斯卡特勋爵的死去，大战在即的远征部队急需一个新的指挥官，而战争议会在经过研讨后决定由弗农担任舰队司令；温特沃斯将军担任登陆部队司令。由于之前流行疾病导致船员数量锐减，温特沃斯不得不从自己的登陆部队中抽调出多达三分之一的兵力来“客串”船员。另一边，布拉斯·德·雷佐调派当地仅有的6艘战列舰参加了拦截英军舰队的作战行动。不过这些战列舰在象征性地做了抵抗后便被悉数凿沉，以达到阻拦英军航路的目的；而为了清理这些障碍物，英军也着实花费了不少精力，不过对于他们来说，更为艰巨的挑战还在后面。

很快，英国人发现对方在岸基布置的防御力量远比海上这几艘战列舰带来的麻烦要大。由于无法接近并登陆，弗农只能下令炮轰西班牙岸基防御工事。就这样，英国舰艇对卡塔赫纳外海岸进行了为期一周的炮轰。在此期间，温特沃斯也曾组织300人的掷弹兵尝试进行强行登陆，但被西班牙守军击退。英军方面有100人战死，120人受伤，还有3艘船被击毁。3月22日，在美洲殖民地士兵的协助下，英军终于登上了海岸。他们在岸边筑起了拥有20门24磅大炮的阵地试图与防守的西班牙人对峙，经过数日奋战终于将海滩拿下，从而为后续部队的登陆打下了基础。

一幅描绘英军进攻卡塔赫纳的油画。画面中，英军舰艇正向岸基西班牙防御工事猛烈炮击。最左侧似乎是一艘三层甲板战列舰，但事实上，弗农的舰队中没有这种战列舰

随着英军部队源源不断地登陆，登陆战转变为陆战。由于在兵力上占据绝对优势，温特沃斯和他的将军们对胜利充满了信心。然而这一盲目自信很快便被血淋淋的事实所打破：西班牙人在内陆防御工事内的抵抗远比海岸要来得凶猛。同时由于水土不服，英军在上岸的第一周内有250人死于黄热病和疟疾，另有600人因病丧失战斗力。当然，这些损失并不足以令英国人退却。在强攻受挫后，温特沃斯计划从陆地隔离圣·费利佩·德·巴拉哈斯与卡塔赫纳的联系，为了达到这一目的，他们必须占领位于这两座城市之间的圣·拉扎罗城堡。不过这一计策却被经验丰富的雷佐所识破。在清醒地意识到英军意图后，雷佐抢在英国人之前亲率650名士兵驰援这座城堡（守军原本有300人）；另外，还有200名海军陆战队士兵或水手（舰队被摧毁后，他们变成了“陆军”）被作为后备力量，决定性的战斗就此打响。

由于在先前的战斗中，英军工程师已经战死，因此他们无法再为攻城筑造新的炮台，这也直接导致他们无法对城堡的壁垒进行毁灭性打击。温特沃斯只得使用掷弹兵对城墙发起攻击，无奈收效甚微。架在堡垒上的西班牙炮兵反而给进攻的英军士兵造成了巨大伤亡。在沉着冷静的雷佐面前，温特沃斯和他的手下们显得杂乱无章。围城战一直打到4月20日仍未见分晓。由于热带雨季的到来，疾病开始在英军中大面积扩散；到4月底，温特沃斯已经损失了其麾下的一半兵力，而这其中有很大一部分是因病导致的非战斗减员。为了避免更多的损失，温特沃斯不得不下令撤军。

18世纪40年代英军服饰示例图。左为陆军第15团的一名士兵，右为海军陆战队第43团的一名士兵；从服饰外观来看，二者最大的区别可能就是颜色相异的衣襟和袖口了

一枚在战前英国制作的预备歌颂英军攻下卡塔赫纳的纪念币。钱币上写着："海军上将弗农赢得了卡塔赫纳镇。"然而英军最终没能拿下卡塔赫纳，而这枚可笑的纪念币则成为作为敌手的西班牙马德里海军博物馆见证当年奇迹的藏品

面对英军的撤退，雷佐起初打算发动追击，趁势一举将英国登陆部队全部歼灭，但热带糟糕的气候（大雨）同样也阻止了他们的行动。在撤退过程中，英军还在不断遭受到损失（基本上都是疾病导致的非战斗减员），当他们撤退到船上时，只剩下大约三分之一的兵力。根据战后的清点，在攻击卡塔赫纳期间，英军的死亡人数在9500至11500之间，除此之外还有7500人负伤或因病失去战斗力。与之形成鲜明对比的是，西班牙守军只有800人战死，1200人受伤。双方伤亡比达到了惊人的8.5：1~9.5：1。除了人员上的损失，英军还失去了6艘战列舰、4艘护卫舰和27艘辅助船只；另有17艘战列舰遭到严重损伤。西印度的卡塔赫纳战役是英军在詹金斯耳朵战争中所遭受的最为惨重的一次失败，甚至放眼整个风帆时代，英军都难觅如此惨重的损失。布拉斯·德·雷佐，这位成功防御卡塔赫纳的西班牙英雄也因此战而永载史册。

土伦之战

1740 年，奥地利王位继承战争爆发，战火由英西两国转而烧至几乎整个欧洲大陆。英国方面支持奥地利女王玛丽娅·特蕾西娅，而法、西则支持她的竞争对手——巴伐利亚选帝侯查理。到 1744 年伊始时，尽管英、法之间并未直接宣战，但法国已在秘密计划入侵英国。由于奥地利的位置处于欧洲偏南部，因此双方在海上的争夺重点被放在了地中海。

当双方势力在地中海即将擦出火花时，英国地中海舰队的指挥官是海军中将托马斯·马修斯。在名将众多的英国海军中，马修斯的履历并不精彩——甚至显得有些默默无闻。他的父亲是一位名不见经传的陆军上校，死于1700年。早年，马修斯曾担任过舰长，并指挥过一支较小的分舰队，但在 1724 年退出现役。1736 年，马修斯被重新起用，但仅仅在滨海警戒船队中任职。然而就是这样一个不起眼的“小人物”却在 1741 年 3 月被任命为海军中将，随后接管了地中海舰队，令很多人“大跌眼镜”。

地中海舰队司令托马斯·马修斯（1676—1751 年）的肖像。在“众星荟萃”的英国海军中，没有辉煌履历的马修斯算得上是个“草根将领”

地中海舰队的副指挥官为海军少将理查德·莱斯托克。此人曾在梅德韦河上的警戒船队任职时与马修斯共事，两人关系不和。莱斯托克曾希望自己能够得到地中海舰队的指挥权，在原地中海舰队司令尼古拉斯·哈道克卸任后，莱斯托克通过自己在政府的后台和频繁活动，一度非常接近舰队司令一职，但马修斯的插入使得其努力白费。为此，气愤的莱斯托克要求调离（地中海舰队副司令的）岗位，不过却遭到了海军部的拒绝。最终，莱斯托克还是成为马修斯的同僚。

地中海舰队副司令理查德·莱斯托克（1679—1746 年）的肖像。在土伦之战失败后，他曾为自己的过错开脱并幸运躲过了处罚

一艘地中海划桨战舰的效果图。这种较为古老的战船在风平浪静的地中海往往有比风帆战舰更好的机动性

成为同僚后，马修斯与莱斯托克的分歧并未因此而消除。不过由于马修斯专注于外交上的任务而没有在公开场合与莱斯托克爆发冲突。1742 年，马修斯派出由威廉·马丁准将（1696—1756 年）指挥的一支小规模舰队航行至那不勒斯，逼迫当时的那不勒斯国王查理（即日后的西班牙国王卡洛斯三世）在即将到来的战争中保持中立。马丁是个急性子，他甚至没有给予对方谈判的任何余地，限其在半小时之内给予答复。受迫于武力威胁，查理不得不接受了中立的要求。

1742 年 6 月，一支西班牙划桨战舰分队前往法国南部圣特罗佩湾避难，但最后尽数被马修斯舰队中的纵火船所焚毁。在此期间，还有一支西班牙风帆战舰分队驶入土伦港避难。这支舰队从伊埃雷（法国南部普罗旺斯的一个港口）驶出时就遭到英国舰队的监视，并且在驶入土伦后立即遭到封锁。英国舰队在封锁了港口后，只允许法国船只进出但阻止任何西班牙船只离开这里。

在经过充分准备后，躲避在土伦港内的西班牙舰队在法国年近八旬的老中将德科（1666—1752 年）所指挥的法国舰队的陪伴下起锚离港，准备尝试冲破封锁。马修斯并没有在第一时间选择战斗，而是指挥舰队尾随在后以伺战机。法西联合舰队共有 27 艘战列舰和 3 艘护卫舰（总计 1806 门火炮），其中前卫和中坚均为法国舰队，后卫则由西班牙舰队担负。西班牙方面的总指挥官为何塞·纳瓦罗，此人后来成为西班牙海军的首任“海军总司令”，颇具威望。

土伦之战中的西班牙舰队总指挥何塞·纳瓦罗（1687—1772 年）的肖像。法、西联合舰队在土伦之战中的胜利离不开他在指挥上的果敢和坚决

一幅刊登在报纸上的描绘土伦之战的画作，由于英军内部配合上的失误，他们丢掉了一场本不该错过的胜利

英国方面拥有 30 艘战列舰和 3 艘护卫舰，虽然在数量上与敌军相差不大，但由于舰队中包含了多达 13 艘三层甲板战列舰（4 艘 90 门火炮，9 艘 80 门火炮），其搭载火炮总数达到了 2280 门，相比法西联合舰队占据绝对优势。

由于风力较小，双方舰队都移动缓慢。1744 年 2 月 22 日的晚些时候，双方舰队开始彼此靠近并准备战斗。马修斯发出命令要求各舰形成战列线，不过直到夜幕降临，英国舰队也没有形成有效阵型；于是马修斯又下令抢风航行、使船队更容易能完成战列线的组建。前卫和中坚舰队都这样做了，但不幸的是由莱斯托克所指挥的后卫舰队尽管服从命令很快赶来，但没有与前队形成战列线。

23 日 0 点，英国后卫舰队与前卫和中坚舰队之间已经空出了一长段距离。马修斯发信号给莱斯托克要求他的船只悬挂更多的帆以加快速度（以避免在发动攻击时己方舰队仍处于混乱之中）；但是莱斯托克分队的反应依旧十分缓慢，这导致法西联合舰队有时间向南逃跑。马修斯开始担心这样下去法西联合舰队会通过直布罗陀驶入大西洋，然后北上与法国布雷斯特舰队会合；对英国本土构成巨大威胁。

眼见莱斯托克迟迟不能进入战斗序列，深知自己职责的马修斯只能以现有兵力投入战斗。在凌晨1点左右，马修斯在旗舰“那慕尔”号（90门火炮）上发出了向敌方后卫西班牙舰队发动攻击的信号；与此同时，跟随其后的“马尔伯勒”号（90门火炮）在舰长詹姆斯·康沃尔的指示下也发出了同样的信号。两个信号的同时发出使舰队产生了混乱。一些舰长，包括爱德华·豪克（日后在七年战争时期的舰队司令）——紧随马修斯的信号行动，但更多的人没有这么做。至于莱斯托克，据说他十分乐意看到马修斯陷入困境并且决不会去帮助他。

“马尔伯勒”号舰长詹姆斯·康沃尔（1698—1744年）的肖像。在随后到来的战斗中，“马尔伯勒”号几乎被打成一艘废船，而康沃尔也英勇捐躯

面对数倍于己方的西班牙战舰，“那慕尔”号与“马尔伯勒”号成功吸引了敌人的注意力，但在敌方猛烈炮火下损伤严重。由于遭受攻击，西班牙舰队的行进速度放慢，战火很快遍及开来。不过莱斯托克的后卫舰队在开战后的表现却依旧懒散。

随着战局的推进，主要战斗围绕着西班牙舰队的旗舰、拥有114门火炮的巨舰“皇家费利佩”号展开。在康沃尔的指挥下，“马尔伯勒”号有意穿过了西班牙人的战列线，但是其自身也受到了严重损伤。康沃尔不幸阵亡，整舰被打得支离破碎，几乎处于下沉的边缘。位于“皇家费利佩”号后方的西舰“大力神”号（64门火炮）击退了3艘英舰对己方旗舰的攻击；而位于“皇家费利佩”号前方的另一艘西舰“康斯坦汀”号（70门火炮）则击退了另一艘企图将其与旗舰分开的英舰。激烈的战斗持续了将近3个小时，大约在5点，位于前列的法国舰队也掉头回来支援友军。此时此刻，由于莱斯托克的怠慢，英国人从优势一方瞬间沦落至劣势的一方。

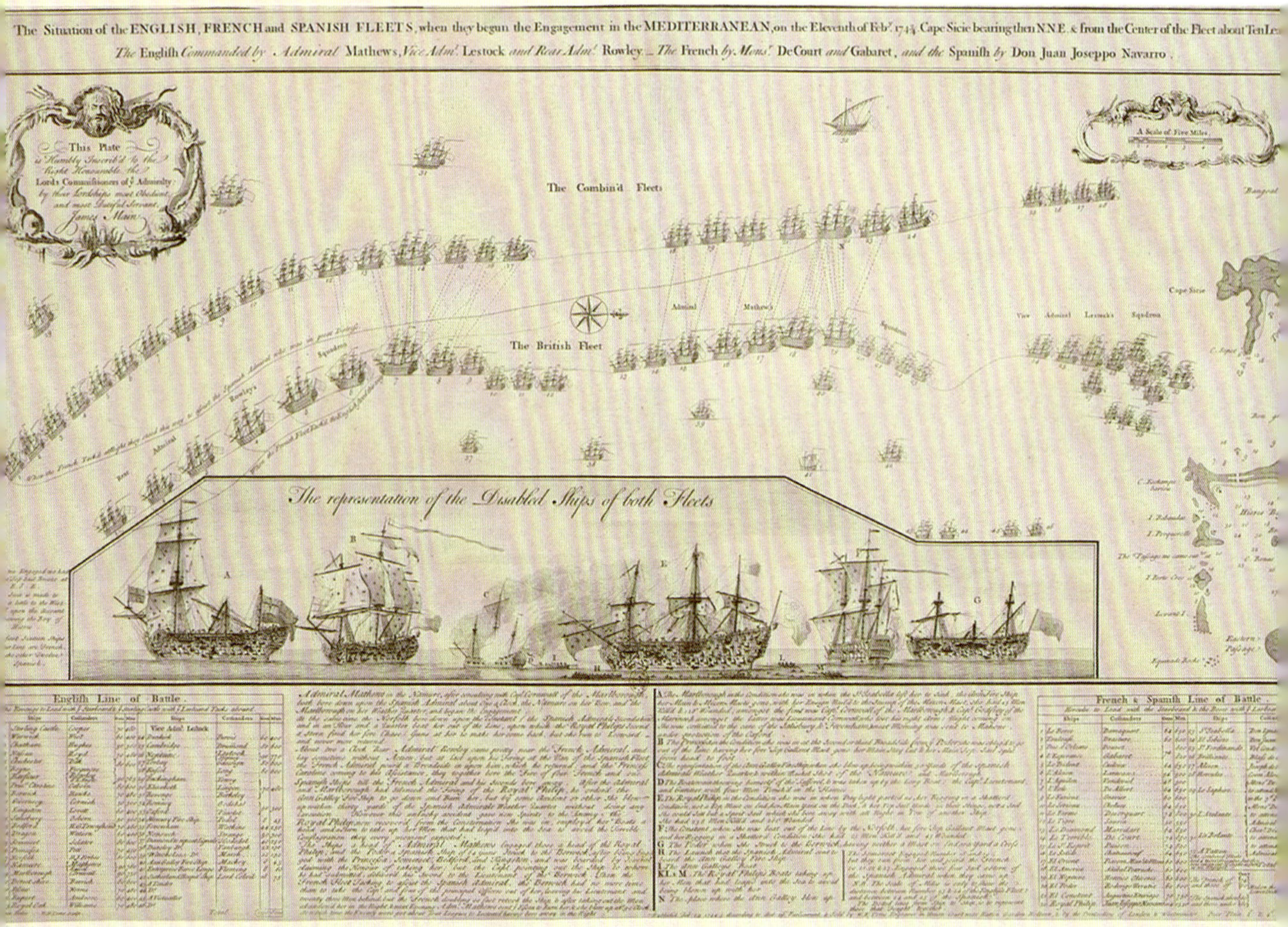

一幅刊登在报纸上的描绘土伦之战中残酷单舰格斗的画作。画面中的几艘战列舰都已是满目疮痍，伤痕累累

一幅描绘“马尔伯勒”号被击毁时场景的画作。该舰桅杆被折断、船身已经倾斜严重，但最后仍奇迹般生还，彰显出英国主力舰顽强的生命力

经过一番战斗，法西联合舰队有条不紊地恢复了西南航向，继续撤退。而马修斯直至23日白天才将混乱不堪的舰队重整，并恢复了追击。西班牙舰队中因伤势过重而无法移动的“波德尔”号战列舰（60门火炮）被英军俘获，不过很快又被法军夺回并凿沉，成为了土伦之战中唯一沉没的主力舰。

到了24日时，随着双方的距离不断拉大，海平面上几乎已经望不见法西联合舰队的影子，马修斯遂放弃了追赶，指挥舰队返回伊埃雷港，然后在3月初抵达位于米诺卡岛的英军据点马翁港，土伦之战就此结束。

从战术上来看，双方可谓平分秋色。尽管没有一艘主力舰被击沉，但是英国舰队中有多艘遭受重创。以“马尔伯勒”号为例，该舰在战斗中几乎被“肢解”，甚至连舰长康沃尔也英勇捐躯，但最后却仍旧生还下来。同样的例子也出现在西班牙人身上——他们的旗舰“皇家费利佩”号也损伤严重，甚至在战后再也没能修复，直至黯然退役。

但是在战略上，显然法西联合舰队获得了一场完胜。逃脱追击的法西联合舰队得以将军队和物资输送至意大利，补充在那里作战的西班牙军队的实力。战后纳瓦罗被封为维多利亚侯爵，这也凸显出他在这场战役中所起到的作用。与之形成对比的是，作为英国舰队正副指挥的马修斯和莱斯托克都在战后受到了军事法庭的审判。在法庭上，莱斯托克把罪过都归于马修斯，并且在政府强有力后台的支持下被无罪释放。但没有背景的马修斯则没有这么好的运气了，经过长期审判，马修斯最终在1747年6月被法庭判决有罪，从而被开除出军队。这位“草根出身”的将军最终还是没能摆脱悲惨的命运……

得不偿失的战争

在英国悍然发动对西班牙的战争后，其从战争中所捞到的好处远远没有战争给本国带来的害处那么明显。尽管在战争初期顺利占领了西班牙重要贸易港口之一的贝洛港，但英国人并不擅长管理这里，使得港口的经济蒙受了巨大的损失；后来迟至巴拿马运河动土兴建（那已经是150年后的19世纪末的事了）后才有所起色。

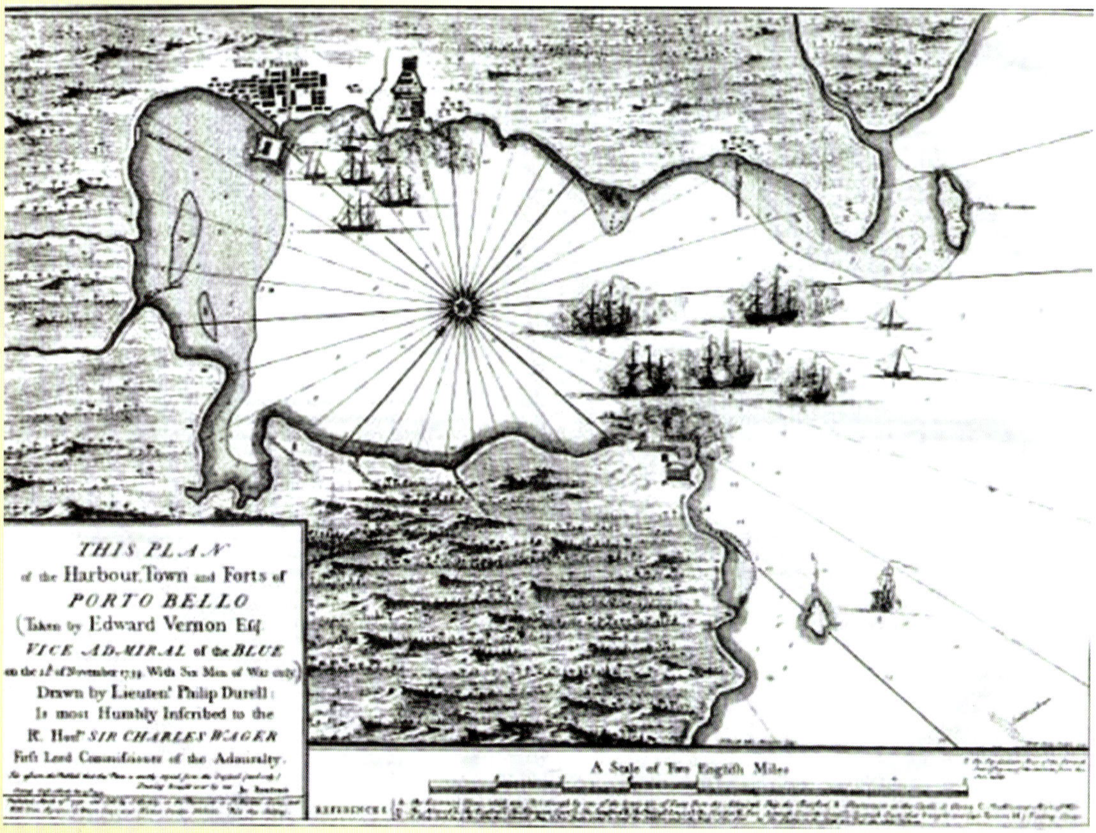

英军绘制的攻打贝洛港的地图。最终英国人仅仅派出6艘战列舰便拿下了这座疏于防备的港口，而此战的胜利也极大地膨胀了英国人的信心，导致了日后的失败

一幅描绘詹金斯耳朵战争在加勒比海域的总态势图。虚线为西班牙珍宝船队的既定航行路线，橙色区域属于西班牙、黄色属于法国、绿色属于英国，红星标识处为英军发动战役的地点

以现在的眼光来看，英军在贝洛港过于轻松的胜利无疑为其自身带来了极为负面的影响。据记载，英军在贝洛港获胜的消息传回英国后，全国曾发起了不少相关的庆祝活动，其中在伦敦一个庆祝弗农捷报的晚会上，如今的英国国歌《天佑我皇》一曲更是首次在公众场合演奏；至于位于伦敦的波特贝洛道也是为纪念英军此役的胜利而命名的。经此一役后，西班牙帝国在美洲的影响力更一度被视为已成历史（英国的大肆宣传起到了决定性作用）。

然而连年增兵加勒比海使得英国政府背上了沉重的包袱，并且在贝洛港大捷后，无论是进攻哈瓦那、卡塔赫纳甚至位于远东的马尼拉（西班牙位于菲律宾群岛的殖民地首府），英国人都无功而返。尽管政府一直在粉饰虚无缥缈的胜利，但民众也并不都是傻瓜，国内的反战情绪在数次失利后空前高涨起来。英军不得不暂停进攻，两国陷入僵局之中。1748 年，奥地利王位继承战争结束，已经无心再战的英国政府趁势借助《第二亚琛和约》与西班牙政府谈和，结束了两国之间长达 9 年的战争。

掀开新篇章的“皇家乔治”级战列舰

“皇家乔治”级的建造背景及技术参数

英国海军在1719年的海军建设计划中所建造的一级舰少之又少，真正意义上的新舰实际上只有1737年的“胜利”号一艘而已。而这艘战列舰拥有颇为罕见的四层艉楼，在实际运用中也展现出设计上的不合理，最终于1744年倾覆于一场风暴之中。而就在这艘倒霉的军舰失事后不久，海军部制定了新的计划，被称为“1745年海军建设计划”；而新计划的核心则是建造两艘全新的一级主力舰，即所熟知的“皇家乔治”级。

1779年按照海军部模型所绘制的展现“皇家乔治”号模型船艉的油画，保存在格林威治国家海事博物馆

从油画中可以看出，“皇家乔治”号恢复了三层甲板战列舰所应有的三层艉楼传统布局，并进一步简化了船艉和船身上不必要的装饰。这是一艘设计优美的军舰，它的每一层甲板都拥有28个炮位，虽然在火力配置上与前任“胜利”号基本一致，但更大的船身为“皇家乔治”号带来了更好的稳定性和适航性。另外值得一提的是，“皇家乔治”号是英国所建造的第一艘设计吨位超过2000吨的主力舰，因此具有非同寻常的意义。

1746年8月29日，“皇家乔治”号在伍尔维奇造船厂动工，此时它的舰名还是“皇家安妮”，因为该舰是基于1704年的老“皇家安妮”号残骸所建（老“皇家安妮”号于1727年被拆毁），后直至1756年2月18日完成下水后才更名为“皇家乔治”。从1746年到1756年，“皇家乔治”号花费了将近10年时间才完成建造工程，真可谓“十年磨一剑”，足以见得海军部对这艘新式主力舰的重视。有趣的是，早在下水之前的1755年10月，“皇家乔治”号便已经被记载为“服役状态”。这大概也是风帆时代唯一一艘尚未下水便开始服役的著名帆船了。

由于西班牙巨舰“皇家费利佩”号（114门火炮，服役于1732年至1750年间）和法国巨舰“闪电”号（110门火炮，建于1724年，于1742年被拆毁）均已退役拆解，“皇家乔治”号甚至在短时间内享受了世界上最大军舰的美誉。

一幅描绘“皇家乔治”号服役时，伍尔维奇造船厂情形的油画。画面右侧最大的军舰是“皇家乔治”号；左侧船坞内的另一艘尚未下水的三层甲板战列舰是80门火炮的“剑桥”号。“剑桥”号也是英国在18世纪最后建造的两艘三层甲板的80门火炮战列舰之一

“皇家乔治”号设计火炮甲板长度约为54.3米，龙骨长度约为43.7米，船体宽度约为15.8米，平均吃水约6.6米；标准排水量为2046吨，满载排水量则达到了3200吨左右。从数据来看，“皇家乔治”号无论在“标准排水量”还是“满载排水量”上都达到了一个新的高度，无愧于当时英国“第一主力舰”的称号。

早期的“皇家乔治”号在最下层火炮甲板配备了和“胜利”号一样的42磅青铜重炮，但出于海军预算的降低和武器通用化考虑，在七年战争之后，英国人将所有42磅炮都替换成32磅炮。完成了此变更后的“皇家乔治”号的火力配备如下所列：

28门32磅炮布置在下层火炮甲板；

28门24磅炮布置在中层火炮甲板；

28门12磅炮布置在上层火炮甲板；

4门6磅炮布置在艏楼，另有12门布置在艉楼。

从“皇家乔治”号开始，英制32/24/12磅的一级舰三层甲板火炮配置一直沿用至18世纪结束；而无数次实战也证明了这样的配置已经足够。

保存在博物馆中的“皇家乔治”号大比例木质模型侧面展示效果图。可以清楚地看到该舰炮位的布置

1756年5月，“皇家乔治”号正式完工，恰逢举世瞩目的欧洲七年战争爆发，可谓生正逢时。一件武器存在的价值正是其在战争中的表现，而“皇家乔治”号的服役履历又将如何呢？

海军上将豪克与“皇家乔治”号的服役生涯

完工后的“皇家乔治”号旋即加入了由海军上将豪克所指挥的海峡舰队。在前文中已经提到了豪克的名字，在土伦之战中他只是一名普通战列舰舰长；但到七年战争开始前，已经成为英国最重要的海上力量——海峡舰队的总司令。而豪克在七年战争与法国海军的正面对决中也确实证明了自己的能力，他与后来的罗德尼、杰维斯、纳尔逊等人并称为风帆时代英国最伟大的舰队司令。

海军上将爱德华·豪克（1705—1781年）的肖像。他是英国最伟大的舰队司令之一，后被封为男爵，称第一代豪克男爵

爱德华·豪克并非出身于海军世家，其父亲为一名普通律师。1720年，在舅舅马丁-布莱登的支持下，豪克作为六级护卫舰“海马”号上的志愿者在北美殖民地加入了海军。1725年6月，豪克成为一名海军上尉，并在随后7年内经历了较多的调动。不过从1733年开始，他的生涯开始得到升华。这一年的4月13日，豪克被任命为一艘双桅帆船的指挥官，这也是他首次担任舰长一职。1743年，豪克升任新服役的70门火炮战列舰“贝维克”号的舰长，并在随后参加了土伦之战。由于在战斗中的出色表现，豪克在1745年8月被任命为三层甲板战列舰“尼普顿”号（90门火炮）的舰长。1747年7月，豪克被晋级为海军少将。3个月后，他迎来了自己作为舰队司令的第一个表现机会，这就是菲尼斯特雷角海战（也被称为第二次菲尼斯特雷角海战）。

1747年10月，豪克指挥14艘战列舰前去截击由8艘法国战列舰保护的一支庞大的商船队（一共有252艘商船）。5个月前，另一名英军将领乔治·安森已经在菲尼斯特雷角成功截击过一次法国护航舰队，史称“第一次菲尼斯特雷角海战”。

一幅描绘第一次菲尼斯特雷角海战的油画。画面正中的英国三层甲板战列舰正以猛烈炮火攻击一艘法国战列舰，并将其桅杆折断

在第二次菲尼斯特雷角海战中被俘获 6 艘法国战列舰中的 3 艘，从左开始依次是：“可畏”号“尼普顿”号和“塞弗恩”号。三舰已经在船艉悬挂了英国海军旗

当发现法国运输船队后，豪克误以为这支船队的护卫力量远比自己手中的舰队要强大，便将自己的舰队排成了战列线以便御敌。不过随着混杂在运输船队中的法国护航军舰有所反应，豪克很快便意识到对方实际上处于劣势，遂下令取消战列线阵势、各舰随意战斗。而法国人最初也以为这支英国舰队是“自己人”，当发现错误后，想要全身而退已经不可能，法国舰队掉转船头企图截断英国舰队的追击，为商船队的撤离争取时间。经过一番激战，法国舰队中的 9 艘战列舰有 6 艘被俘虏，几乎全军覆没；但他们的“牺牲”却换来了运输船队的逃脱，最终，豪克的舰队只捕获了 7 艘运输船。不过“躲得了初一躲不过十五”——这支侥幸逃脱并横穿大西洋的运输船队在西印度遭到英军将领乔治·波考克（1706—1792）的攻击，绝大部分都没能逃脱被捕获的命运。

随着与西班牙及法国之间战争的结束，和平给豪克带来了更好的晋级机会。凭借着与海军上将安森的良好关系，豪克在1748年5月被晋升为海军中将，在朴茨茅斯担任港口司令；中途他曾短暂被调离港口，但是于1755年回归，官衔也进一步提升至上将。没过多久，七年战争爆发，豪克迎来了更大的舞台；而就在此时，全新的“皇家乔治”号完工入役，即将与新主人一同谱写新的篇章。

1757年，“皇家乔治”号成为海军中将爱德华－博斯科恩的旗舰，并在该年9月参与了攻击法国罗什福尔的行动；1758年，“皇家乔治”号又成为海军上将安森勋爵的旗舰。值得一提的是，此时的安森已经是英国当时最有权势的人。

海军上将乔治·安森（1697—1762年）的肖像。此画由约书亚·雷诺兹绘于1755年。安森曾经在远东成功捕获满载金银的西班牙大帆船，并且在詹金斯耳朵战争中也有所表现

为了纪念英军在基伯龙湾的辉煌胜利，战后有艺术家在象牙上绘制了豪克的旗舰“皇家乔治”号，如今成为极为珍贵的宝物

1759年11月早些时候，“皇家乔治”号再次回归豪克的麾下。紧接着在同月20日，“皇家乔治”号以豪克舰队旗舰的身份参加了七年战争中最重要的一次海战：基伯龙湾海战。在这场对决中，豪克成功击溃法国舰队；而“皇家乔治”号则凭借自己强大的火力击沉了法舰“华丽”号（70门火炮）——这艘倒霉军舰上的630名船员几乎无一幸存。

从1760年开始，“皇家乔治”号的指挥权辗转在几名舰长手中，到1762年秋季时，则加入了海军上将查尔斯·哈迪的舰队准备用于参与对西班牙的攻击，不过由于西班牙在开战后被迅速击败，原本计划的对其执行的大规模攻击并未付诸实施。到12月时，由于已经没有战事，为减少预算，维护费用昂贵的“皇家乔治”号被退役封存（这也是英国在风帆时代的一贯手段）。在1765—1768年间，封存中的“皇家乔治”号曾接受了大修，以确保该舰在需要的时候能够迅速恢复战斗力。

英国人为自己留有的余地很快便获得了回报。1775年，美国独立战争爆发，为了维护在镇压殖民地军队于北美的补给，英国势必要派出足够数量的舰队维护海上生命线，随着昔日最大强敌法国和西班牙的介入，这一形势就变得愈加严峻了。在这样一种背景之下，包括“皇家乔治”号和更为先进的“胜利”号（1765年建造的那艘）在内的大批被封存舰只都被重新启用。

THE DESTRUCTION OF TEA AT BOSTON HARBOR.

一幅描绘“波士顿倾茶”事件的画作。卷入美国独立战争使得英国陷入了前所未有的危机，但同时也给予了其强大海军再一次表现自己的机会

一幅描绘“皇家乔治”号倾覆的画作。该舰的沉没对于急需在北美不利战局中扭转颓势的英国海军来说是个巨大的打击

不过作为顶级的军舰，“皇家乔治”号的使用自然是十分谨慎的。该舰从1778年开始在英国海峡舰队服役，最初它被作为罗伯特·哈兰德的旗舰，随后又更换为乔治·达比；此二人的军衔均为海军中将。1780年1月8日，“皇家乔治”号加入罗德尼的舰队，攻击了一支航行至菲尼斯特雷角附近的西班牙运输船队（其中担负护航任务的军舰为1艘战列舰、4艘护卫舰和2艘小型战船），俘获了这支船队的全部船只。紧接着，它又随罗德尼舰队在圣文森特角附近攻击了一支由9艘战列舰和2艘护卫舰组成的实力更强的西班牙舰队并大获全胜，那次海战也被称为“月光战役”。

不过也许谁都没料到，“月光战役”竟是这艘主力舰所参加的最后一次实战。尽管处于一艘军舰的“壮年”时期，但“皇家乔治”号却被命运开了个可怕的玩笑：1782年8月29日，当英军在斯皮特黑德组建舰队和运输船队时，正在进行侧倾维修的“皇家乔治”号却突然从人们眼皮底下倾覆——这一切来得如此突然和迅速，以至于人们只能眼睁睁地看着一艘巨舰消失，仅存桅杆还矗立在海面之上！

据记载，“皇家乔治”号的沉没共导致了大约900人的损失，这其中包括前来探望的随军妇孺（共有300名妇女和60名儿童）以及舰队司令理查德·肯彭费尔特。根据事故后的分析，造成此惨剧的原因是糟糕的船舶管理和修补技术。该舰甲板上的军官没能很好把握其与码头之间的距离并且在维修时发生了致命失误（导致远离码头的“皇家乔治”号没能得到及时救助）。不过在随后军事法庭的审判时，这些军官却一致把过错归咎为“船底早已完全腐蚀”，这样就把沉船的责任完全推卸给了造船厂。“皇家乔治”号的沉没是英国海军史上最大的事故之一。

倾覆在港口的“皇家乔治”号的示意图。可以清晰地看到该舰的倾斜角度以及仍露在海面的桅杆。后来该舰的部分遗物被打捞上来并送进了博物馆

“皇家乔治”级2号舰“不列颠尼亚”号小传

按照英国制定的1745年海军建设计划，“皇家乔治”应该是一个舰级而不单单只是一艘战舰。1751年4月25日，“皇家乔治”级2号舰“不列颠尼亚”号的建造计划被正式下达给朴茨茅斯造船厂。7月1日，“不列颠尼亚”号在船台上铺设了第一块龙骨，与姐妹舰“皇家乔治”号相同，该舰建造的过程也极为缓慢。直到1762年10月19日下水之前，“不列颠尼亚”号在船台上足足耗费了11年光阴，其建造和装饰费用高达45844英镑，这在18世纪中叶已经是一笔巨款了。

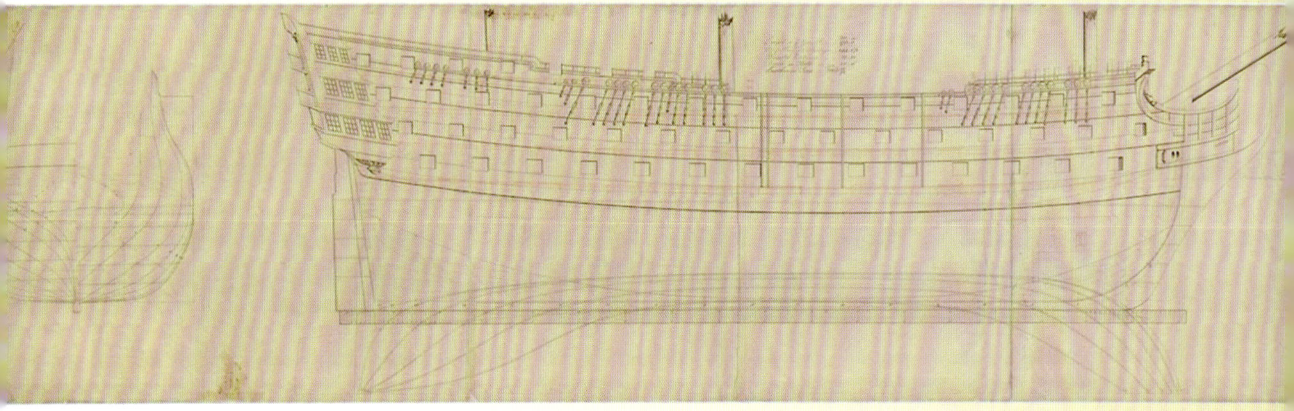

一幅“不列颠尼亚”号的设计草图。可以清楚地看到该舰的火炮布置和基本结构

作为“皇家乔治”级的一员，“不列颠尼亚”号的设计参数与“皇家乔治”号基本一致，仅仅在个别部位有细微差别，这里就不再赘述；不过从吨位上来看，“不列颠尼亚”号的2091吨比“皇家乔治”号的2047吨要略大一些，因而也可以看成是后者的改进型（风帆时代总的来说帆船的吨位在不断而缓慢地提升）。

在火力方面，“不列颠尼亚”号与“皇家乔治”号保持完全一致。其最初最下层甲板也搭载了42磅重型加农炮，但随后被更换为32磅；到了18世纪90年代，它艏艉楼上所搭载的16门6磅炮中的12门（其中艏楼2门，艉楼10门）被替换为等量的32磅卡隆炮。卡隆炮是一种兴起于18世纪70年代的短身管大口径舰炮，在近距离对敌舰船体和人员的杀伤力极大，是18世纪末到19世纪初，英国海军舰艇海战时的利器。

一幅卡隆炮在战列舰上安放方式的示意图。这种大口径短炮其实属于“臼炮”的一种，其精度和威力明显高于法国和西班牙同期装备的“榴弹炮”

不列颠的荣耀——英国巨舰与海上战争

“不列颠尼亚”号的服役期很长，不过在1762年完工后，由于没能赶上七年战争，于是立即被封存，直到美国独立战争爆发之后的1778年8月才初次服役（类似的情况也出现在“胜利”号身上）。当“不列颠尼亚”号正式入役时，该舰的火力配置实际上已经落伍。按照英国在1755年拟定的造舰计划，新设计的拥有90门火炮的二级舰的火力配置已经由早先的“26—26—26—12”（表述依次为：下层甲板—中层甲板—上层甲板—露天甲板的火炮数量，后同）升级为“28—28—30—4”（这也是日后英国标准的98门火炮二级舰的直接前身）；这显然能够比仍使用“28—28—28—16”的“不列颠尼亚”号更能充分利用船体，以提高火力性能。第一艘新式90门火炮战列舰为1759年下水的“桑威治”号，这艘二级舰参加了美国独立战争并且作为海军上将乔治·罗德尼的座舰立下了功勋。

由法国画家奥古斯特·梅耶所绘的特拉法尔加海战中正炮击法国旗舰“布森陶尔”号的“桑威治”号的油画。但事实上“桑威治”号并没有参加这场大海战，他所描绘的这艘正在攻击“布森陶尔”号的三层甲板战列舰很可能是98门火炮的“鲁莽”号

发生于1781年12月12日的第二次韦桑海战是“不列颠尼亚”号所参与的第一次实战行动。此役，英国舰队的指挥官为理查德·肯彭费尔特（即前文提到的随“皇家乔治”号事故意外身亡的那位将军），全舰队13艘战列舰中有多达6艘是三层甲板战列舰（包括2艘100门火炮的一级舰和4艘90门火炮的二级舰），“不列颠尼亚”号的舰长为詹姆斯·布拉德比，尽管身为舰队第二大舰，但该舰并未在舰队中担任指挥职责。

身着海军少将服的理查德·肯彭费尔特（1718—1782年）的肖像。他在第二次韦桑海战中曾俘获15艘法国运输船，立下功勋；然而很不幸地却因为“皇家乔治”号的事故丧生于斯皮特黑德

随后在美国独立战争最后的日子里，“不列颠尼亚”号还跟随理查德·豪勋爵的护航舰队参加了斯帕塔尔角海战。由于英军在北美殖民地败局已定，此役后海军也再无所作为；而“不列颠尼亚”号第一阶段的服役历程也就此告终——1783 年 3 月，该舰被解除武装而封存。

1789 年法国大革命爆发，英国与西班牙结盟向法国宣战，“不列颠尼亚”号再次获得一展身手的机会。从 1788 年至 1790 年，该舰在朴茨茅斯船坞进行了中等规模的修建（花费了 35573 英镑），随后于 1793 年 1 月重新入役。1795 年 3 月 14 日，“不列颠尼亚”号作为海军中将霍瑟姆（1736—1813 年）的旗舰参加了热那亚海战，英国与那不勒斯和西西里的盟友联手获得了一场针对法国海军的胜利；紧接着 7 月 13 日在法属耶尔群岛，这两支舰队再次照面，而霍瑟姆则再一次获得了胜利。

“不列颠尼亚”号在 1795 年时状态的 3D 效果图。注意此时该舰由于担任旗舰，在其中层火炮甲板的中段开设了方便舰队司令上下军舰的“登舰舱门”

1796 年，英国的老对手西班牙结束了两国之间的“蜜月期”，再次倒向法国成为英国敌人。1797 年 2 月 14 日，“不列颠尼亚”号跟随由海军上将杰维斯所指挥的舰队在位于葡萄牙西南的圣文森特角附近拦截了一支实力强劲的西班牙舰队，经过一番激战后，俘虏了西班牙方面两艘 112 门火炮的三层甲板巨舰，大获全胜。在战斗中，“不列颠尼亚”号由海军中将查尔斯·汤普森所指挥，不过由于并不处于战斗的核心位置，该舰仅有一人受伤，几乎没有损失。

海军中将查尔斯·汤普森爵士（1740—1799 年）的肖像。他曾在 1781 年切萨皮克湾海战中担任一艘 74 门火炮战列舰的舰长

从 1801 年 6 月至 1802 年 1 月，“不列颠尼亚”号在朴茨茅斯接受了第二次修建（花费了 21739 英镑）并在 1803 年 4 月重新服役。两年之后，“不列颠尼亚”号参加了英国与法西联合舰队在特拉法尔加的决战。此役它悬挂着英国舰队第三指挥官、海军少将威廉·卡耐基的旗帜。在战斗中，“不列颠尼亚”号所携带的 854 名军官和水手中总共有 10 人战死、42 人受伤；损失率为 6%，处于各舰中相对较少的水平。特拉法尔加海战也是“不列颠尼亚”号所参与的最后一次舰队行动，其时该舰的舰龄已经达到 43 岁。

一幅描绘特拉法尔加海战中各舰捉对厮杀的画作。其中位于画面最右侧的“不列颠尼亚”号和位于最左侧的“胜利”号分别与各自的对手交火

从1810年开始，步入生涯末期的“不列颠尼亚”号开始频繁更换舰名。它先是在1810年1月6日被更名为“长公主”号，紧接着在1812年1月18日被更名为“圣乔治”号，最终在1819年6月被更名为“巴夫勒尔”号。值得一提的是，“不列颠尼亚”号作为“老铁船”为人们所熟知的时间要早于“宪法”号（早期美国海军最著名的一艘军舰，至今仍然“在役”）。

1813年10月，“不列颠尼亚”号被改装成一艘监狱船，尽管在1817年至1823年间短暂恢复为一艘拥有104门火炮的一级舰，但其一步也没有再离开过朴茨茅斯港。1825年2月，老态龙钟的“不列颠尼亚”号在普利茅斯被拆毁，结束了其长达60多年的生命——这对于那个时代的人类来说也算是“寿终正寝”了。

一张纪念“不列颠尼亚”号的邮票，邮票下方写着“阿森松岛”——南太平洋英属圣赫勒拿岛的一个附属岛，即曾经关押拿破仑的场所

“皇家乔治”级综合性能评价

作为1745年海军建设计划的核心内容，两艘“皇家乔治”级战列舰在英国海军中的地位自然不用多说，相比较而言，“皇家乔治”号对于“不列颠尼亚”号是幸运的，却又是不幸的。说“皇家乔治”号幸运是因为它“生正逢时”，恰好赶上了如火如荼的七年战争并在基伯龙湾一战中立下了功勋，而姐妹舰“不列颠尼亚”号则因错过七年战争而不得不迟至美国独立战争才得到一展身手的机会；另一方面，说“皇家乔治”号不幸是因为它在1782年8月的一次意外事故中草草结束了自己的一生，而姐妹舰“不列颠尼亚”号则直到1825年“63岁高龄”时才寿终正寝。

“皇家乔治”号沉没后，桅杆仍旧矗立在水面。由于无法打捞出水，为了防止其他船只碰上这座“暗礁”，英国人在桅杆顶部做了标记

“皇家乔治”号诞生的年代恰逢法、西两国海军的又一个低潮。在西班牙巨舰“皇家费利佩”号退役拆解后，法、西两国在相当长的一段时间内竟没有一艘三层甲板战列舰在海军中服役（直到1762年7月法国116门火炮的“皇家路易”号完工服役）。因此从1755至1762年间“皇家乔治”号登上了“世界最大军舰”的宝座。

然而放眼望去，暂且不提比“皇家乔治”号晚近7年服役的超级巨舰“皇家路易”号（该舰也是西班牙“圣母无原罪”级和法国“海洋”级的设计原型），即便是拿出早于其20至30年以上的法、西同等级战舰来比较，“皇家乔治”号依然是不值得一提的。在这里，挑选了几艘具有代表性的一级舰与“皇家乔治”号的技术参数编撰成表格供读者对比：

舰名	皇家乔治 Royal George	皇家路易 Royal Luis	闪电 Foudroyant	皇家费利佩 Real Felipe	罗斯托夫斯基 Rostovsky
国籍	英国	法国	法国	西班牙	沙俄
服役时间	1755	1762	1724	1732	1758
除籍时间	1782	1773	1742	1750？	1772
排水量（吨）	2046	2927	？ *	2200+	？
设计炮门数	100	116	110	114	100
实际载炮数	100	116~118	110	110~114	100？
甲板长（米）	54.3	61.71	56.19	55？	54.86
龙骨长（米）	43.7	55.54	49.7	？	？
船宽（米）	15.8	16.73	15.29	16？	14.95
平均吃水（米）	6.6	7.84	7.15	8？	6.6
船员	880	1338	1150	1152	？

*“闪电”号的满载排水量被记载为3700吨，但是并没有提及其设计排水量。笔者从该舰尺寸推测可能在2100至2200吨之间。

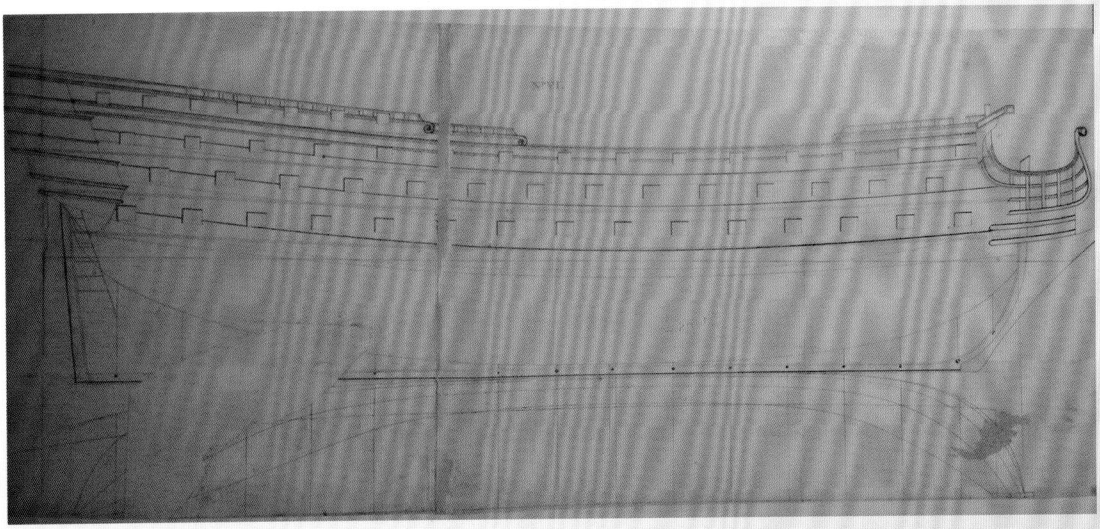

一幅18世纪中期沙俄一级舰的设计草图。自彼得大帝开始沙俄迅速崛起，至18世纪中期已经成长为为数不多的能够建造拥有100门火炮和三层甲板的标准一级舰的海上强国

为了缅怀1782年8月29日因事故沉没的“皇家乔治”号与殉职的舰队司令肯彭费尔特，英国政府于一年后发行了纪念此事件的铜币，可以清楚地看到“皇家乔治”和“海军上将肯彭费尔特”的字样

从表格中的参数可以看出，“皇家乔治”号不仅与它的法、西老对手有一定差距，甚至在与堪称“后起之秀”的沙俄海军一级舰对比中也并没有占据太大的优势。此外，尽管法、西两国没有在18世纪50年代建造三层甲板战列舰，但它们却建成了一批80门火炮大型双层甲板战列舰，这些战列舰也是极具威力的杀手。例如法国在基伯龙湾海战中的旗舰“皇家太阳”号，该舰在下层甲板装备了30门36磅炮，上层甲板装备了32门24磅炮（该舰也是首艘在上层甲板配备24磅“副炮”的双层甲板战列舰）——这样的火力配置完全可以挑战当时任何一艘三层甲板巨舰。

因此很难认为“皇家乔治”号就是它所处的那个时代最具威力的海战武器。不过尽管遇到了足以挑战甚至在“纸面”上能够战胜它的“皇家太阳”号，基伯龙湾海战还是以英国人的大胜而告终，“皇家太阳”号最终沉没在冰冷的海里。武器的优劣并非主宰战役结果的主要因素，风帆时代的英国海军屡次诠释了这一点。在经验丰富的舰队指挥官手里，每一艘军舰的潜力都是难以估量的，这当然也包括了“皇家乔治”级。

与老对手重逢——七年战争中的英、法海战

“世界大战”的爆发

18世纪的欧洲似乎从来没有拥有过一个持续太平的时期。从世纪之初的西班牙王位继承战争到詹金斯耳朵战争（扩展到欧洲大陆后称为奥地利王位继承战争），从七年战争到美国独立战争再到法国大革命，战火燃遍了欧洲大陆和殖民地的每一个角落。在这其中影响最深远、波及范围最广的一次战争便要数七年战争了。

七年战争发生在1754年至1763年，而其主要冲突则集中于1756年至1763这七年之内，因而被后人称为“七年战争”。当时世界上的主要强国均参与了这场战争，其影响覆盖整个欧洲以及欧洲列强在中北美洲、西非海岸和远东的殖民地。在某些国家的历史中，这场战争依照其所在区域发生的战斗被赋予不同的名字。例如在美国被称为“法国—印第安战争”，在加拿大法语区则以“征服之战”为人们所熟知，而在加拿大英语区则被称为“七年战争”。其余的一些说法还包括“波美拉尼亚战争”（普鲁士对与瑞典之间战争的称呼，时间为1757年至1762年），“第三次卡那提克战争”（印度人对战争的称呼，时间为1757年至1763年）以及第三次西里西亚战争（普鲁士对与奥地利之间战争的称呼，时间为1758年至1763年）。

一张七年战争涉及国家和地区的示意图。其中蓝色为以英国、普鲁士为首的联盟力量，绿色则为以法国、西班牙、奥地利等为首的反英及反普鲁士的势力

有些历史学者甚至将七年战争看成人类历史上的第一次“世界大战”；而从上图参战势力范围来看，这也确实是一场几乎波及整个世界的大战。要知道在18世纪中叶，大洋洲尚未被开化；亚洲和非洲的绝大部分地区也都处于“与世无争”的状态，因此这样规模的一场近代战争足以被称为“世界大战”。

事实上，七年战争同样也可以被看成数年之前结束的奥地利王位继承战争的延续。在那场战争中，彪悍的普鲁士陆军在腓特烈大帝的领导下从奥地利手中夺取了富庶的西里西亚省。奥地利女王玛丽娅－特蕾西娅不得不于1748年签署《艾克斯－拉－沙佩勒条约》以赢得重建军队与同盟关系的时间。女王走的这一步棋无疑是极为睿智的，由于奥地利放弃了早先与英国签署的25年盟约，欧洲的政治版图在其后数年间被重新改写。在被称为“外交革命”的1756年，法国、奥地利、沙俄，这3个几世纪以来一直对立的宿敌被奥地利女王成功团结在一起，共同组成了针对普鲁士的军事同盟。从这个角度来看，整个七年战争在欧洲大陆部分的战事几乎就是一部普鲁士挑战欧洲其他豪强的历史。

普鲁士国王，被誉为“腓特烈大帝”的弗里德里希二世（1712—1786年）的肖像。此画作于1757年普奥科林会战期间。弗里德里希二世是当时欧洲少有的能亲自挂帅并且军事才华确实出众的国王之一

至于在海上，由于西班牙在大部分时间里都没有参战，则依旧是英、法争霸的主旋律。在地中海、北美殖民地甚至远东，英、法之间进行了一系列精彩较量，而在经历了詹金斯耳朵战争中的失败之后，英国海军重整旗鼓，再次展现了它的锋芒……

英国海军上将约翰·宾（1704—1757 年）的肖像。他是英国另一位海军上将乔治·宾的儿子。但是与父亲相比，约翰·宾显然还是欠了些火候，后来在主动放弃战斗后被军事法庭当成替罪羊而处决

米诺卡海战

七年战争爆发后，交战双方在海上的争夺首先始于地中海海域。作为奥地利的同盟军，法国在向英国宣战后，曾威胁英国在地中海米诺卡岛的驻军。米诺卡岛曾经是西班牙的属地，位于巴利阿里群岛东北部。在西班牙王位继承战争时期，英军曾于 1708 年攻占该岛，并在岛上设置了常备驻军。法国威胁要攻占此岛被视为挑战英国在地中海权势的有力信号，英国政府当然不能坐视不管，他们火速从直布罗陀派出由海军中将约翰·宾（不久被晋级为上将）所指挥的 10 艘战列舰去拦截法国可能的运输（登陆部队的）舰队。相比在土伦集结的法国舰队，宾手中舰队的实力是有限的。由于远离本土，这些英国战列舰大多缺乏必要的维护和补给；而法国人无论是在舰船装备还是在战术上（他们距离米诺卡岛仅“咫尺之遥”）都占据了不小的优势。

在前往米诺卡岛的路途上，英国舰队得到了从米诺卡岛逃离的3艘战列舰的支援。此时宾的手中一共有13艘战列舰（1艘二级舰，10艘三级舰，2艘四级舰），旗舰为“拉米利斯”号。提起“拉米利斯”号，这艘拥有90门火炮和三层甲板的战列舰的前身是上册书曾为大家介绍过的“皇家凯瑟琳”号。“皇家凯瑟琳”号曾经在第二和第三次英、荷战争中参战，随后又参加了奥格斯堡同盟战争和西班牙王位继承战争，可谓身经百战、老当益壮。至1756年时，其舰龄已经达到了91岁，当然在其服役生涯中也经历过两次重建，分别发生在1702年和1749年；舰体外观和大小也发生了翻天覆地的变化。倘若只计算最后一次重建之后的服役记录，那么在1749年2月8日重新下水服役的“拉米利斯”号完全算得上是一艘“崭新的”军舰。

由老范德维德所绘的“初代”“皇家凯瑟琳”号的画作。该舰到1749年重建为“拉米利斯”号时已经和原船截然不同

年轻时代的拉加利索尼埃侯爵（1693—1756 年）的肖像。他在米诺卡岛成功迫使宾的救援舰队撤退，路易十五准备将其晋级为海军元帅，但拉加利索尼埃侯爵却在随后不久因病去世

5 月 19 日，当宾的舰队抵达米诺卡岛沿岸时，他吃惊地发现岛上已经蔓延着法军武装，只有圣菲利普城堡（即马翁港）还在英国人的手中（并且已经被团团包围）。随即，宾下令炮击法国登陆部队，以缓解岛上驻军的压力，不过当午后时分，一支由 12 艘战列舰和 5 艘护卫舰组成的法国舰队出现在视野之中。双方舰队各自排好阵势后，在第二天早上拉开了战斗序幕。

法国舰队的指挥官为拉加利索尼埃侯爵。在得知英国舰队行动的消息后，他指挥这支法国分舰队由土伦出发前往救援米诺卡岛。由于土伦至米诺卡岛的航途很短，这支法国舰队可谓“以逸待劳”。

面对12艘法国战列舰的挑战，宾纠集了大约相同数目的船只准备与之进行战列线间的对决。靠近法国舰队时，宾下令抢占上风；不过由于信号通信手段的落后，各舰行为不一，引起了混乱，英国舰队花费了非常大的功夫才完成了抢风航行，但此时包括宾的旗舰“拉米利斯”号在内的大部分英国军舰都没有进入有效射程。随后的战斗中，宾严格遵循标准作战程序，在作战中表现得相当拘束。大约有半数的英国战列舰在法舰炮火下损失严重，不过没有一艘被击沉或被俘虏。眼见无法击败眼前的法国舰队去支援圣菲利普城堡的友军，宾在舰上召开高级军官会议。在场所有人都认为以目前状况是无法取胜的，于是宾下令舰队掉转航向返回直布罗陀。失去海上支援且被围困在圣菲利普城堡的英军最终向法军投降，米诺卡岛落入法军之手。

一幅描绘法军包围进攻圣菲利普城堡的油画。最终在缺少海上支援的情况下，这座堡垒落入法军之手

由不知名画家所绘的海军上将宾在“君主”号艉楼甲板上被执行枪决时的景象。宾被处刑的确激励了其他英国海军将领并助他们拿到了最后的胜利

英军在米诺卡岛失败的消息传回国内，震惊了朝野。舆论认为宾在面对势均力敌的法国舰队时，对己方舰队“缺乏有效的统治力”“打得毫无斗志”，最终导致法军彻底占领了米诺卡岛。这是“英国皇家海军的耻辱”。尽管在当时情况下，宾想要取胜的难度的确很大，但在舆论的压力下，军事法庭还是将宾判处了死刑。1757 年 3 月 14 日，宾在 74 门火炮战列舰“君主”号的艉楼甲板上被执行了枪决。不过，也许正是宾的悲惨下场激发了其他英国海军将领的斗志。在随后发生的数次海战中，他们势如破竹击溃了法国海军，拿到了最终的胜利。

对此，法国著名启蒙思想家伏尔泰曾说过一句耐人寻味的话：“在这个国家里，为了激励一些人，有时往往不得不杀死一名将军。”在那个国家荣耀和社会舆论至上的大环境下，有时候现实就是如此残酷。

拉各斯海战

当七年战争开始时，幸运女神显然没有眷顾老牌海上霸主英国。约翰·宾的舰队在米诺卡岛的失利不仅将这座重要岛屿拱手相让给法国人，更是将宾自己推上了刑场。海战如此，在陆地上英国人也节节败退。在争夺最激烈的北美殖民地，英国人先后在莫农加希拉、奥斯威戈堡、威廉·亨利堡和卡里永堡吃到了败仗。中国有句古语叫“否极泰来”——到了1759年时，战局突然戏剧性地倒向了原本困难重重的英国一方。无论在陆地还是海洋，英国军队都大胜法国老对手，扭转了不利的局势。后来，英国人将这一年称为“奇迹迭出的1759年”（英文为：Annus Mirabilis of 1759）以示纪念。

一幅描绘法军在北美殖民地卡里永堡战胜英军后大肆庆祝的画作。此役中，英国海军名将理查德·豪的哥哥乔治·豪（1725—1758年）亦不幸殉国

暂且抛开1759年英国在陆战中获得的胜利不谈，在这一年中，英国舰队所取得的两次最显著的胜利便是发生在8月的拉各斯海战和11月的基伯龙湾海战；这其中又以爱德华·豪克在基伯龙湾的大胜而闻名天下。

1759年，随着战局朝着有利方向发展，法王路易十五在国务大臣舒瓦瑟尔公爵（1719—1785年）的鼓动下甚至开始计划登陆英国本土作战。当时，一支庞大的军队被集结在位于布列塔尼东南部的瓦纳，并计划与位于基伯龙湾内的莫比昂湾（属于内陆水域）的另一支登陆部队会合；而法国海军部则要求位于地中海的土伦舰队（12艘战列舰）与位于大西洋沿岸的布雷斯特舰队（21艘战列舰）会合，以为登陆部队提供足够的护航实力。根据舒瓦瑟尔公爵的设想，登陆部队将在苏格兰上岸并南下直捣英格兰心脏。这是一个极具冒险性的计划，因为当时控制着直布罗陀出海口的英国地中海舰队的实力要强于土伦舰队。但是即便如此，法国人仍愿意做出尝试。

海军上将爱德华·博斯科恩（1711—1761年）的肖像。他在拉各斯附近海域成功阻击了法国土伦舰队，从而使敌军两支舰队会合的企图化为乌有

当时英国地中海舰队的指挥官为海军上将爱德华·博斯科恩。他的手中一共拥有14艘战列舰（包括3艘三层甲板战舰）、10艘护卫舰和一些其他辅助船只。相较于仅有12艘战列舰和3艘护卫舰的法国土伦舰队，博斯科恩无疑占据明显优势。

1759 年 5 月 16 日，博斯科恩的舰队抵达土伦港外，按照上级命令对这里实施封锁。不过在 7 月初时，法军炮台的炮击给舰队造成了不小的损伤并迫使博斯科恩不得不指挥舰队返回直布罗陀修整。8 月 4 日，返回的舰队驶抵直布罗陀；就在一天之后的 8 月 5 日，法国土伦舰队在海军上将德拉克鲁（1696—1764）的指挥下悄悄驶出土伦港、向大西洋进发。由于大雾的影响，这支法国舰队安然通过了直布罗陀；然而在 8 月 17 日，它们却被博斯科恩用于警戒的船只在直布罗陀以西海域发现。博斯科恩在得到消息后旋即全力予以追击。

8 月 17 日夜至 18 日凌晨，德拉克鲁发现了身后追赶的英国舰队，这也意味着他想要利用大雾作为掩护瞒天过海的手法已经失效。情急之下，德拉克鲁决定不再去原先计划停歇的西班牙加的斯港（一旦遭到英军封锁就再难觅出海的机会了）。于是他的旗舰“海洋”号（80 门火炮）开始转变航向并寄希望于后面的友舰能仿效，但事实上只有 7 艘战列舰（包括“海洋”号）做出了如此举动，其余 5 艘战列舰和 3 艘护卫舰仍旧按照既定计划驶入了加的斯港。至于这些没有遵从指令的军舰——也许在黑暗中他们确实没有注意到旗舰关于航向的变化，不过也可能他们认为仍然驶入港口是更安全的举动。

一幅由当时英国政府宣传机构所绘制的拉各斯海战的宣传画。画面中位于正中央的是博斯科恩的旗舰“那慕尔”号

由英国画家托马斯·鲁尼所绘制的拉各斯海战图。位于中间的仍旧是英国舰队旗舰“那慕尔”号。该舰随后因损伤严重而退出战斗

天亮之后，德拉克鲁发现只有 7 艘战列舰参与了这次转变航向的行动，但由于心中确信其余几艘会很快与自己会合，这位法国将军下令停止前进以等待自己的同伴。不久之后，德拉克鲁看到海平面上出现了 8 艘帆船的桅杆，那正是自己失散友舰的数目。不过随着距离拉近，德拉克鲁发现对方是英国船只，同时其身后正源源不断地出现更多的帆船，于是立即下令逃跑。博斯科恩在后紧追不舍。

为了应对可能无法躲过的战斗，德拉克鲁下令各舰之间保持距离，以防止某艘战列舰再次掉队、削弱原本已捉襟见肘的舰队实力。但是如此一来，舰队的整体航速便放慢下来。到 18 日下午，他们终于被英国舰队追上，战斗无可避免地打响了。

经过一番激烈抵抗后，法国舰队中位于最后的 74 门火炮战列舰“桑托尔”号首先被英军俘获。不过博斯科恩的旗舰“那慕尔”号也损伤严重，以至于他不得不将旗舰变更至更小的三层甲板战列舰“纽瓦克”号（80 门火炮）上去。

在18日夜间或19日凌晨，法国舰队中的两艘74门火炮战列舰“主权”号与“战士”号改变航向向西逃窜（最终成功脱逃），而剩下的4艘则继续向北撤退。在葡萄牙拉各斯港附近的海域，德拉克鲁的旗舰“海洋”号和另一艘74门火炮战列舰“敬畏”号因走投无路而被迫搁浅，为了不使这两舰落入敌军之手，德拉克鲁在上岸后不得不命手下将其焚毁。除此之外，最后两艘战列舰“鲁莽”号（74门火炮）与“谦逊”号（64门火炮）则没能逃脱英军的抓捕。至此，这场英军如“猫捉老鼠”般的捕猎行动结束。

拉各斯海战是英国在七年战争的舰队对决中所收获的第一场无可争议的胜利。此役德拉克鲁麾下12艘战列舰中有2艘被焚毁、3艘被俘虏；死伤人数高达500多人，另有2000多人被俘。而博斯科恩的舰队为此付出的代价仅仅是56死193伤，并没有损失任何一艘军舰（甚至包括参战的纵火船等小型船只）。战后，博斯科恩的副手布罗德里克（也是一名海军上将）将逃进加的斯港的法国残余舰队牢牢封锁在港内，土伦舰队北上与布雷斯特舰队会合的企图就此破灭。

参加米诺卡海战时期的法国战列舰“战士”号。该舰在拉各斯海战中因及时向西逃跑而侥幸躲过一劫，不过其最终还是没能“善终”，在1798年的尼罗河战役中重伤被俘后，被英军所焚毁

不过尽管土伦舰队被英军击败（残余部分被封锁在加的斯港）毁掉了法国人原本进攻英国本土计划中的一部分，但这并没有动摇他们坚持这一计划的决心。在舒瓦瑟尔公爵看来，实力更为强大的布雷斯特舰队在迫不得已的情况下，也有独立实施登陆作战计划的能力。然而当爱德华·豪克的英国海峡舰队将这支硕果仅存的法国舰队也击溃在其腹地基伯龙湾后，舒瓦瑟尔公爵这不切实际的计划终于可以画上句号了……

基伯龙湾海战

法国土伦舰队的覆灭使得舒瓦瑟尔公爵企图进攻英国本土的计划遭到沉重打击，但这并不是致命的；因为存在于布雷斯特的法国大西洋舰队拥有更强的实力。在得知土伦舰队覆灭的消息后，路易十五曾一度想要放弃入侵英国本土的计划，但不甘心就此罢休的舒瓦瑟尔公爵却打算“放手一搏”。但事实上，法国舰队即便想要冲出布雷斯特母港都是一件并不容易的事，那是因为从1759年伊始，爱德华·豪克便指挥英国海峡舰队封锁了这里。

法国国务大臣舒瓦瑟尔公爵（1719—1785年）的肖像。他是路易十五身旁富有激情、思想活跃的得力助手，但是其过于激进冒险的战略却使法国随后陷入了困境

法国布雷斯特舰队的指挥官为孔弗朗伯爵（690—1777），得到舒瓦瑟尔公爵指令的他一直在寻求打破封锁出港的机会，而这个机会终于在11月到来了。11月的第一周，一股强势的西风刮来，3天后，豪克被迫带领主力舰队返回英国南部海岸的托贝避风，只留下了副手罗伯特·达夫（1721—1787）指挥5艘50门火炮小型战列舰和9艘护卫舰在基伯龙湾监视位于这里的法国运输船队。与此同时，一支来自西印度的小小船队加入了孔弗朗伯爵的队伍。11月14日，海面刮起了东风，孔弗朗伯爵趁机指挥舰队溜出了港口。当他们冲出港口时，3艘英国护卫舰发现了他们，其中有两艘想要去通知达夫但却被法舰驱逐；不过还是有两艘从基伯龙湾返回的补给船（为达夫舰队提供补给的帆船）于15日14点在贝尔岛以西约112.65千米处发现了这支企图浑水摸鱼的法国舰队；紧接着在一天后，这两艘补给船碰到了正向布雷斯特赶来的豪克的主力舰队。这下，法国舰队的行踪彻底暴露了。

11月19日晚，由于不利的风向，孔弗朗伯爵不得不放慢了前进的速度。当航行至距离贝尔岛约32.19千米外时，他发现了达夫舰队中的7艘战列舰。经过判断，孔弗朗伯爵认为这并不是英国主力舰队，于是下令追击。达夫在发觉自己面对的是实力远超自己的布雷斯特舰队后，立即将舰队朝南北向分散开来。孔弗朗伯爵下令前卫和中坚舰队分别前往追击分散的达夫舰队，不过后卫舰队却在此时发现无数的帆桅（一支庞大的舰队）出现在西边。没错，那就是豪克的主力舰队。

刊登在英国相关文献中的一幅描绘基伯龙湾海战的油画。此画作者为理查德·佩雷，画面显著位置的三层甲板战列舰为豪克的旗舰“皇家乔治”号

由尼古拉斯·波科克于1812年所绘的基伯龙湾海战图，该画的核心是两支舰队的旗舰在互相炮击。从画面来看，法国舰队的旗舰似乎也是一艘三层甲板战列舰，但事实上“皇家太阳”号是一艘大型双层甲板战列舰

如梦初醒的孔弗朗伯爵下令收拢舰队阵型，但直到英国舰队完全出现在视线中都没能完成。20日上午8点30分，英军“大度”号战列舰（74门火炮，原为法国军舰，1748年被英军俘虏）向豪克的旗舰“皇家乔治”号发出“发现敌舰队”的信号，豪克随即下令舰队组成横队队形。

此时此刻，孔弗朗伯爵面临一个艰难的抉择，要么在公海（即大西洋）上处于风向不利的情况下与英国舰队决战，要么退避至浅滩环绕、暗礁密布的基伯龙湾进行防御作战。伯爵心里十分清楚，在公海上战胜英国舰队的机会微乎其微，想要获胜恐怕只有依靠他们对基伯龙湾水域的熟悉，引诱对方进入暗礁区，但是一旦退入港湾即意味着肯定无路可逃了……

上午9点，豪克向位于己方舰队阵列前方的7艘战列舰下达了形成战列线向敌军追逐的命令。尽管当时气候恶劣并且处于相对较为危险的水域，但豪克依然下令悬挂满帆前进。14点30分，孔弗朗伯爵指挥舰队绕着“红衣主教礁石”（位于基伯龙半岛最末端的礁石）航行一周后，战斗打响了。按照目前的观点普遍认为由位于英军追击舰队最前列的“厌战”号（74门火炮）打响了基伯龙湾海战的第一炮，但该舰舰长约翰·本特利爵士在战后却发表声明说自己并未主动下令开炮；不过无论如何，英国舰队的前卫已经开始赶超法国舰队的后卫部分，大规模炮战随即拉开序幕。

战斗进行至16点，法国后卫舰队旗舰“敬畏”号（80门火炮）向英军“决心”号（74门火炮）降旗投降；几乎在同一时间，法舰“忒修斯”号在与英舰“托贝”号（74门火炮）的决斗中被击沉。值得一提的是，“托贝”号舰长奥古斯都·凯佩尔是英国海军中著名的“猛将”，在他的指挥下，“托贝”号是英国舰队中第一艘执行豪克指令的战列舰。除此之外，“华丽”号被豪克的旗舰“皇家乔治”号以猛烈炮火击沉；而在它身后的“英雄”号（74门火炮）则向豪克投降（第二天该舰曾试图逃跑，但在恶劣的天气下搁浅，最后被焚毁）。

奥古斯都·凯佩尔（1725—1786年）作为一名舰长时的画像，由著名画家约翰·沃拉斯顿作于1747年至1751年之间。凯佩尔后来在美国独立战争期间成为海峡舰队司令，但在第一次韦桑海战中却遭到失利

战斗进行至此，海面上的风向变更为西北风，孔弗朗伯爵舰队中半数以上的战列舰受风影响变得更加混乱。伯爵尝试控制住混乱的局面但没有成功，他的旗舰“皇家太阳”号只得驶向港湾入口处，恰好撞见了豪克的旗舰“皇家乔治”号。豪克似乎看见了捕捉敌军旗舰的机会，但是法舰“无畏”号（74门火炮）突然插入二者之间并向“皇家乔治”号开火。“皇家太阳”号暂时躲过一劫，但是与此同时，由于抢风失败，原本想要驶出浅滩海域的“皇家太阳”号被迫向东航行至勒夸西克（基伯龙湾以东的港镇），与本舰队分离。由于此时已是17点，夜幕降临，豪克遂发出下锚的信号。

夜间，有8艘法国战列舰成功通过浅滩驶入开阔海域，后来它们都逃回了法国的罗什福尔港；另有7艘法国战列舰和护卫舰逃至维莱纳河口，但由于暴风雨的缘故，豪克不敢贸然攻击它们。法国舰艇抛弃了大炮和重载，企图利用涨潮和西北风的机会从维莱纳河口逃入内河航道。在这一冒险的行动中，有一艘船损毁，其余6艘则成功驶入内河，后来被英军留守舰艇封锁直至战争结束。另一边，严重损坏的法舰“公正”号（70门火炮）在卢瓦尔河附近沉没。它舰上幸存的150名船员历经风浪折磨后被英舰“决心”号救起。

法国“公正”号战列舰上层火炮甲板的18磅炮被打捞出来，后置于伯纳德岩石上。可以清楚地看到法式海军炮架的四轮结构

由英国画家理查德·怀特所绘的基伯龙湾海战最后时刻的油画，该画作于战后不久的1760年。可以看到，画面右侧的两艘法舰已经搁浅，而更远处则有两艘舰正因被焚毁而燃起熊熊大火

“皇家太阳”号试图逃至勒夸西克炮台的火力覆盖安全区域内，但在英舰“埃塞克斯”号（70门火炮）的追逐下在乐福沙洲搁浅而失去动力。不过追逐者“埃塞克斯”号的运气也不太好，该舰随后触礁沉没于港湾内。随着法军旗舰的搁浅，基伯龙湾海战实际上已经落下了帷幕。22日，达夫授命指派3艘军舰将搁浅船只全部摧毁，当英国人在浅滩上焚毁搁浅的法舰“英雄”号时，为了不使旗舰落入敌手，上岸的孔弗朗伯爵亲自下令将“皇家太阳”号焚毁。历史是巧合的，将近70年前的路易十四的尊贵旗舰“皇家太阳”号最终的结局也是惨遭焚毁——两艘以太阳王之名命名的旗舰最终“殊途同归”。

经过战后清点，在基伯龙湾海战中法国布雷斯特舰队总共损失了7艘战列舰，其中6艘被摧毁（沉没或焚毁），1艘被俘虏，兵员总损失高达2500多人；英国方面则有2艘战列舰沉没，400多人战死。无论在战术还是战略上，英国人都取得了一场决定性的胜利。基伯龙湾海战彻底摧毁了七年战争时期法国的海上力量。在接连损失了土伦和布雷斯特两大舰队之后，法国已经不可能再执行登陆英国本土的作战计划，甚至连残存的舰艇也都被牢牢封锁在各自的港口内，完全丧失了制海权。其后虽然双方还发生过小规模交战，但对总体战局已经无关痛痒；因此从某种意义上来说，法国海军已经提前输掉了这场战争。

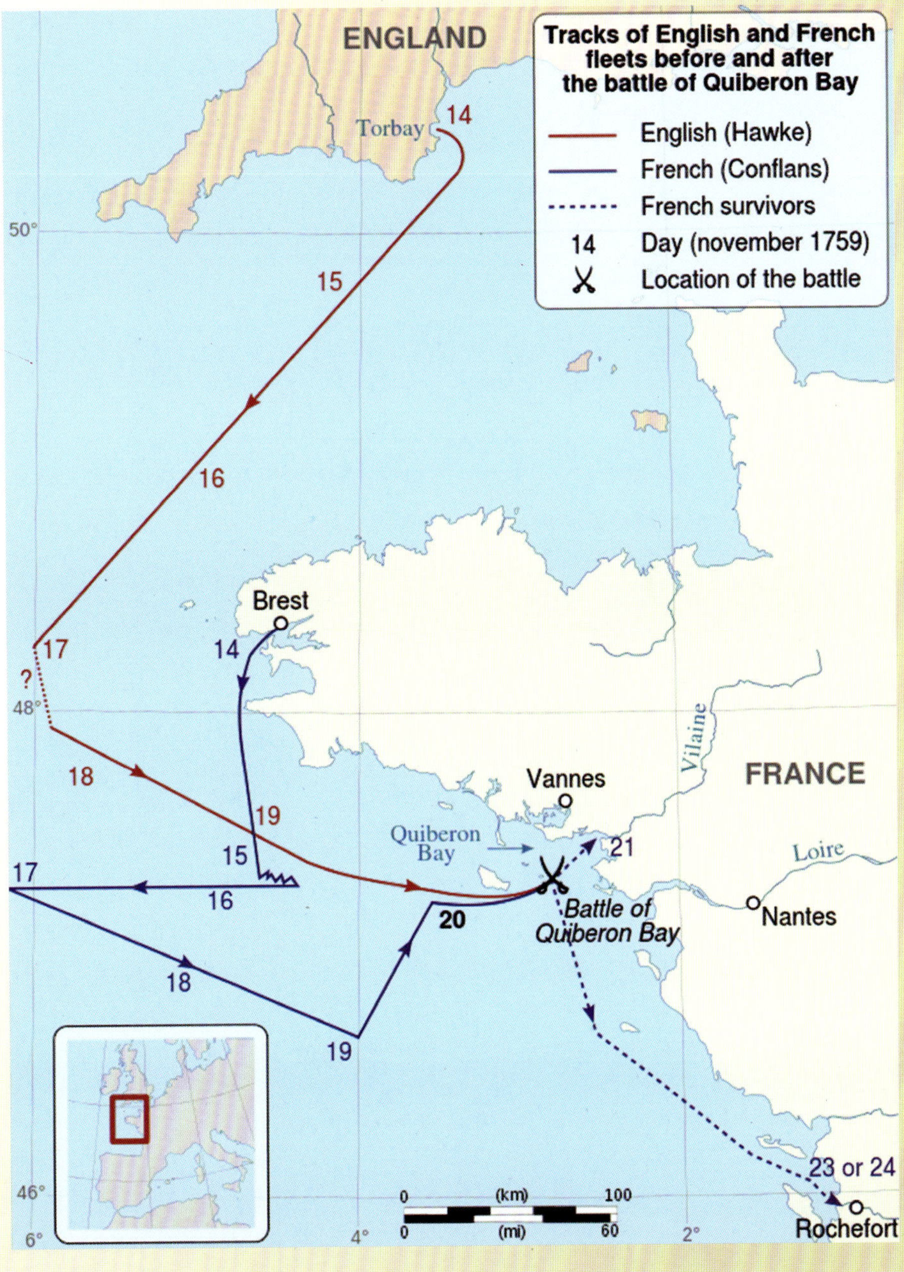

一幅基伯龙湾海战的完整态势图。红色箭头为英国舰队的行进路线，蓝色箭头为法国舰队的行进路线，蓝色虚线则为法军残余势力的撤退路线

攻克哈瓦那与战争的结束

当七年战争进行到如火如荼、英国海军已经扭转颓势击败法国海军之际，有一个欧洲大国却仍然还没有投入到战争之中去，那就是西班牙。詹金斯耳朵战争结束时，并没有在与英国对抗中处于下风的西班牙基本保持了海外殖民地的完整性。进入七年战争后，西班牙国王费尔南多六世依旧奉行中立原则，一方面借此继续保持海外殖民地的完整性（他明白一旦与法国为伍向英国开战，其后果是不可预知的），另一方面则利用列强争战不休的机会发展本国经济和军力。但是当1759年费尔南多去世后，这一状况却发生了改变。

费尔南多的弟弟、曾经的那不勒斯与西西里国王卡洛斯继承了西班牙王位。卡洛斯继位后错误地判断了局势，认为英国在击败法国之后，一定会将目标投向“老对手”西班牙，因此于1761年联合法国国王路易十五签订了波旁家族共同遏制英国的条约。同时，他还在加勒比海地区的殖民地增添兵力，以期能与英国海军相抗衡。西班牙人的举动惹恼了英国人，1762年1月4日，英国向西班牙宣战，将其拖进了战争的泥潭。

西班牙一代“贤王”卡洛斯三世（1716—1788年）的肖像。在对内统治上，卡洛斯三世通过一系列积极的学习，使西班牙走上了复兴的快车道，但在对外政策上，却显得有些冒进，险些使西班牙丢掉了最重要的海外港口哈瓦那

由约书亚·雷诺兹所绘的《猛攻莫罗堡的威廉·凯佩尔》。但事实上拿下西班牙位于哈瓦那最坚固要塞——莫罗堡的是威廉·范·凯佩尔的儿子乔治·凯佩尔，这幅画的标题是个明显的错误

当与西班牙的战争爆发后，英国人的计划便是在哈瓦那进行一场两栖攻击。1762 年 3 月 5 日，由 7 艘战列舰和 64 艘运输船所组成的远征舰队运载 4365 名英军从斯皮特黑德启程前往加勒比海地区。其中登陆部队指挥官为（第三代）阿尔博马尔伯爵乔治·凯佩尔（1724—1772 年）；舰队指挥官则为乔治·波考克中将。值得一提的是，乔治·凯佩尔是前文提到的奥古斯都·凯佩尔的兄长；而凯佩尔兄弟的父亲威廉·范·凯佩尔（1702—1754 年，第二代阿尔博马尔伯爵）也是英国政府的重臣。

经过一个多月的航行，庞大的英国舰队于4月20日抵达加勒比海的巴巴多斯，5天之后，他们在皇家港与征服了马提尼克岛的英国远征军会合。这支英军的指挥官为罗伯特·蒙克顿少将，会合时这支远征军仍有8461人，实力不容小觑。此外，海军少将罗德尼所指挥的由8艘战列舰所组成的英国西印度分舰队也加入其中，这使得远征舰队的护卫力量由7艘战列舰提升至15艘。

凯佩尔的队伍还在壮大。到5月23日时，远征舰队在圣多米尼加（今天的海地）西北角与詹姆斯·道格拉斯爵士的军团会合，至此，这支远征军已经拥有21艘战列舰、24艘护卫舰或辅助军舰以及168艘运输船；而这支庞大船队所携带的兵力为14000名海员或海军陆战队士兵、3000名雇佣兵和12826名正规陆军士兵。6月6日，远征舰队终于抵达哈瓦那港外，西班牙人在哈瓦那建造的城堡已经尽现眼底。

一幅描绘英国舰队靠近哈瓦那的油画。事实证明西班牙在七年战争末期参战是一个得不偿失的错误决断

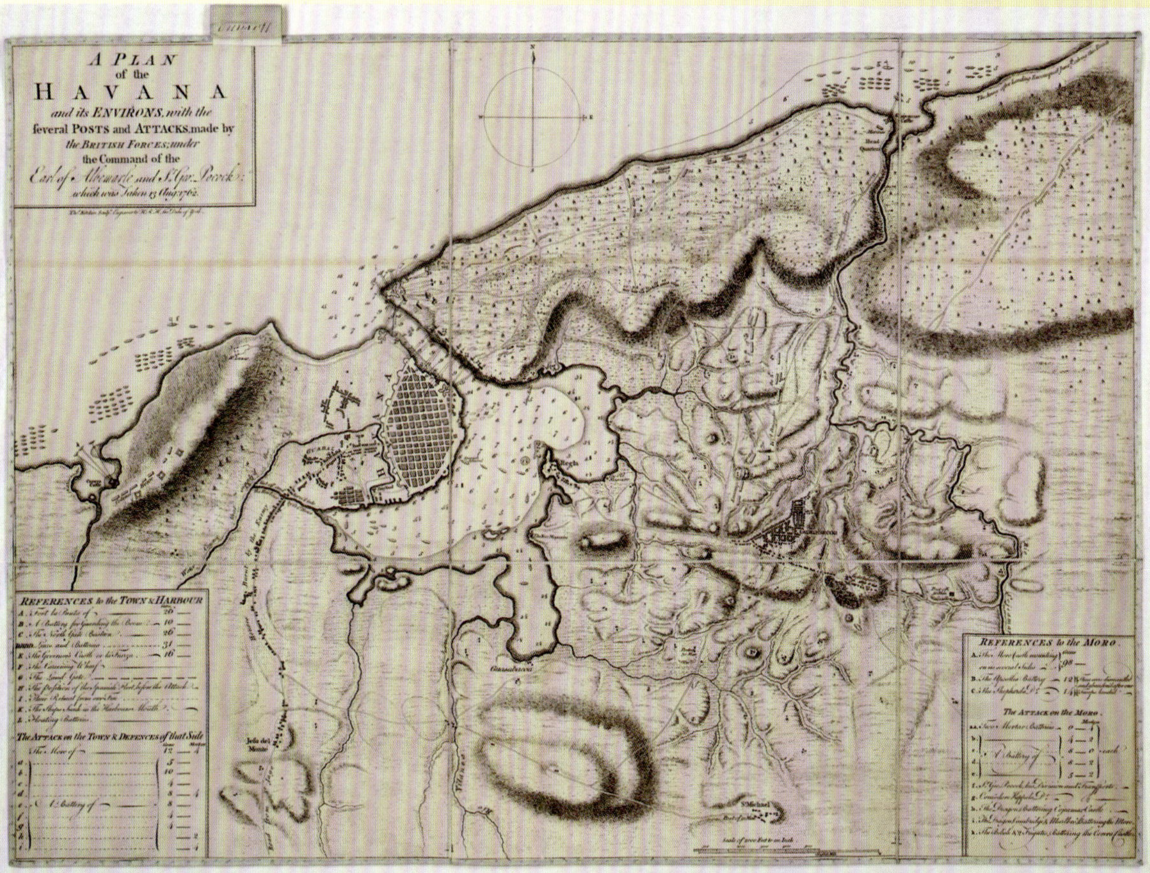

一幅由参与攻城的英军工程师托马斯·基钦所绘的哈瓦那及其周边地貌图。从地图上不难看出哈瓦那市处于峡湾内，由于航道极为狭窄，进攻一方想要通过航道突入港内的难度颇大

12 艘英国战列舰被派至港湾入口处以阻止西班牙舰队。为了能够降低登陆时的风险，英军计划对哈瓦那最坚固的要塞——莫罗堡展开一场“沃邦式的攻击”（沃邦是 17 世纪法国元帅和著名军事工程师，有享誉欧洲的攻城和筑城理论。其代表作为《论要塞的攻击与防御》和《筑城论文集》）。而倘若拿下了这座城堡，英军将很容易居高临下迫使哈瓦那城内的西班牙军队投降。然而这个计划却忽略了一个重要因素，那就是莫罗堡位于坚硬的海岬之上，这样的地形是无法通过挖地沟的办法来接近堡垒并安放炸药的。

与英国远征军相同，西班牙守备军力也由海军与陆军共同组成。其陆军指挥官为哈瓦那总督胡安·德·普拉多（1716—1770？），海军指挥官为海军上将古铁雷·德·艾维亚；守军总指挥则为总督普拉多。由于面临的敌人过于强大，西班牙人不得不寄希望于援军和热带疾病（黄热病等）或飓风能帮助自己抵御强敌。

据资料显示，战前西班牙在哈瓦那的军力为：3870 名陆军士兵（包含了步兵团和骑兵部队）、5000 名海员或海军陆战队士兵、2800 名民兵（非正规武装）以及 9 艘战列舰。过于虚弱的海军力量使得西班牙人在海上与英国远征军对抗成为奢望，普拉多十分明智地将守备兵力集中在莫罗和蓬塔（西班牙语意为“角”）两座堡垒内。为了加强堡垒火力，普拉多甚至将军舰上的大炮都搬入堡内；与此同时，西班牙正规军也都被安排在城市驻防。

当英军舰队出现在海平面上时，普拉多立即下令将己方舰队中舰况较差的3艘战列舰凿沉在哈瓦那出海口的航道上，以阻挡对方前进的脚步。这3艘“倒霉鬼”分别为“亚洲”号（64门火炮）、“欧洲”号（64门火炮）与“尼普图诺”号（74门火炮）。凯佩尔深知使舰队从正面强攻哈瓦那将会给己方造成严重损失，经过商议后，他决定“迂回”登陆作战。6月7日，英国远征军在哈瓦那东北较远的偏僻海滩登陆并在第二天向西进发。在行进途中，他们轻松击退了一支纪律散漫的西班牙民兵部队。一天后，英军已经推进至哈瓦那附近，然而莫罗堡却如一道不可逾越的天堑拦在面前。

一幅描绘1762年6月7日英军部队在哈瓦那东北某处偏僻海滩登陆场景的油画。两栖作战对于英国来说并不陌生，早在100多年前的英、西战争中便已运用自如

6月11日，将莫罗堡包围的英军开始猛攻堡垒。由于城堡地势较高，再加上由灌木丛和壕沟环绕，攻城的难度相当大。围城第二天，英军攻下了位于莫罗堡一侧的拉卡巴纳山，并于此处搭建了约7.01米高的炮楼（高度与莫罗堡的高度相近）。颇令人吃惊的是，尽管西班牙人知道这座小山丘的重要性，甚至连国王卡洛斯都亲自指示过普拉多要巩固这座山的防御，但在这座山上并没有多少西军士兵，英国人很快拿下这里并扭转了不利的形势。

6月13日，英国一支分遣队在哈瓦那港西侧的特雷恩·德·拉丘雷拉也登陆成功，对西班牙守军构成了极大的威胁。另一边，由于挖壕突进堡垒的战术是不可行的，英军工程师帕特里克·麦凯勒上校（1717—1778，英国陆军的一位攻城专家）则计划采用搭建胸墙的方式制作出一条通往城墙的通道；而工兵将以这组胸墙作为掩护完成布雷行动。西班牙人的抵抗远比想象中来得要猛烈。从6月22日开始直到29日之前，为了缩短搭建胸墙的时间，英军炮楼单单是每天直接命中莫罗堡的次数便被提升至500次，其火力密集度在风帆时期令人瞠目。

西班牙莫罗堡要塞指挥官路易斯·德·贝拉斯科（1711-1762年）的肖像。贝拉斯科因指挥莫罗堡抵御英军进攻而闻名，但同时他也于战斗中阵亡

西班牙守将贝拉斯科平均每天都会失去多达30名部下，而剩余的人也必须为修补破损的堡垒而疲于奔命。由于修补工作量太大，每隔3天就必须将人员轮换一次（从城市到堡垒）——这是一种非常被动的状态。为了扭转不利局面，贝拉斯科建议普拉多必须要主动出击将英军炮楼铲除。在他的苦谏下，普拉多终于同意了这个作战方案。

6月29日拂晓，一支混合了海军陆战队、掷弹兵、工兵与奴隶且由988人组成的西班牙军队开始攻击英军阵地。他们从英军炮楼的后面发起进攻，但英国人的反应是迅速的，他们迅速击溃了这群“乌合之众”。西班牙人的这次冲击没能对英军炮楼造成任何严重的伤害。

7月1日，英军针对莫罗堡展开了两栖作战。舰队派出了4艘战列舰来配合登陆部队作战，这4艘战列舰为：“斯特林堡”号（70门火炮），“龙”号（74门火炮），“马尔伯勒”号（68门火炮）以及“剑桥”号（80门火炮）。其中“马尔伯勒”号便是前文提到过的在土伦海战与西班牙舰队浴血奋战的那艘“英雄”战列舰，不过此时它已经由三层甲板的90门火炮战列舰被削减为只有两层甲板的68门火炮战列舰。尽管舰炮的掩护使英军登陆部队更易于登上海滩，但受制于高度，这些海军炮火对莫罗堡是无效的。相反，高高在上的堡垒却能轻易攻击到舰艇。一番炮击后，莫罗堡上的30门大炮对这些战列舰造成192人伤亡并迫使其撤退。

一幅描绘英军战列舰为登陆部队提供火力掩护的油画。画面由左至右的3艘战列舰依次为：“马尔伯勒”号、“龙”号与“剑桥”号。但由于堡垒地势太高，这些军舰被堡垒的火力完全压制并被迫撤退

一幅描绘英军围攻莫罗堡的油画。围攻莫罗堡是英军在哈瓦那战役中最艰苦也是最重要的一部分

另一边，登陆的英军部队成功牵制了莫罗堡的注意。到当天晚些时候，只有3门西班牙火炮还在对英国炮楼进行还击。看起来情势在朝着有利于英国人的方向进行，但在7月2日，一场突如其来的火灾破坏了工兵搭建的胸墙，甚至波及炮楼，几乎令麦凯勒上校自6月中旬以来的努力化为乌有。而贝拉斯科则利用这个机会进一步修补莫罗堡的城墙并从城市里运送了更多的大炮来加强防御。

而对于英国人来说祸不单行的是，热带疾病已经在军队中流行，并且由于飓风季节将至，凯佩尔正面临着一场与时间赛跑的艰巨挑战。为了能够尽快结束战斗，他命令海军人员也参与到炮楼的重建工作中去；同时还从战列舰上拆卸下来32磅主炮直接搬运给炮楼使用。这些举动使得英军炮楼很快恢复了元气。战局再次回到英国人的掌控之中，到7月17日时，莫罗堡上的大炮只剩2门还能继续操作；而随着西班牙方面火力的减弱，麦凯勒上校也能够修复胸墙继续执行他的布雷计划。

7月20日，麦凯勒上校和他的工兵终于将胸墙延伸至莫罗堡下方。现在对于西班牙人来说除了主动出击，已经不可能还有其他扭转局势的可能性了。7月22日凌晨4点，西军针对英军阵地组织了第二次突袭，这次有1300人参与进攻，但与之前那次突袭一样也没有成功。24日，凯佩尔致信贝拉斯科劝其投降，并答应允许他提出投降的条件。不过贝拉斯科拒绝了这一提议。

在双方僵持之中，英军还得到了大批援军的支援。7 月 29 日，麦凯勒上校的工兵终于完成了爆破准备，凯佩尔已将主动权牢牢掌握在手中。为了羞辱对手，凯佩尔再次向贝拉斯科劝降（其实他心里已经不准备接受对方的求饶了），然而硬气的西班牙将军却再次予以拒绝，并打算当英军工兵爆破城墙时，从海上对敌方发动最后的进攻。

7 月 30 日凌晨 2 点，两艘西班牙双桅帆船从海上袭击了英军的工兵阵地，但是并没有成功。13 点，英军终于引爆了火药，爆炸所产生的碎片一定程度上阻塞了通路，但凯佩尔认为士兵仍然能从这里通过，于是派遣出 699 名精锐士兵顺着城墙破口杀入。贝拉斯科带着他的部队赶到现场，双方开始了残酷的白刃战。在战斗中，贝拉斯科受了致命伤，虽然被部下抢救回来，但仍于次日 21 点死去。不久之后，莫罗堡陷落了。

一幅名为“风暴中的莫罗堡”的油画。画面中莫罗堡的城墙一角已经被火药爆破而坍塌，源源不断的英军士兵涌入城中

一幅描绘1762年8月14日西班牙攻克哈瓦那的画作。占领哈瓦那标志着英国在加勒比海地区的作战策略获得了成功

随着莫罗堡的陷落，哈瓦那也陷入岌岌可危的境地。8月11日，凯佩尔致信普拉多劝其放弃抵抗，但遭到拒绝。随即英军炮楼向哈瓦那市区猛烈开炮，经过一天的持续炮击后，西班牙人终于顶不住了。为了免受更大的伤亡，普拉多只能向凯佩尔投降。但是海军指挥官德艾维亚却趁着英国人的疏忽将港内停泊的西班牙战列舰全部焚毁，避免了整个舰队落入敌人手中之耻。至此，攻击哈瓦那的战役以英军的胜利而告终。哈瓦那——这座西班牙在新世界最重要的港口就这样落入英国人之手。

1763年，随着中欧地区战事的结束，旷日持久的七年战争也落下了帷幕。2月10日，英、法签订了终止交战的《巴黎和约》（1761年参战的西班牙和葡萄牙也加入了该和约。西班牙站在法国一方，葡萄牙站在英国一方）。事实上，自从哈瓦那被英军攻克之后，七年战争的海上争夺已经结束。法国海军早在1759年就已经失去了战斗力；而复苏中的西班牙海军也在加勒比海地区的争夺中遭受重创。倘若说战争伊始法国海军在米诺卡的胜利是个“短暂幻象”的话，那么从1759年开始，英国海军走上正轨后，则彻底断了法、西打算趁机掀翻老对手的念想。

从现在的眼光来看，英国无疑是七年战争最大的赢家。法国签订屈辱的《巴黎和约》使其放弃了在加拿大、密西西比河东岸以及东印度（即现今的印度。法国人从印度撤出，仅仅在当地保留了5个市镇）的大面积殖民地。尽管在后来因支持美国独立战争获得胜利，法国从英国手上夺回了部分殖民地，但其“殖民帝国”的时代却一去不复返。英国成为海外殖民地霸主，以坚实的脚步迈向日不落帝国的传奇。

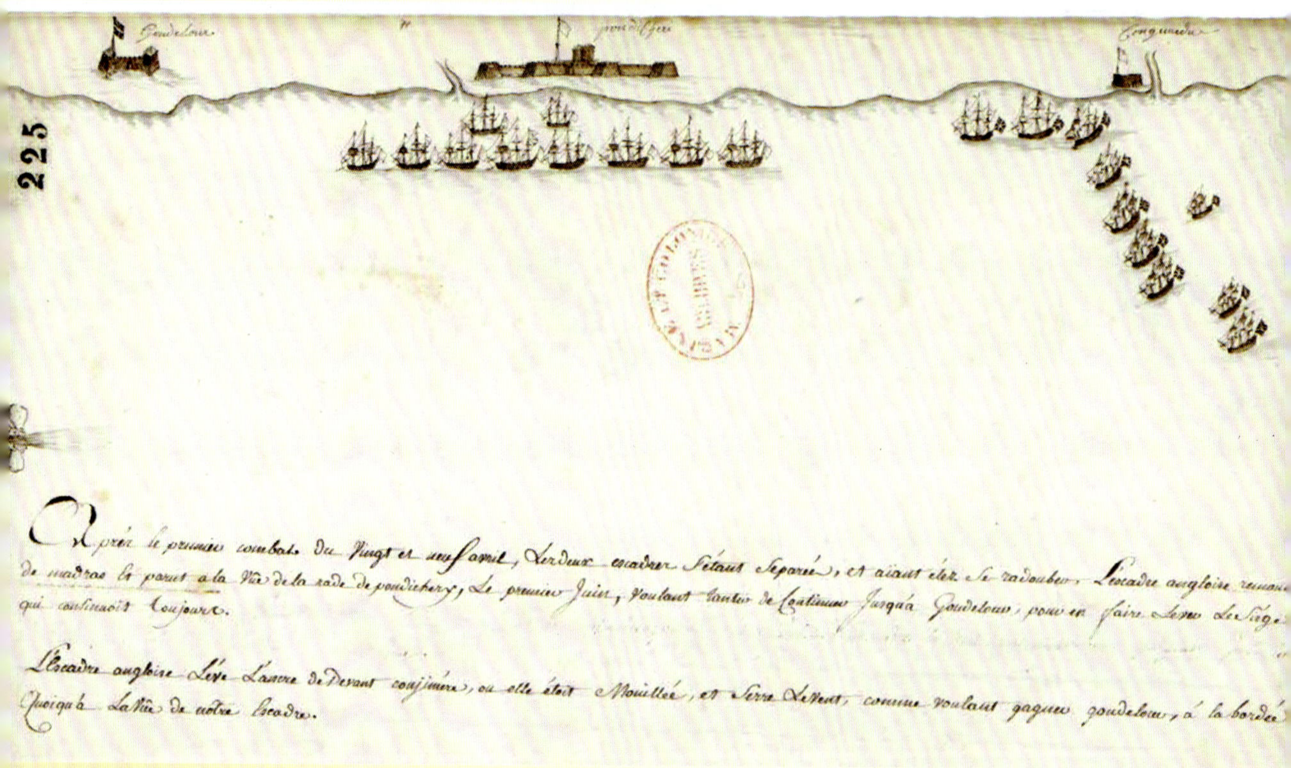

一张保存在法国国家档案馆，记载七年战争期间英、法远东舰队在东印度本地治里附近海域战斗的态势图。不仅在北美，英国甚至在远东也击败了老对手法国，赢取了殖民地利益

皇家海军的象征——“胜利”号

“胜利”号的前身和由来

说起至今仍在服役的老军舰，人们首先会想起的恐怕是前几年仍被拖出来在公海上大显风光的美国海军“宪法”号护卫舰。这艘被称为“老铁船”的建造于1797年的木质风帆战列舰不仅仍处于美国海军舰艇序列之中，甚至还保持着能够出航的良好状态。但是若论世界上服役时间最长的军舰，那可就不是“宪法”号了，只有静静卧在英国朴茨茅斯港船坞中的三层甲板风帆战列舰才配得上这顶桂冠，那就是本节的主角：“胜利”号。

说起来，完工于1765年的“胜利”号至今已走过了250多个春秋。

保存于朴茨茅斯港船坞中的“胜利”号舰艏视角图。该舰保持着参加特拉法尔加海战时的涂装和船艏像。在英国海军现役舰艇的花名册中，“胜利”号始终位列其中

1666年重建后的“胜利”号。该舰的吨位已经大幅增加至1029吨，相当于当时英国80门火炮三层甲板战列舰的水平，但其本身还不是一艘真正意义上的三层甲板战列舰

前文已经为大家介绍过，“胜利”这一舰名在英国海军中有着悠久的历史。早在伊丽莎白一世时代就已经成为主力舰的舰名。据记载，当时对抗西班牙无敌舰队的英国舰队中最大的一艘盖伦船便被称为“胜利”号（大约建造于1560年）。在格拉弗林海战中，它作为约翰·霍金斯爵士的旗舰与西班牙巨舰们浴血奋战并获得了荣誉。

随后在1620年，第二代“胜利”号横空出世。作为斯图亚特王朝时期的“Great Ship”成为当时英国海军的中流砥柱。1666年，这艘“胜利”号经过重建升级成为拥有70至80门火炮的大型战列舰。1691年，在第二代“胜利”号退役拆解后，“胜利”号正式步入“三层甲板战列舰的时代”——100门火炮的一级舰“皇家詹姆斯”号被更名为“胜利”号；在此之后则是前文为大家介绍过的1737年建造的那艘拥有奇葩的四层艉楼的“胜利”号。值得一提的是，风帆历史上的“胜利”号几乎都是海军中最高等级的军舰，这也凸显出这一舰名在英国海军中的地位（唯一的例外是英属加拿大在1764年建造的一艘仅装炮8门的双桅纵帆船。但该舰并没有列在英国定级风帆战列舰之中，并且很快便在1768年被焚毁）。

1744年10月4日，第四代“胜利”号在海峡群岛附近的暴风中葬身大海。“胜利”这一舰名出现了一段时间的空缺。不过英国人当然并不是想要放弃这一“光荣传统”，他们在等待更为合适的新舰出现。1745年海军建设计划中的两艘主力舰“皇家乔治”号与“不列颠尼亚”号到七年战争爆发时已不能令海军满意。1758年12月，时任英国首相的老皮特（即威廉·皮特）制定了一个建造12艘新式三层甲板战列舰的计划，其中包括一艘基于“皇家乔治”级进行重大改进的装备100门火炮的一级舰（当时尚未命名）和11艘装备90门火炮（后期均被升级为98门火炮）的二级舰。而这艘一级舰，毫无疑问，会在未来成为本节内容的主角——第五代同时也是最后一代“胜利”号。

由英国著名画家威廉·霍尔所绘的威廉·皮特（1708—1778年）的肖像。威廉·皮特是七年战争时期的英国首相，由于直接推动了建造“胜利”号的计划，皮特当然可以算得上是“胜利”号之父

托马斯·斯莱德爵士(1703/4—1771年)的画像。他是18世纪中叶英国学识最广的造船主任，并有幸成为“胜利”号的设计师

“胜利”号的诞生

在老皮特坚定不移的推动下，12艘新式三层甲板战列舰的建造计划很快便付诸行动。按照海军部的安排，曾长期担任皇家海军勘测员的托马斯·斯莱德爵士将担任老皮特所计划的12艘新舰的总设计师。托马斯出身造船世家，他的伯父本杰明·斯莱德是普利茅斯造船厂的造船主任，而他本人则在1744年便成为伍尔维奇造船厂的造船副主任。1750年11月22日，当托马斯的伯父去世时，他甚至直接接替了后者在普利茅斯造船厂造船主任一职。1752年5月27日，托马斯被调至伍尔维奇造船厂，但是仅过了不到一个月便又被调至查塔姆造船厂，紧接着是次年3月被调至迪特福德造船厂。辗转多家造船厂令托马斯积累了丰富的造船经验，这也成为他最终被选中为新式三层甲板战列舰设计师的重要原因。

不过尽管担任了老皮特所设想的全部12艘新式三层甲板战列舰的设计师，托马斯却没能在其有生之年看到这些新舰全部完工服役，包括其中最著名的“胜利”号。在这里，笔者将由托马斯·斯莱德爵士所设计的这12艘新式三层甲板战列舰的简要情况以表格形式罗列出来。

舰名	火炮数量	下水时间	服役时间	造船厂
胜利	100~104	1765	1778	查塔姆
桑威治	90~98	1759	1759	查塔姆
海洋	90~98	1761	1761	查塔姆
布伦海姆	90~98	1761	1761	伍尔维奇
伦敦	90~98	1766	1766	查塔姆
王子	98	1788	1796	伍尔维奇
坚强	98	1786	1794	迪特福德
温莎城堡	98	1790	1790	迪特福德
巴夫勒尔	90~98	1768	1768	查塔姆
乔治王子	90~98	1772	1772	查塔姆
大公主	90~98	1773	1773	朴茨茅斯
敬畏	90~98	1777	1777	查塔姆

一幅描绘“伦敦”号在美国独立战争期间参与1782年10月18日海上行动时的画作。该舰为“伦敦”级战列舰的首舰，其余3艘分别为“王子”号、“坚强”号与“温莎城堡”号

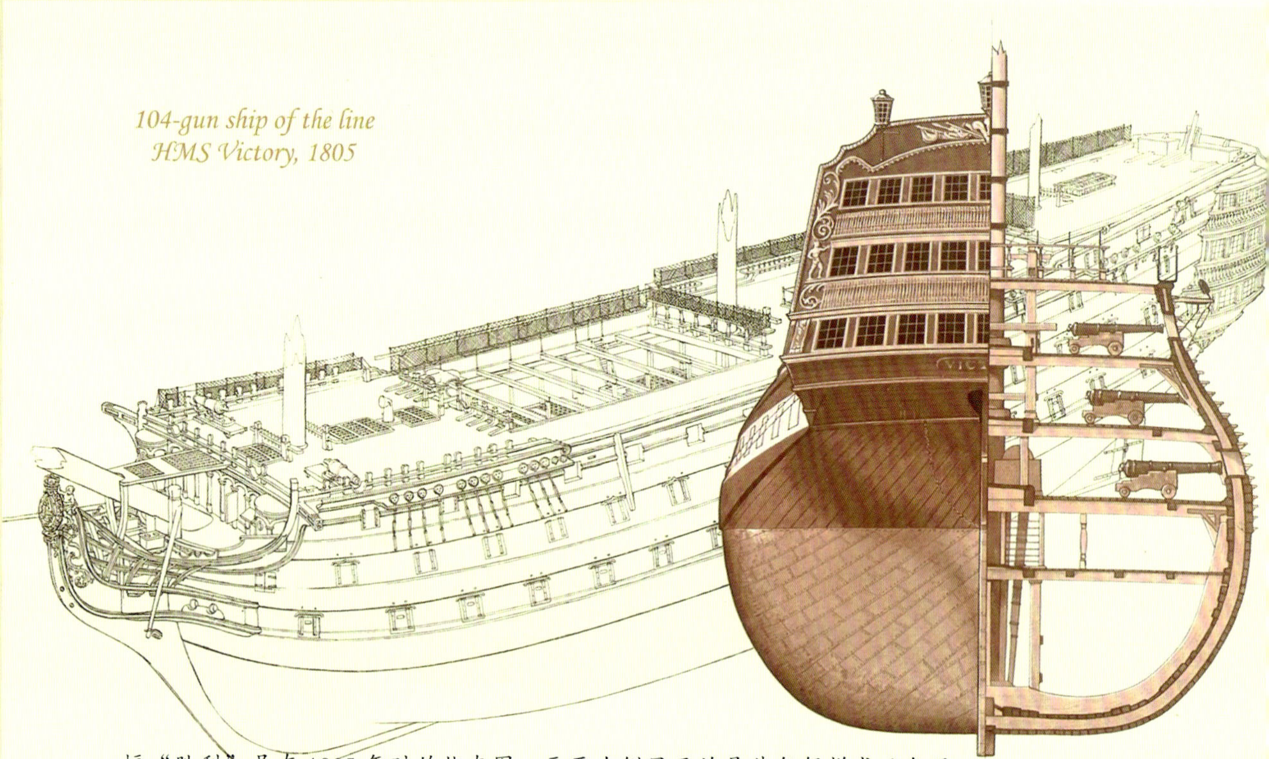

一幅“胜利”号在1805年时的状态图，画面右侧显示的是其船艉样式及各层甲板的布局。由于设计上的优越性和建材的高质量，该舰得以在英国海军中服役了相当长的时间

很明显，在这12艘三层甲板战列舰中只有“胜利”号属于顶级的一级舰，而它理所当然地被托马斯·斯莱德爵士倾注其全部心血。从设计来看，“胜利”号与其前任“皇家乔治”级相比最大的区别便是在最下层甲板布置了15组主炮。虽然法国与西班牙早已将最下层甲板拥有15组主炮的主力舰投入使用，但这对于英国人来说尚属首次。1759年夏天，查塔姆锚地的专员接到上级指令，清空干船坞准备建造一艘新式大型军舰；7月23日，“胜利”号的第一根龙骨在“老独码头”（此后被更名为2号码头，如今名为“胜利码头”）诞生，但是其在建造伊始并未获得“胜利”的舰名，而是迟至一年之后才加以“定性”。关于舰名的来历则有两种说法。

前文已经提到过，七年战争爆发的最初几年里，英国在各条战线都不太顺利，但是当战争进行到第四年（1759年）时，英国接连在拉各斯与基伯龙大破法国海军，扭转了不利的战局。后来，英国人将这一年称为“奇迹迭出的1759年”，为了纪念这一巨大胜利，英国政府于1760年10月决定将新造的一级舰定名为“胜利”号。

而第二种可能性则是根据资料的记载，当新式一级舰开工建造后，海军部共入围了7个关于该舰命名的提议，但这其中只有一个是当时尚未处于使用中，那就是“胜利”——因为自从上一艘“胜利”号在风暴中损失之后，海军部便再也没有使用过这一舰名。于是经过谨慎考虑，海军部决定让新舰沿用这一舰名，接过了老“胜利”号的衣钵。

然而不管事实真相如何，“胜利”号作为风帆时代名声最大的一艘巨舰已经在向我们走来。虽然步履有些艰难，但一旦面世便定能大杀四方……

“胜利”号的建造、武备及结构

作为英国新造舰计划里硕果仅存的一级舰，“胜利”号自然得到了最高规格的待遇。在船龙骨和肋骨搭设完毕后，该舰的蒙皮工作进展得十分缓慢。由于必须使用完全干透的木料来建造船身，“胜利”号进行了漫长的等待。1760 年下半年，“胜利”号获得了舰名，然而此时七年战争的海上战斗胜负已没有悬念，海军部认为已经没有必要再耗费太多精力去建造一艘昂贵却（对于现实战局来说）没有太大意义的一级舰。于是“胜利”号的骨架和其尚未被使用的原材料便被搁置起来。1763 年春天，七年战争中的英、法之争在《巴黎和约》的签署后彻底画上句号。英国从战争中获得巨大利益，使得“胜利”号的继续建造成为可能；再加上海军现有两艘一级舰（“皇家乔治”号与“不列颠尼亚”号）与最新式二级舰（“桑威治”级）在大小和武备上相比已经没有明显的优势，“胜利”号建造项目的重新启动已势在必行。

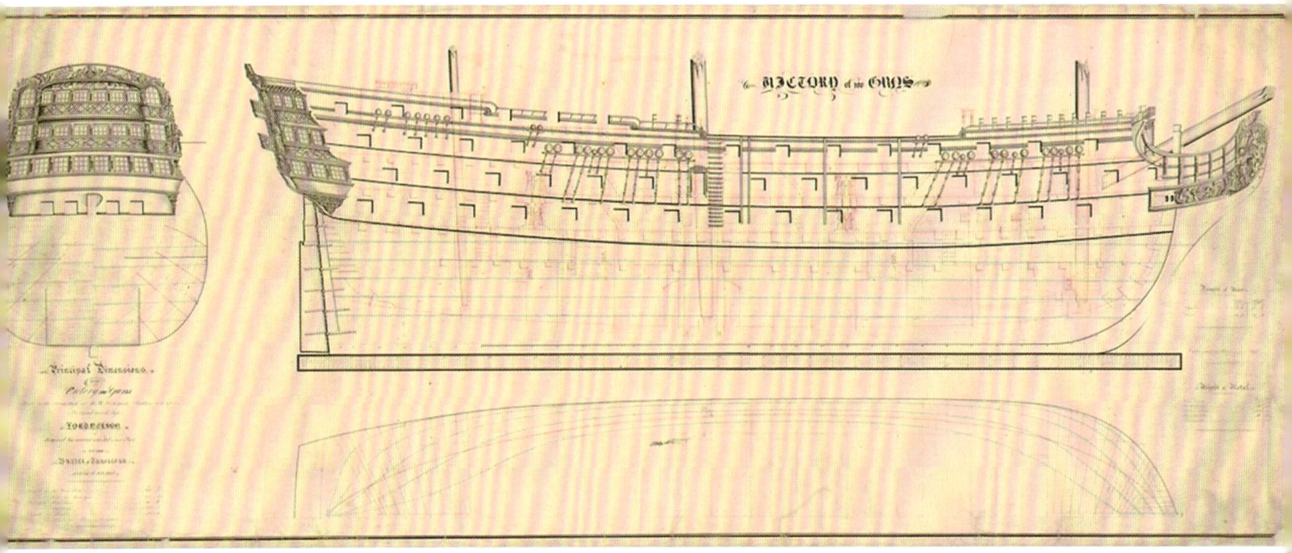

一张“胜利”号侧面、尾部及船底的三视图。该图展现的是“胜利”号的最初状态。可以注意到该舰的火炮布局及艉楼样式

一部矗立在干船坞上等待下水的“胜利”号场景模型。“胜利”号的下水过程可谓充满了“艰辛”，并且在其完成下水后很多年才得到了初次服役的机会

1763年秋，“胜利”号的建造工作终于被重新批准，而因祸得福的是，在经过了3年的搁置后，“胜利”号的木料变得更加干燥和坚韧，这对于延长其寿命起到了至关重要的作用。1765年5月7日，完成了船体建造的“胜利”号在查塔姆下水，至此，建造这艘一级舰总共花费了63176英镑3先令(先令Shilling是一种英国旧辅币单位，每20先令为1英镑，于1971年时废除)——这在今天相当于779万英镑，是一笔十足的巨款。除此之外，为了建造这艘巨舰，大约有6000棵成年大树被砍伐。这其中90%是今天家具市场上价值十分昂贵的橡木，其余还包括了榆木、松木、冷杉以及少量的铁梨木。

在下水的那一天，造船师哈特利·拉金突然意识到船体最宽处可能超过了船坞闸门(有很多道闸门)的宽度，紧接着便对船体和闸门进行了细致测量，发现的确有约0.24米的公差。随即拉金将这个可怕的事实汇报给了他的上级，造船主任约翰·艾林。认为这是个严重问题的艾林甚至打算放弃下水，不过拉金并不打算就这样放弃。他游走于造船厂中，向每一名造船师寻求援助。最终大家一致认为将闸门宽度拓宽将是成本最小的解决问题的办法。于是造船师们使用木锛(一种造船用的扁斧)将闸道开辟出一条安全的通路供船身通过。

在解决了下水问题后，看似前途“一片光明”的“胜利”号却迟迟得不到一展身手的机会。直到美国独立战争爆发、法国站在殖民地一方参战，“胜利”号才迎来了自己的“处子之战”。关于“胜利”号的服役历程将在随后为大家介绍。

前文提到过，“胜利”号的设计初衷是要成为一艘与其前任“皇家乔治”级相比大为改进的主力舰，而这首先便体现在火炮布局上。“胜利”号是风帆时代英国自行建造的第一艘在下层火炮甲板拥有 15 个常规火炮射击孔（不包括有些舰船在靠近船艏部位开设的追击炮孔）的主力舰。但是由于火炮甲板长度增加有限（从 54.25 米提升至 56.08 米，约增加 1.83 米），“胜利”号无法通过正常布局在船体前段增加一组炮位；聪明的设计师想出了应对方法，那就是将整体炮位向前稍加移动，而艉部最下层火炮甲板多出来的那一段空隙则用来安放第 15 对火炮。实际上，英国人在 17 世纪的主力舰上便早已使用过这样的方式，不过那时的战列舰拥有较长的艉部雕饰区，逆向布置一组额外的炮位并非难事。但是到了 18 世纪，当主力舰的艉部雕饰区大大减少甚至去除后，这样的布置就十分少见了。

一幅描绘“胜利”号船艉细节的素描图。我们可以清楚地看到该舰相比“皇家乔治”级多出的那一对炮位的布局

一门保存在澳大利亚悉尼海德公园东北角的42磅火炮实物。这种威力巨大的火炮曾是风帆时代各国海军中能够发射最重弹丸的加农炮

“胜利”号装备了打磨十分精良的100门铸铁大炮。其组成和分布如下所列：

30门42磅炮布置在下层火炮甲板；

28门24磅炮布置在中层火炮甲板；

30门12磅炮布置在上层火炮甲板；

12门6磅炮布置在艉楼。

值得一提的是，“胜利”号上的42磅炮曾两次被32磅炮所取代。1778年6月，初次入役的“胜利”号将舰上42磅炮全部替换为32磅炮。不过仅仅不到一年，也许是认为一级舰应该配备区别二级舰的主炮，这些火炮又被重新换回42磅炮。随着时间的推移，精度更高、射速更快的32磅炮已经能胜任海战时的全部任务；再加上为了统一火炮口径利于后勤补给，1803年，“胜利”号将42磅炮永久地更换为32磅炮。42磅炮大概也就是在这个时候永久退出了英国海军舰艇的装备序列。

除了主炮，“胜利”号在1782年还将布置在艉楼的6磅轻型火炮全部替换为和上层火炮甲板相同的12磅炮。后来它还携带了2门能够发射68磅弹丸的重型卡隆炮（英国装备的一种大口径短炮，近战威力惊人）。由于增加了2门68磅卡隆炮，“胜利”号升级为102门火炮战列舰，并以此姿态参加了著名的特拉法尔加海战。1808年1月，“胜利”号曾被减少火炮至98门并降级为一艘二级舰；不过在1817年2月将火炮恢复至104门并重新划为一级舰。但事实上对于“胜利”号来说，此时回归一级舰已经没有太大的实际意义，因为在此之后该舰便没有再参加任何军事行动。

由于计划作为舰队旗舰，“胜利”号在建造伊始便在两侧船舷的中层火炮甲板位置开设了登舰舱门，这也导致了其中层火炮甲板只有28门火炮（原本应该是30门）。当然，减少的这两门24磅火炮并不会影响其战斗力；并且在“胜利”号之后的新一代“皇家乔治”级战列舰上也采用了与其如出一辙的布局。

作为一艘典型的三层甲板主力舰，“胜利”号的舰上空间由四层半战斗甲板、一层水线下甲板（又称为最下层甲板）和底舱组成。

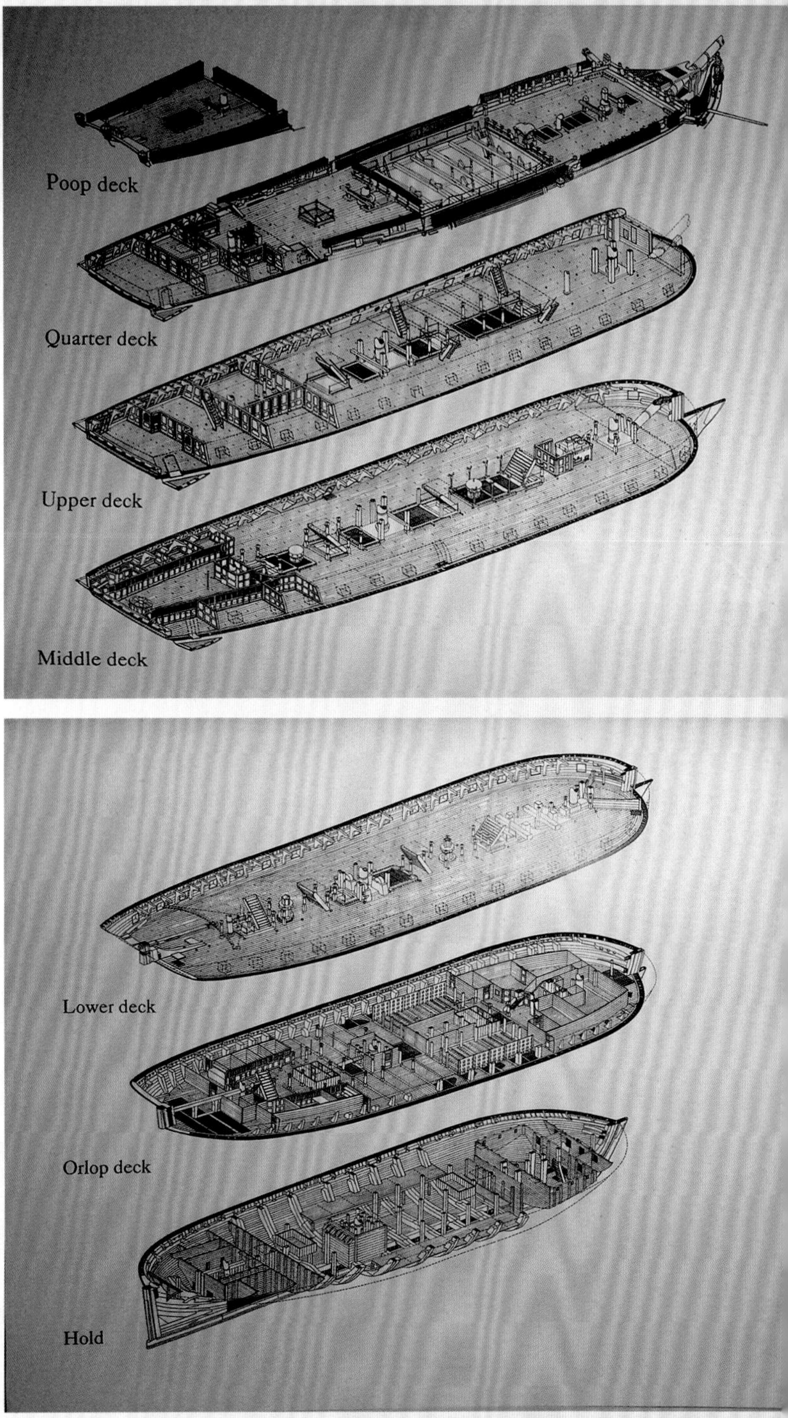

“胜利”号全部六层甲板和底舱示意图。从上至下依次为：船艉甲板、艏艉楼及舯部露天甲板、上层火炮甲板、中层火炮甲板、下层火炮甲板、最下层甲板及底舱

一部保存在博物馆的"胜利"号大比例剖面模型。该模型很好地展示了"胜利"号每层甲板的布置及明显内倾的弧形船壁

水线下甲板和底舱对于一艘定级风帆战列舰来说是必不可少的组成部分。这两层空间承载着舰上的弹药、补给、各式各样的生活用品和压舱物。压舱用的铁块、淡水桶和各种盛放腌制食物的木桶摆放在底舱；食品储藏室、医务室、船工间、军官起居区、锚缆舱和火药室等重要设施则布置在水线下甲板，同时在这一层甲板还安排有一条又矮又窄的木工通道（在战时如果水线以下船壁受损必须快速修补，木工通过这样一条专用通道可以及时赶到出事地点并完成修补工作）。在风帆时代，炮弹破坏水线以下船壁的概率比破坏水面以上船壁的概率要小得多，因此一些重要设施被安排在这里是合情合理的。

从下层火炮甲板开始至船艉甲板均布置有火炮，这些甲板也都可以被称为"战斗甲板"。由于考虑到重心等航行稳定性方面的因素，风帆战列舰的船壁被设计得明显内倾，而从左面的这张图片可以十分清楚地认识到这一点。

除了船壁明显内倾，武器的布置也直接影响到了整舰的重心。通常来说，拥有多层火炮甲板的风帆战列舰上所携带的火炮也按照其自身重量的大小由低层甲板向高层甲板排列。其中最重的42磅或32磅火炮自然被安放在下层火炮甲板，随后往上依次是24磅、12磅和6磅火炮（后期露天甲板的6磅炮都被替换为12磅火炮）。根据官方资料，一门32磅海军炮的重量为2.75吨，24磅炮为2.5吨；而即便是较轻型的12磅炮的重量也“高达”1.7吨，远远超出了炮组人员（通常来说，英国32磅炮组为5人，而法、西的36磅炮组则为6人）所能承受的搬运重量，因此所有火炮都装载在四轮炮车上以方便移动。这些火炮所发射的炮弹也是十分沉重的。一门32磅火炮——顾名思义，它的弹丸质量即为32磅——约合14.5千克，这对于火炮装填手来说可不是个轻松的重量。由于炮弹极易滚动，在海况较差时，容易造成事故，一般只有少量保存在每层火炮甲板的固定位置，大部分都被放置在底舱。如此一来，沉重的炮弹还能起到压舱物的功效。

在海战中，火炮不仅是杀敌利器，对己方人员同样是个巨大的威胁。风帆时代的冶铁技术相对于今天来说还十分不成熟，一些火炮在开炮时会发生炸膛现象，而这种状况一旦出现在空间密闭的战列舰上，则是致命的，不仅这门火炮的炮组人员将全部丧命，甚至会波及周围的同伴。此外，一旦这些火炮的炮架被击毁，火炮宛如失控的铁疙瘩般在甲板上滚来滚去，足以将船员碾成肉饼。

由于甲板层数较多，为了控制重心，“胜利”号的甲板层高相对于双层甲板战列舰来说要低一些。倘若你是一名身高超过180厘米的强壮水手，那么你在“胜利”号的非露天甲板层一定会感到极为不适——过矮的甲板层高会令你几乎无法直立行走；在这种情况下，身材矮小者的优势就会体现出来。据称，英国皇家海军著名将领中不乏矮小者，霍雷肖·纳尔逊恐怕便是其中最著名的一位了。

一幅展示“胜利”号各层甲板的剖面图。从图中可以大致了解到这艘巨舰每一层甲板上的结构和舱室布置情况

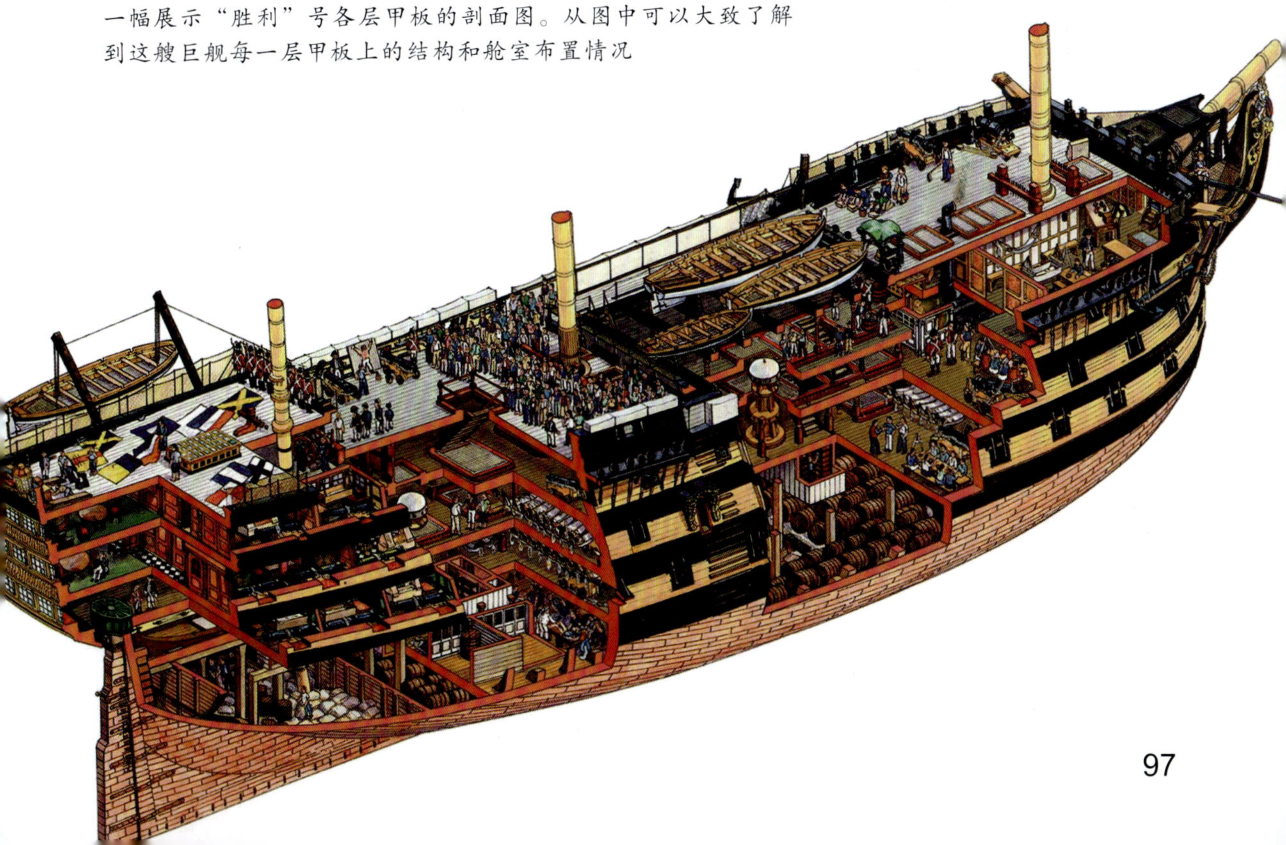

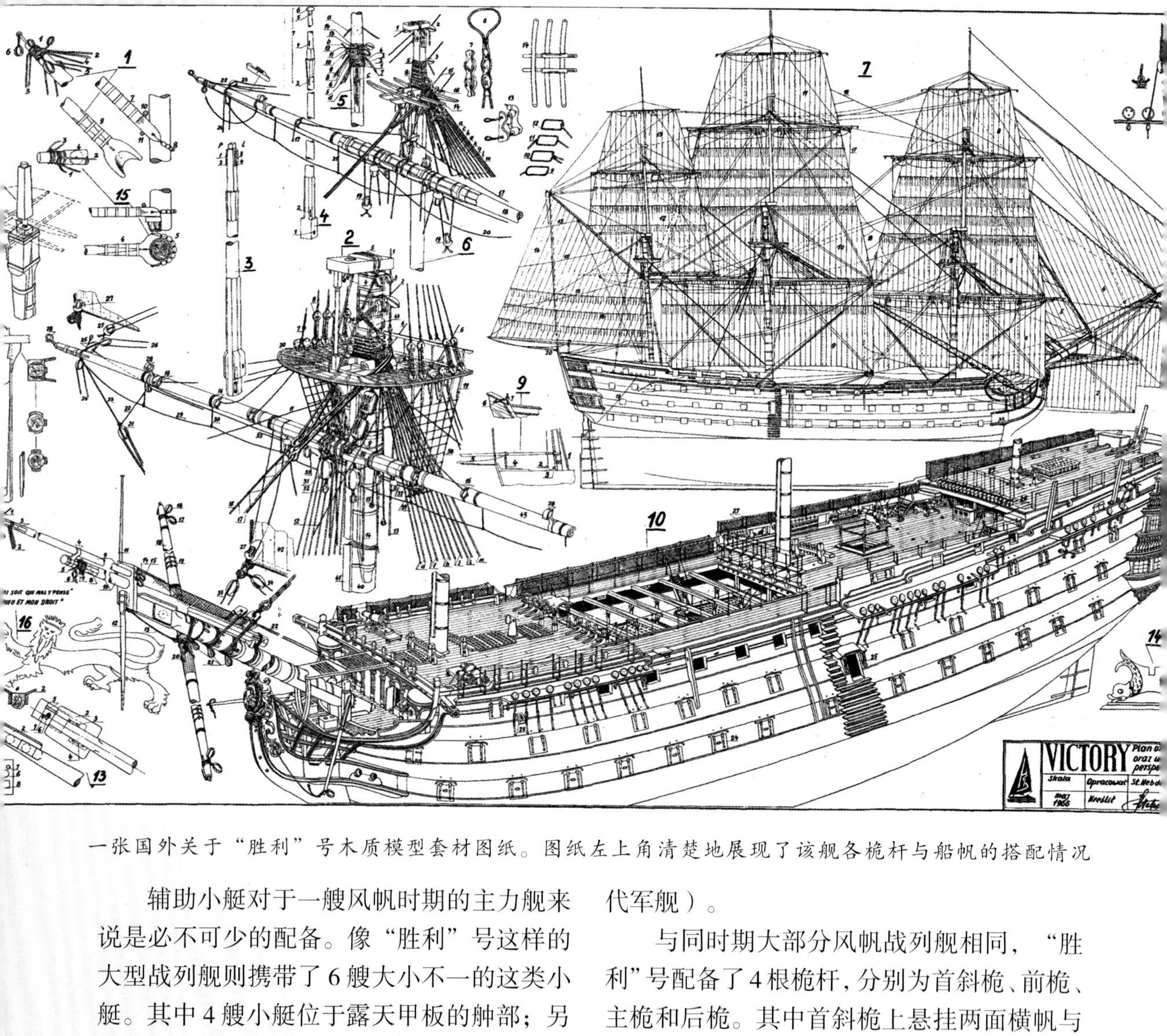

一张国外关于“胜利”号木质模型套材图纸。图纸左上角清楚地展现了该舰各桅杆与船帆的搭配情况

辅助小艇对于一艘风帆时期的主力舰来说是必不可少的配备。像“胜利”号这样的大型战列舰则携带了6艘大小不一的这类小艇。其中4艘小艇位于露天甲板的舯部；另有两艘分列船艉甲板的两侧，由吊钩悬挂于船体之外。船舯部的4艘小艇中包含一艘较大的交通艇、两艘中等大小的救生艇和一艘较小的侦察艇；船艉两侧悬挂的则是军官专用的救生艇。在战时，这些小艇可以承担各种辅助作战任务，并在主舰发生危险时，可以用来撤离舰上部分人员（比例远远不及现代军舰）。

与同时期大部分风帆战列舰相同，“胜利”号配备了4根桅杆，分别为首斜桅、前桅、主桅和后桅。其中首斜桅上悬挂两面横帆与3面纵帆；前桅与主桅均悬挂4面面积较大的横帆；后桅悬挂两面横帆与一面较大的经过剪切的纵帆。帆的总面积达到5440平方米，这使得“胜利”号在风速适宜时的理论最大航速达到11节（约合20千米/小时）——这在同等级军舰中已经是十分不错的机动性了。

由于相对于法、西战舰来说形体较小，英国一级舰上没有法、西那动辄上千名的船员。17世纪的“胜利”号上大约有780名船员，到了将近100年后的这最新一代“胜利”号，这一数字也仅仅提升至850人而已，并且到特拉法尔加海战时，该舰搭载的全部人数（包括海军陆战队）也只有820人。鉴于二级舰（拥有90至98门火炮的三层甲板战列舰）的船员也有750至800人，可见英国的一级与二级舰之间的载员差距并不明显。

不管是否具备与同时代法、西更大的主力舰叫板的能力，作为英国本国最大的主力舰，“胜利”号的建造无疑是精良的——这从其几乎令人感到恐惧的寿命便可窥一斑。在了解了建造、武备与结构之后，这艘巨舰已经昂首登上了属于它的历史舞台……

一幅描绘1780年至1790年之间的“胜利”号状态的画作。在经历了长时间的建造和准备后，这艘巨舰终于能在战争中一显自己的身手

法国海军上将多尔维利耶伯爵（1708—1792 年）的肖像。早在 1723 年他便加入了法国殖民地军队。当美国独立战争爆发、法国向英国宣战时，这位已经 70 岁的老将军是法国大西洋舰队司令

“胜利”号服役前期参加的海军行动一览

1775 年，轰轰烈烈的美国独立战争正式拉开序幕。起初，英国方面认为对付几乎没有海军的殖民地陆军并不值得较高的投入，但这一天真的想法随着法国的参战而彻底化为乌有。18 世纪 70 年代的法国海军虽然早已失去了能叫板英国海军的力量，但瘦死的骆驼比马大——其仍旧是欧洲第二海军，并且随着拥有欧洲第三海军的昔日霸主西班牙也参与到战争中来，英国实际上处于了劣势，这使得一些原本并不计划服役的军舰统统被投入战争，其中就包括了“胜利”号。

1778 年 6 月，法国向英国宣战，紧接着在 7 月 9 日，作为当时英国海军最强大军舰的“胜利”号便由斯皮特黑德启程加入了一支由奥古斯都·凯佩尔所指挥的拥有 29 艘战列舰的舰队前去监视法国大西洋舰队。由于是该舰首次因军事目的而启航，因此这一天也被后人认为是“胜利”号的“服役日”。

7 月 23 日，凯佩尔的舰队在法国乌桑以西约 160.93 千米处与一支法国舰队相遇。这支舰队由法国海军上将多尔维利耶伯爵指挥，为了避免与英国舰队交火，伯爵不得不将其舰队与布雷斯特港分离，但幸运的是，它们一直保持着上风位的优势，这令凯佩尔难觅进攻的机会。

当时海上气候十分恶劣，对于帆船来说，在变化莫测的狂暴雨中航行是一件十分困难的事，更不用说要去保持战斗队形了。但是战斗最终还是在或多或少保持着纵列的英国舰队与基本处于混乱之中的法国舰队之间展开了。不过尽管处于混乱之中，法国战列舰还是尝试着从英国战列线之中穿过去。大约中午12点15分，英军旗舰“胜利”号率先向处于另一艘三层甲板战列舰“巴黎城”号（90门火炮）身后的法军旗舰“布列塔尼”号（110门火炮）开火，但由于风浪太大收效甚微。混战中，英军方面由帕利泽爵士指挥的后卫舰队遭受了较大损失，故而当凯佩尔发出全力追击法国舰队信号时，帕利泽爵士并未指挥麾下舰艇参与其中，最终导致拦截法国舰队以失败而告终。战后，当被军事法庭追究在乌桑海战中失利的责任时，帕利泽爵士曾与凯佩尔进行激烈辩论，不过后来此事还是不了了之了。

一幅绘于1775年的休·帕利泽爵士（1723—1796年）戎装像。尽管有“充足的”无法追击法国舰队的理由，但帕利泽爵士的行为还是直接导致了凯佩尔舰队任务的失败

一幅描绘美国独立战争时期“胜利”号外貌的画作。画中该舰所体现的涂装符合当时的风格，但其最下层火炮甲板却画错了——整体火炮布局应该向左平移一位

1780 年 3 月，“胜利”号的水线下船壳被铺设了3923块铜皮以防止腐蚀。随后不久，英国人在船壳铺设铜皮的做法得到其他海上强国的纷纷仿效。到了 1785 年左右，法国和西班牙的主力舰几乎都完成了这一工序，这其中就包括了西班牙赫赫有名的巨舰“至圣三位一体”号（此时它还是三层甲板战列舰，拥有 120 门火炮）。

1781 年 12 月 2 日，“胜利”号在亨利·康威尔的指挥下加入由海军少将肯彭费尔特指挥的一支分舰队。这支舰队包括 12 艘战列舰（包括“胜利”号）、一艘 50 门火炮的四级舰（此时四级舰在英国已经不再划为战列舰）和 5 艘护卫舰。他们的任务是拦截将于 12 月 10 日从布雷斯特港驶出的法国护航船队。肯彭费尔特并不知道他所面对的将是比自己实力强得多的由法国吉尚伯爵指挥的 21 艘法国战列舰。12 日，肯彭费尔特发现法国船队在海平面出现，遂下令追击。不过很快他便发觉对方护卫舰队的实力比想象中要强大得多，于是在抢夺了 15 艘运输船后，便见好就收；而倒霉的法国船队则被海上狂风所驱散，最终不得不返回了布雷斯特。历史上也把这次遭遇战称为“第二次乌桑海战”。

除了两次乌桑海战，“胜利”号在美国独立战争期间还参与过皇家海军对被封锁的直布罗陀进行补给的行动。1782年10月，海军上将理查德·豪坐镇“胜利”号指挥一支实力强大的舰队为前往直布罗陀为补给船队护航，不过在抵达目的地之前，他们遇到了试图封锁直布罗陀的实力更为强大的法、西联合舰队。在这里，豪展现了自己高超的战术造诣，通过将法、西联合舰队成功引诱入地中海的办法缓解了直布罗陀的压力，这也是英国在美国独立战争结束之前最后的胜利。

1789年法国大革命爆发。革命的火焰席卷整个法国。为了遏制革命势力延伸至本国，英国与西班牙联手对付法国海军，不过在这段时间里“胜利”号并没有参加战斗。1796年，西班牙因政治原因再次倒向法国，组成了法、西联盟，形势再次朝不利于英国方向发展。在与西班牙宣战后，“胜利”号再次披挂上阵，在罗伯特·考尔德的指挥下，该舰加入了由著名海军将领约翰·杰维斯爵士所指挥的海峡舰队并担任旗舰，而考尔德也成为这支舰队的舰队参谋长（在当时的英国海军中指在大规模舰队旗舰上协助舰队司令的舰队参谋长，职位高于旗舰舰长）。到1796年年底时，由于法、西两国海军的夹击，英国人在地中海已经难以立足。为了防止加的斯的西班牙舰队趁势北上，杰维斯奉命驻防在葡萄牙西南角的圣文森特角，而与此同时，地中海舰队指挥官霍雷肖·纳尔逊则争分夺秒地从意大利西海岸的厄尔巴岛掩护部队撤退至直布罗陀。当完成这一行动后，纳尔逊于1797年2月11日与杰维斯的主力舰队会合。这时候，杰维斯的舰队一共拥有15艘战列舰。2月13日，被一股强烈东风吹得偏离航向的西班牙舰队出现在了视野之中。

在著名的圣文森特角海战中担任“胜利”号上舰队参谋长的罗伯特·考尔德（1745—1818年）的肖像。后来他官至海军上将，担任普利茅斯守备军司令

据记载，当时杰维斯并不清楚西班牙舰队的规模（实际上拥有24艘战列舰，这其中包括7艘拥有112门以上火炮的一级舰），当瞭望员告诉他敌舰数目在不断增加时，这位将军说出了这样一句名言："The die is cast, and if there are fifty sails I will go through them."（木已成舟，即使敌人有50艘战列舰，我们也要追上去。）后来，"逢敌必战"成为全盛时期英国皇家海军将士的座右铭。

随后的故事早已为人们所熟知。由于杰维斯的果敢，未做好交手准备的西班牙人猝不及防，被打得惨败而归。关于这场战斗的详细进程将在后面的章节为大家介绍，这里只提及"胜利"号在此役中的一些表现。航海日志和杰维斯的私人回忆录都还原了当时"胜利"号阻止西班牙舰队、使一些西舰向前或向后逃跑的情形："它（指西班牙112门火炮战列舰'阿斯图里亚斯亲王'号）调整了帆桁，迅速逃离了战场并且再也没有返回。"

在圣文森特角海战中，"胜利"号总共只有1人战死、5人负伤，在整个英国舰队中属于十分轻微的损失。"胜利"号戎马一生中获得过两次令世人瞩目的辉煌胜利：圣文森特角海战是其一；而另一场，则是更为熟悉的特拉法尔加海战。

由理查德·布里奇斯·比奇所绘的圣文森特角海战的场面。画面的核心是纳尔逊的"船长"号战列舰英勇拦截西班牙巨舰"圣何塞"号并与之发生碰撞。在画面的最右侧是战斗中的"胜利"号

一幅描绘摩洛哥北部港口丹吉尔的画作。医院船在17世纪80年代位于这座港口的一次疏散中被首次使用，并且作为一个海军的辅助舰种一直保留至今天。在风帆时代，通常会将一些舰况不佳的军舰改装成医院船，而“胜利”号也曾不幸被如此对待过

登上荣誉的巅峰——完成终极改造的“胜利”号与特拉法尔加海战

圣文森特角海战之后，“胜利”号于1797年晚些时候被派驻在查塔姆锚地，由海军上尉J·里克曼负责。由于当时舰况不佳、不适宜作为一艘战列舰服役，“胜利”号于12月被作为一艘医院船去容纳在战争中被俘的法、西两国伤员。由于海军部不愿意调拨资金来维修，看似“胜利”号将就此沉沦下去，然而情况到了1799年时则有所改观。当年10月8日，英国海军一艘从里斯本执行护航任务的98门火炮新锐战列舰“坚韧”号在返回朴茨茅斯的途中于奇切斯特（英国南部城市）外海失事。由于当时缺少一艘相应级别的主力舰，海军部终于决定修复闲置在朴茨茅斯的“胜利”号，这艘巨舰的命运迎来了转机。

“胜利”号的修复工作始于1800年，但是当工作展开后，工程师发现“胜利”号的问题远比想象的要复杂，这也导致了原本的局部维修演变成为大面积重建。海军部最初对“胜利”号维修的估价为23500英镑，但到了最终完工时却达到了70933英镑——涨了整整两倍！它的火炮从100门被提升至104门（在下层和中层火炮甲板靠近船艏部位开设了两个新的追击炮位），并且弹药库都内衬了铜质防火材料。除此之外，它的船艏样式也被替换成了今天的模样；船身涂上了当时流行的黄色油漆，但是不久之后便在每层火炮之间增加了黑色的线条。特拉法尔加海战之后，人们把这一涂装称为“纳尔逊风格涂装”，以纪念那场伟大的战争。

“胜利”号的重建工作于1803年4月完成。在此之后，该舰在它的新任舰长塞缪尔·萨顿的指挥下离开了朴茨茅斯。

由西班牙 Artesania Latina 制作的“胜利”号最终形态模型的船艏细节。图中可以清楚地看到两对增加的炮门，但是这两对火炮并不参与战列舰的侧舷齐射

1803年5月18日，海军中将纳尔逊首次在“胜利”号上升起了自己的旗帜。不过此时的“胜利”号还并不能出航，因此纳尔逊在5月20日改乘护卫舰“安菲翁”号（32门火炮）前往地中海统领位于那里的英国地中海舰队。而在当年晚些时候，“胜利”号驶往乌桑准备作为海峡舰队司令（级别高于地中海舰队司令）的旗舰，但是并没有与其完成会合，于是转而前往地中海寻找纳尔逊。

5月28日，“胜利”号在萨顿舰长的指挥下俘虏了法国一艘准备前往罗什福尔的装有32门火炮的护卫舰。经过两个月的游弋，“胜利”号最终在7月31日与纳尔逊会合，而纳尔逊的将旗则再一次飘扬在这艘著名军舰的桅杆上。会合之后，萨顿改任纳尔逊原旗舰“安菲翁”号的舰长，而托马斯·哈迪则成为“胜利”号的新任舰长并一直持续到特拉法尔加海战。

英国海军中将托马斯·哈迪（1769—1739年）的肖像。在特拉法尔加海战中，他担任“胜利”号的舰长；1830年至1834年，哈迪担任英国第一海务大臣一职，并在其任内将已经退役、行将拆解的“胜利”号完整保存了下来

从1803年开始，野心勃勃的拿破仑计划集中法、西两国海军精锐运载陆军登陆英国本土，留在地中海的纳尔逊所担负的更多任务是监视位于这里的法国舰队的动态。1805年4月，当“胜利”号正通过托罗岛（西班牙语意为“公牛”）时，护卫舰“菲比”号（36门火炮）带来了法国舰队在维尔纳夫指挥下偷偷逃出土伦港的消息。此时纳尔逊正在西西里岛监视法国舰队可能前往埃及的行为。利用这个机会，维尔纳夫指挥舰队溜进加的斯港与位于那里的西班牙舰队会合，不过他并没有在这里停留太久便继续向西印度前进；而英国方面在浪费了一段时间后，也前往西印度群岛，他们误以为维尔纳夫会袭击西印度群岛的殖民地。但是当追击舰队抵达西印度群岛时，法、西联合舰队早已于一个月之前离开了那里。他们的真实目的是吸引英国主力舰队的注意力并为集结在布洛涅的拿破仑登陆大军争取时间。

7月22日，返回欧洲的法、西联合舰队在企图进入维戈（西班牙西南部港口）或费罗尔（西班牙西北部重要港口）之前，被位于菲尼斯特雷角的英国考尔德舰队拦截，进行了一场非决定性的战斗。尽管获得了战略上的胜利，但考尔德后来还是因未能追击并将法、西联合舰队歼灭，而在战后遭到军事法庭的审判（他的遭遇类似七年战争时期的海军上将宾，不同的是宾被枪决，而考尔德最终被革职释放）。

一幅描绘考尔德舰队在菲尼斯特雷角与法、西联合舰队交战的油画

海军上将威廉·康沃利斯（1744—1819年）在美国独立战争时期的画像。他的兄长查尔斯·康沃利斯曾担任北美驻军司令，在约克镇战败后向美军耻辱投降

8月14日和8月15日，考尔德与纳尔逊的舰队分别加入了位于乌桑的由威廉·康沃利斯所指挥的海峡舰队。提到康沃利斯，笔者在这里忍不住多说几句。威廉·康沃利斯正是美国独立战争时期于约克镇向华盛顿所统领的大陆军投降的查尔斯·康沃利斯的弟弟。与兄长不同的是，威廉·康沃利斯从1755年便加入英国海军，并一直在海军服役，到特拉法尔加战役时已整整50年(虽然他“年仅”61岁)。从1799年开始，康沃利斯便与德高望重的圣文森特伯爵杰维斯轮流“坐庄”海峡舰队司令。可以说，他是特拉法尔加战役中英国海军的一个重要角色。

另一方面，纳尔逊乘坐“胜利”号向英国本土驶去。他将地中海舰队留给了康沃利斯的海峡舰队，而康沃利斯则抽调其麾下33艘战列舰中的20艘给考尔德去搜寻可能在费罗尔聚集的法、西联合舰队。然而8月19日，一个令人担忧的消息传来：法、西联合舰队已经尾随输送物资的船队离开了费罗尔并且在两天后抵达了加的斯。不过在那之后，联合舰队并未出港，康沃利斯迅速派出科林伍德封锁了那里。9月28日，纳尔逊乘坐“胜利”号加入了位于加的斯港外的科林伍德的封锁舰队；随后，纳尔逊接管了舰队的指挥权。

此时此刻在加的斯港，维尔纳夫得到了自己将被罗西利取代的消息——认为这是个耻辱的法国海军中将决定拼死一搏。10月19日早晨，法西联合舰队分批溜出加的斯港，朝着南边的直布罗陀方向航行。纳尔逊迅速做出应对，在特拉法尔加角附近与法、西联合舰队大打出手。作为纳尔逊麾下的旗舰，“胜利”号正是在此战达到了其荣耀的巅峰。在特拉法尔加海战中，“胜利”号第一个突入法、西联合舰队的战列线，从法舰“布森陶尔”号（80门火炮，联合舰队旗舰）与“敬畏”号（74门火炮）之间穿了过去；随后遭到法西舰只的猛烈炮击，损失惨重。当天13点15分，纳尔逊被“敬畏”号上的一名狙击手射中，受了致命伤。随后“敬畏”号试图接舷攻占“胜利”号，但却被及时赶到的“鲁莽”号（98门火炮）的齐射所摧毁。纳尔逊生前的最后一道命令是要求舰队下锚，不过这道命令很快便被科林伍德所撤销。在混战中，“胜利”号上总共有57人阵亡、102人负伤。

由英国画家J.M.W·特纳绘于1822年的特拉法尔加海战的油画。画面中“胜利”号正在与敌舰激烈交战。看得出，它也受了严重损伤

当战斗结束时，“胜利”号的船体和桅杆受损极为严重，已经无法依靠自己的船帆移动，几乎沦为一艘废船。因此，“胜利”号由“尼普顿”号（98 门火炮）拖航至直布罗陀进行临时维修，待恢复动力后再运载着纳尔逊的遗体返回了本土。“胜利”号服役一生中最光辉的时刻就此落下帷幕。

光荣退役之老兵不死

特拉法尔加海战结束后，得到较好修缮的“胜利”号继续在海军中担负着重要角色。很多将领在该舰上升起自己的将旗，包括在海军上将詹姆斯·索马里兹的指挥下参加了两次波罗的海战役。索马里兹曾参加过 1798 年的尼罗河之战和 1801 年的阿尔赫西拉斯海战，是一位如纳尔逊般行事果敢的优秀将领。

1812 年 11 月 7 日，“胜利”号从一线军队退出，作为一艘仓库船停泊在朴茨茅斯港。通常来说，等待“胜利”号的命运就是被无情拆毁或被当成废料变卖，但一个有趣的插曲改变了这艘历史名舰的命运。据传闻，当时任第一海务大臣的托马斯·哈迪把其签署的将“胜利”号拆解的命令递给他的妻子时，他的妻子突然大哭起来并要求他立即回到办公室取消这个命令。虽然在今天看来这个故事很可能是杜撰的，但令人不解的是，1831 年当天关于此事的值更日志却被撕掉了，这更为“胜利”号的历史增添了传奇的一笔。

一幅描绘一艘战舰已经沦为仓库船的画作。对于风帆时代处于暮年的战列舰来说，仓库船已经成为其不可避免的甚至可以说是较好的归宿

从1833年开始，免于被拆毁命运的“胜利”号被丢弃在港口，几乎为世人所遗忘。1889年，“胜利”号被改造成一座海军电报学校，用于接收其他船只发送至“胜利”号的电报，供短期培训班（周期为一两个月）的海军学员学习。这个学校从1889年一直存在至1904年，长达15年之久。这对于原本早已处于闲置状态的“胜利”号来说，也是一次宝贵的“变废为宝”的经历。

由后人上色的拍摄于1900年的停泊在朴茨茅斯港的“胜利”号的照片。此时该舰正处于海军电报学校时期，可以清楚地看到原本侧舷的炮门已经全部改造成窗格，或做教室，或做学员宿舍使用

一幅描绘“胜利”号在干船坞中接受修复的油画。背景是“一战”中英国海军的中流砥柱——“伊丽莎白女王”级战列舰。新老两代海上霸主彰显出日不落帝国的威望

随着岁月的流逝，缺乏维护的“胜利”号的舰况在不断恶化。由于木质船壳被海水不断腐蚀，“胜利”号已经开始缓慢下沉，为了使该舰不至于彻底沉没，英王爱德华七世下令对这艘老爷舰进行修复。1905 年 10 月 21 日是著名的特拉法尔加海战一百周年纪念日，在这一天，被初步修复的“胜利”号在一艘潜艇的拖行下参加了阅舰式。在这之后，人们才开始重视“胜利”号作为皇家海军文化永久保存下去的必要性。然而维护这艘老爷舰将会需要一笔不菲的开支，而其时英国海军正与德国海军进行军备竞赛，将宝贵的军费浪费在一艘毫无实战意义的老爷舰身上将会是“不折不扣的耻辱”，于是“胜利”号的修复工作被暂时搁置。

1918 年，随着第一次世界大战的结束，人们的注意力从战争逐渐转移到其他方面。到了 1921 年时，“胜利”号的舰况已经相当糟糕，为了挽救这艘战功卓越的老爷舰，英国成立了专门的基金会，而船运大亨詹姆斯·凯尔德爵士则成为该基金会最主要的捐助者。1922 年 1 月 12 日，“胜利”号被转移至朴茨茅斯 2 号船坞（这也是至今仍在使用的最古老干船坞），从此远离了大海。从 1922 年至 1929 年，“胜利”号完成了彻底的修缮，维修工作主要集中在它的水线以下部位和中层甲板。1928 年，英王乔治五世出席了庆祝“胜利”号完成主要部位维修工程的庆典，这预示着这艘老爷舰焕发出新生。

不久之后，第二次世界大战爆发。纳粹德国派出大批军机轰炸英国本土，而英国人则顽强应敌，史称“不列颠空战”。在空袭行动中，纳粹特意轰炸了安放“胜利”号的朴茨茅斯2号干船坞，并随后宣称这艘“皇家海军的象征”已经被一枚炸弹彻底摧毁；不过事实上它仅仅被破坏了船身支架和前桅的一部分，因此海军部很快便发文对此消息进行了否认。

第二次世界大战结束后，基金会对“胜利”号进行了新一轮的维修。为了能够长久保存舰体，他们为该舰增加了隔舱并使用熏蒸技术驱逐蛀虫，一些已经腐烂的木材被更换；同时，整舰外貌也被完全复原至1805年参加特拉法尔加海战时的状态，甚至连涂装也是如此。“胜利”号出席了2005年纪念特拉法尔加海战200周年的庆典，而它在当年海战中遭到90枚炮弹攻击的前桅中桅帆实物也被展出，用以纪念那场伟大的胜利。

一枚为纪念特拉法尔加海战200周年而特制的纹章。纹章中上是纳尔逊的头像，左下为“胜利”号，而右下则为英国最新式的45型导弹驱逐舰

一部法国超级巨舰“皇家路易”号的模型。该舰是第一艘在下层甲板采用16炮位、中上层甲板采用17炮位布局的主力舰，但遗憾的是该舰似乎从未出海过，更谈不上有任何服役出勤记录了

“胜利”号与同期同级别军舰的比较及综合评价

众所周知，“胜利”号是18世纪乃至整个风帆时代最著名的顶级军舰之一。它在其服役生涯中曾参与了多次重要海军行动并斩获了无数荣誉。不过作为最高规格的海战武器载具，“胜利”号在当时的欧洲主流海军中究竟是怎样的水平呢？与大多数舰艇不同的是，“胜利”号在建成之后并未立即服役，从建成到真正服役，其间有长达13年的间隙（1765年至1778年）。所以拿它与他国主力舰比较时也会分两部分来进行。

在“胜利”号建成的1765年，欧洲拥有100门以上火炮的一级舰的传统海上豪强并不多。法国在1762年建造了一艘拥有116门火炮的超级巨舰“皇家路易”号，不过该舰从未出航过；此外，在1764年他们还建造了一艘拥有90门火炮的二级三层甲板战列舰“巴黎城”号，该舰后来于1779年被增加14门火炮升级为104门火炮的一级舰，这两艘军舰也是法国在1765年时拥有的仅有的两艘三层甲板战列舰。

与法国相比，另一个传统海上强国西班牙的情况则更为糟糕。自1750年（或者更早）巨无霸战列舰“皇家费利佩”号被拆毁后，该国的一级舰便一直处于空缺状态。1765年时，西班牙刚刚建造了两艘设计拥有80门火炮的“圣卡洛斯”级战列舰（分别为“圣卡洛斯”号与“圣费尔南多”号），有资料记载“圣卡洛斯”号在建造时即被升级改造为拥有94门火炮的二级三层甲板战列舰（后来于1801年再次升级为拥有112门火炮的一级舰），这似乎也是1765年时西班牙唯一可能拥有的三层甲板战列舰了。

除此之外，沙俄帝国在1758年曾建造过一艘名为“罗斯托夫斯基”的100门火炮一级舰，早已没落的瑞典在1765年时也还保留有一艘建造于1694年的老爷舰——100门火炮的“卡尔国王”号；而传闻奥斯曼帝国也于1754年至1770年间拥有过一艘100门火炮的战列舰，但由于包括舰名在内的任何资料都处于缺失状态，因此在这里将其忽略不计。关于这些1765年建成或仍处于服役状态的一级三层甲板战列舰（或之后由二级舰升级为一级舰）的具体情况如下表所示：

舰名	胜利	皇家路易	巴黎城 *1	圣卡洛斯 *2	罗斯托夫斯基	卡尔国王
国籍	英国	法国	法国	西班牙	沙俄	瑞典
建造时间	1765	1762	1764	1765	1758	1694
除籍时间	仍在服役	1772	1782	1819	1772	1771
设计排水量（吨）	2162	2927	2180	1714	<2000	<2000
设计炮门数	100	116	90/104	94/112	100	104
实际载炮数	98~104	116	90~104	94~122	100	90~110
甲板长（米）	56.08	61.71	57.49	54.88	55.1	53.44
龙骨长（米）	46.48	55.7	46.77	49.27	?	?
船宽（米）	15.74	16.73	15.75	15.6	15.1	13.95
最大吃水（米）	6.55	7.96	7.47	7.8	6.6	6.83
船员	820	1338	1096	942	?	850

*1：此处为“巴黎城”号于1779年升级为一级舰之前的数据。

*2：此处为“圣卡洛斯”号于1801年升级为一级舰之前的数据。

瑞典一级舰“卡尔国王”号的三视图。由于在18世纪的衰落，时至1765年，这艘老战列舰竟然仍是瑞典海军中唯一一艘100门火炮一级舰

可以看出，在1765年时，尽管“胜利”号算不上是最大的军舰，但也仅次于法国的超级巨舰“皇家路易”号（不过该舰只是象征意义上的最大军舰，并不具备实际意义），与另一艘当时属于二级舰的法国90门火炮战列舰“巴黎城”号基本相当；而相对于表中西班牙、沙俄、瑞典三国的最大军舰，“胜利”号则具备明显优势。因此可以说在1765年时，“胜利”号是欧洲最好的主力舰。

然而，“胜利”号的优势也仅限于1765年而已。由于该舰在1765年至1778年的这13年间并未处于服役状态（被封存在锚地），性能上停滞不前，到18世纪60年代末至70年代初时，已经完全被法、西新造的主力舰所超越。关于英、法、西三国在1778年时拥有的最好主力舰对比如下表所示：

舰名	胜利	布列塔尼	至圣三位一体 *
国籍	英国	法国	西班牙
建造时间	1765	1766	1769
除籍时间	仍在服役	1796	1805
设计排水量（吨）	2162	2600	2879
设计炮门数	100	100	116
实际载炮数	98~104	100~110	116~120
甲板长（米）	56.08	60.41	61.42
龙骨长（米）	46.48	53.59	52.42
船宽（米）	15.74	16.24	16.59
最大吃水（米）	6.55	7.96	8.31
船员	820	1210	1096

*1：此处为“至圣三位一体”号于1769年竣工时的数据。该舰后经过多次改造，并在1795年时增加一层火炮甲板，成为当时唯一的四层甲板巨舰。

一幅描绘风帆时代西班牙建造的最著名巨舰“至圣三位一体”号早期三层甲板状态时的画作。即便处于“较弱”的三层甲板状态，该舰依旧是当时最令人畏惧的超级巨舰。

从上表中不难看出，与“布列塔尼”号和“至圣三位一体”号相比，“胜利”号显然不是一个级别的“选手”。更重要的是，这两艘法、西新舰虽然比“胜利”号晚了若干年建成，但却比其更早加入现役形成战斗力。从这一点来看，经过13年“蛰伏”的“胜利”号显然已经“落伍”了。

但是另一方面，武器的优劣并不是衡量一支军队最根本的标准。事实上在风帆时代的大部分时间里，英国所建造的军舰在单舰性能上都一直被法、西所压制，然而在单舰性能上处于劣势的英国海军却屡屡利用人员素质和战术上的优势重创法、西海军，确立了其在风帆时代的霸主地位。与此同时，百战百胜的英国海军衬托出了一艘又一艘著名舰艇，“胜利”号便是这些著名舰艇中璀璨的明星，为后人所称颂。

“胜利”号船艏的特写照片。这艘著名战列舰正如其舰名一样引领英国海军走向其实力的巅峰

美国独立战争时期的海战

美国独立战争的爆发

自15世纪哥伦布发现美洲以来，北美洲逐渐沦为欧洲列强的殖民地。16世纪时，西班牙在北美获取了大片领土；到路易十四时代，法国也在这里开辟了新天地。但是随着路易十四的死去和法国急剧衰败，英国看到了攫取殖民地利益的机会。从1756年至1763年，英国在七年战争中击败法国，成为北美殖民地新的霸主。

随着法国退出北美，没有战争威胁的北美洲殖民者与英国皇室的宗主关系开始异化，一些激进者认为，殖民地已经不再需要英国军队的保护（意即建议建立自己的武装）。然而恰恰在此时，英国为维护本土的垄断利益，颁布了一系列高额税收的法令。如1764年颁布《食糖条例》，要求美洲殖民地的欧裔殖民者们必须继续大量购买英国的食糖、咖啡、酒等商品；1765年颁布《印花税法》，对所有印刷品直接征税。这些沉重的经济负担引起了北美欧裔移民的强烈反抗。由于其所在殖民地区在英国议会没有代表席位，因此他们喊出“无代表，不纳税”的口号；与此同时，北美欧裔移民还抵制并中断了与英国商人的贸易往来。

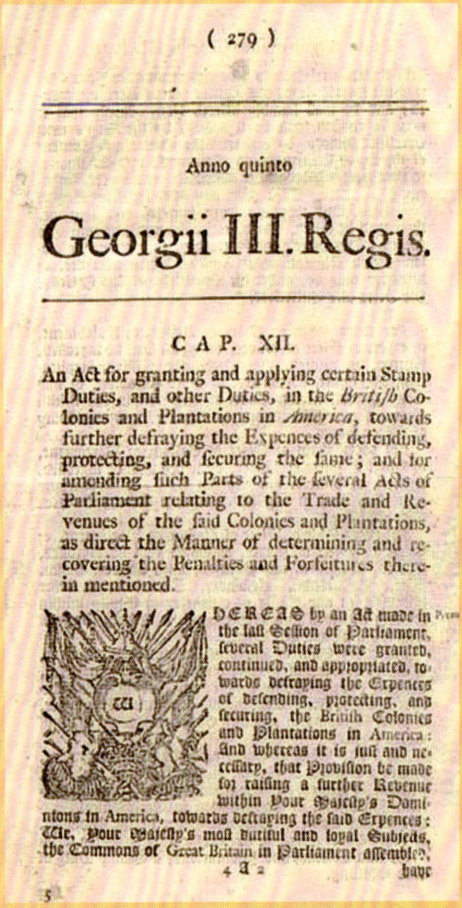
(279)

Anno quinto

Georgii III. Regis.

CAP. XII.

An Act for granting and applying certain Stamp Duties, and other Duties, in the *British* Colonies and Plantations in *America*, towards further defraying the Expences of defending, protecting, and securing the same; and for amending such Parts of the several Acts of Parliament relating to the Trade and Revenues of the said Colonies and Plantations, as direct the Manner of determining and recovering the Penalties and Forfeitures therein mentioned.

WHEREAS by an Act made in the last Session of Parliament, several Duties were granted, continued, and appropriated, towards defraying the Expences of defending, protecting, and securing, the British Colonies and Plantations in America: And whereas it is just and necessary, that Provision be made for raising a further Revenue within Your Majesty's Dominions in America, towards defraying the said Expences: We, Your Majesty's most dutiful and loyal Subjects, the Commons of Great Britain in Parliament assembled, have

4 A 2

5

一份保存至今的《印花税法》的复印件。这一不平等的税法是导致北美殖民地革命的原因之一

在重重压力下，英国议会于 1766 年被迫废除《印花税法》，但是第二年又开始对殖民地急需商品（玻璃制品、纸张、铅、颜料、茶、糖、朗姆酒、铁、棉花等）开征高额关税。殖民地重新断绝了与英国的商贸往来，并通过加勒比海将这些商品走私进来。

在此背景下，北美欧裔移民对英国本土与北美殖民地之间的关系展开激烈的讨论。主导观点认为，宗主国无权向海外殖民地进行征税，更有甚者认为英国议会对海外殖民地区没有立法权。而对英国政府来说，为维护自身在北美洲殖民地的主导统治地位而颁布的 4 个法案受到的批评更是引起了英国本土政府的不安，导致英国政府不得不向波士顿调兵，在人口只有 16000 的波士顿驻扎了将近 7000 名英国士兵。这更让殖民地的欧裔移民认为宗主国想剥夺他们在北美殖民地的权利和自由。

1770 年 3 月 5 日，一小批波士顿居民向普雷斯顿上尉所率领的英军士兵投掷包着石块的雪球，随着越来越多人的加入，英国士兵惊慌失措地开枪，最终导致发生了历史上著名的波士顿大屠杀事件，（但事实上整个过程仅有 5 名当地居民死亡，另有一名英国士兵受伤）。事件发生后，殖民地开始抵制英国的进口商品，最终造成 1770 年 4 月除茶税以外，所有赋税和关税都被取消。

一幅描绘“波士顿大屠杀”的画作。5 位殉难者也被认为是北美欧裔移民为争取独立而付出的最早牺牲

一幅描绘英军与大陆军在列克星敦发生交火的画作。由于装备训练上的差距，大陆军损失惨重，但却成功阻止了英军的战略意图

不过对于英国政府来说可谓一波未平，一波又起。1773 年 12 月 16 日发生了著名的波士顿倾茶事件，以此表示对英国国会的抗议。1774 年年初，英国政府针对马萨诸塞州通过一系列《强制法案》，旨在加强对其的控制，却激化了双方的矛盾。1774 年 9 月 5 日，除佐治亚州外，12 个地区的殖民会议选派了 56 名代表在费城召开大陆会议，通过宣言，并建立大陆议会，决定彻底改变宗主国与殖民地的关系。

1775 年 4 月 19 日，一支英军为偷袭大陆民兵在康科德的武器库而与对方在列克星敦交火，打响了美国独立战争的第一枪（史称“列克星敦的枪声”）。

法、西、荷三国介入战争及早期的海战

美国独立战争的爆发将英国再次拖入战争的泥潭，同时也让在七年战争中饮恨的法国看到了复仇的机会。俗话说敌人的敌人就是朋友，法国从战争伊始便对由华盛顿所统领的大陆军进行经济与军事上的双重援助（尽管路易十六时期的法国财政也十分拮据）。不过由于大陆军的势力范围仅限于北美殖民地，其在海上对英国补给船队几乎没有拦截能力，为了能切断在殖民地作战的英国陆军拥有的“海上生命线”，法国决定直接参与这场战争。1778 年 6 月，法国向英国宣战，英、法的海上之争狼烟再起。

法国参战后，利用侵扰英国运输船队的方式取得了不错的战果，这使得西班牙与荷兰也看到了对抗英国的希望。1779 年 6 月，西班牙与法国缔结同盟，而荷兰到 1780 年 12 月时也加入了法、西的阵营（虽然荷兰此时已经十分衰弱，它的参战对战局起不到任何作用），因此双方在海上的实力趋于对等。

一幅描绘美国独立战争期间英、荷海上对抗的油画。英、荷在这一时段内的战争也被称为第四次英荷战争，然而由于此时荷兰早已不是英国的对手，因此第四次英荷战争以英国的轻松获胜而告终

一幅描绘第一次乌桑海战中双方舰艇在惊涛骇浪中相互炮击场景的油画。在风帆时代，恶劣的海况常使作战变得十分不易

在法国向英国宣战后，英国海军部决定派出舰队在海上巡航以阻止法国舰队任何可能的行动。奥古斯都·凯佩尔奉命指挥一支由20艘战列舰组成的舰队执行这样一个巡航任务。当舰队航行至法国西北海岸线外时，与两艘法国护卫舰相遇，凯佩尔立即下令攻击敌舰，但灵活的法国护卫舰很快便逃脱了英军的追击。在追击中，凯佩尔洞悉法国方面有32艘战列舰停泊在布雷斯特，为了避免被法国舰队攻击，凯佩尔选择了立即返航请求增援。不过在凯佩尔返航时，布雷斯特港内并无任何动静。返回斯皮特黑德的凯佩尔得到了10艘战列舰的补充，于是立即又向布雷斯特赶去。7月23日，在乌桑以西约160.93千米处，凯佩尔与出港的法国舰队相遇，第一次乌桑海战打响。

由于客观天气和己方协调性的影响，凯佩尔没能截击法国舰队，致使其安然返回布雷斯特，战后凯佩尔甚至遭到军事法庭的审判，所幸最后法庭并没有追究凯佩尔的责任（使其成为第二个约翰·宾），不过凯佩尔在海军的仕途也因此走向了终结。

1779年6月，随着西班牙也加入战争，法国计划与西班牙联手组织一支声势浩大的联合舰队运载陆军直接攻击英国本土。这支庞大的舰队拥有66艘战列舰，被誉为“1779年的无敌舰队”。这个进攻计划的核心是法国与西班牙舰队在西班牙西北拉科鲁尼亚附近的西撒加群岛会合然后挥师北上。然而当由多尔维利耶伯爵指挥的法国舰队抵达预定会合地点后，西班牙舰队却迟迟不能出现（后来西班牙人声称是因为风向问题无法北上），多尔维利耶伯爵不得不暂缓行动。在等待西班牙舰队的数周时间内，法国舰队补给短缺，舰上疾病横发导致大面积减员。直到7月22日，西班牙舰队才在路易斯·德·科尔多瓦的指挥下姗姗来迟，但是由于进攻时机错失，英国人已有所防备。

为了抵抗法、西联军的入侵，英国政府临时集结了20000名正规陆军和39000名民兵，指挥官为杰弗里·阿莫斯特勋爵，而他所面对的法、西联军的登陆部队约有30000人。海上力量方面，英国集结了海峡舰队的38艘战列舰，指挥的重任落在65岁的老将军查尔斯·哈迪的肩上。

1779年英国海峡舰队司令查尔斯·哈迪爵士（1714—1780年）的肖像。虽然是临危受命，但哈迪爵士并非最合适的人选——要知道，他已经有20年没有出过海了

7月25日，法、西联合舰队启航北上，然而很明显，法国舰队中蔓延着的疾病也被传播到西班牙舰队上，造成了更大面积的人员损失。由于逆风航行，这支庞大舰队进展缓慢，直至8月11日才抵达乌桑。3天后，一支悬挂着美国旗帜，但却主要由法国船只组成的舰队从法国洛里昂出发前往爱尔兰，这支舰队的指挥官为被誉为“美国海军之父”的约翰·保罗·琼斯，而他的任务则是扰乱英国人思绪（制造出要在爱尔兰登陆的假象）、为主力舰队的登陆提供掩护，而他也确实做到了。哈迪的海峡舰队被成功吸引至位于本土西南角外的锡利群岛。

不过多尔维利耶伯爵却不知道此时英国主力舰队并不在英吉利海峡。8月14日，在靠近英国海岸后，由于担心英国主力舰队的攻击，他们并没有实施登陆作战；而另一边，在发现了法、西联合舰队的行踪后，英国沿岸的警戒部队将这一消息通知了哈迪舰队。8月25日，在耽搁了一周以上时间后，法国人和西班牙人终于意识到英国主力舰队并不在这里，但是愈发严重的补给短缺和日益严重的疾病蔓延，使他们也难以实施登陆作战。9月初，随着哈迪舰队的返回，多尔维利耶伯爵与科尔多瓦一致认为登陆作战已变为不可能，于是指挥舰队返回了布雷斯特。

在远征行动中，法、西联合舰队因疾病导致的非战斗减员高达8000人，可谓得不偿失。而英国方面仅有被风浪冲散的64门火炮战列舰“热心”号被俘虏（后又被夺回），损失甚微。不过在此事件之后，英国人也意识到了海岸防御工事的重要性，遂对旧工事加以改善。

一幅描绘英国64门火炮战列舰“热心”号被两艘法国护卫舰俘虏的油画。后来该舰于1782年又被英国海军夺回

月光海战

1779年6月，西班牙投入到对英国的战争中去，帮助大陆军封锁英国的海上运输航线。不过与法国人一样，西班牙人也并非慈善家，他们投入战争的实质目的也是为了借助英国分心殖民地战争而趁机夺回以前的失地——于王位继承战争（即西班牙王位继承战争，1702—1714）时丢失的战略要地直布罗陀便是其首要目标。不过西班牙人并不计划强攻这座堡垒，他们计划利用陆地包围和海上封锁使这个位于偏远地带的英军据点因缺乏补给而不战自败。西班牙的这一策略收到了成效，到1779年年底，直布罗陀的补给已经严重枯竭，要塞指挥官艾利奥特不得不向本土求救。1779年12月，准备支援直布罗陀的庞大补给船队组建完毕，指挥官为海军上将乔治·罗德尼。

晚年的罗德尼爵士（1718—1792年）的肖像。此画作于1791年。罗德尼是英国海军全盛时期最伟大的将领之一

为了掩人耳目，这支舰队名义上接到的命令是前往美洲执行输送任务，但在1780年1月4日时，舰队却秘密分开。罗德尼指挥19艘战列舰护送着补给船掉转航线驶向直布罗陀。4天后，罗德尼舰队的瞭望员在海平面上捕捉到一组帆影，经过尾随，罗德尼确定这是一支实力较弱的西班牙补给船队（只有一艘战列舰和几艘护卫舰担负护航任务），于是下令实施攻击。由于战力相差太大，这支西班牙补给船队很快束手就擒。罗德尼安排一艘战列舰和一艘护卫舰将战利品押送本土。

西班牙拦截舰队指挥官胡安·德·兰加拉(1736—1806年)的肖像。由于情报有误，兰加拉不得不面对一支比自己强大得多的英国舰队，最终惨败收场

不久之后，封锁直布罗陀的西班牙主力舰队得到了英国补给船队前来的情报，于是派出胡安·德·兰加拉指挥一支拥有11艘战列舰的分舰队前去拦截。与此同时，位于加的斯港的西班牙大西洋舰队也接到了拦截英国舰队的指令，但由于大西洋舰队司令路易斯·德·科尔多瓦知道罗德尼舰队的实力，因此并未选择追击，这就使得单独追击的兰加拉舰队陷入危机之中（兰加拉本人并不知道自己面临的敌人如此强大）。

由英国画家弗朗西斯·霍尔曼所绘的“月光海战”场景画。画面显著位置的军舰为罗德尼的旗舰“桑威治”号。此战之所以被称为“月光海战”，是因为风帆时期在夜间进行战斗极为不易

1780 年 1 月 16 日 13 点左右，在惊涛骇浪之中，法、西两国的舰队在葡萄牙西南的圣文森特角海域相遇。据记载，当时罗德尼很不巧正处于生病状态，因此整个作战过程中他都是躺在他的病床上发号施令的。在发现西班牙舰队出现后，罗德尼的舰长沃尔特·扬（“桑威治”号战列舰舰长）将这一消息告知罗德尼，并建议他将所有战列舰组成战列线迎战。但罗德尼只下达了编队（分成几支纵队）航行的指令。在他的对面，兰加拉很快将 11 艘战列舰组成了战列线，但当意识到自己眼前敌人的规模后，他却立即下令所有船只返回加的斯港。

大约 14 点，罗德尼在确定这支西班牙舰队不是大舰队的先头部队后决定追击。由于英国军舰普遍在船底包裹了铜壳（船底包裹铜壳的技术由英国在 18 世纪 70 年代末最先推出，并很快普及到各海军强国），速度明显优于西班牙舰艇，因此它们没花太长时间便追上了敌人，战斗在 16 点之后打响。由于罗德尼采用下风位追击战术，西班牙战列舰在恶劣海况下，下层甲板重炮炮窗难以打开，火力上处于劣势。不过由于风浪较大，英国舰队在天黑之前（18 点之前）也没有获得决定性战果。罗德尼召开舰长会议，讨论是否要在夜间追击西班牙舰队。尽管有一些反对声音，但在他的坚持下，英国舰队开始了一次风帆时代罕见的“壮举”。

19点30分，英国舰队中的战列舰“防御”号（74门火炮）靠近兰加拉的旗舰“菲尼克斯”号，与之纠缠战斗了超过一小时。混战中，“防御”号得到了友舰“蒙塔古”号（74门火炮）与“乔治王子”号（90门火炮）的协助，兰加拉在战斗中不幸负伤。最后，遭到围攻并折断桅杆的“菲尼克斯”号向随后赶来的英舰“仁慈”号（64门火炮，该舰于七年战争时期俘自法国）降旗投降。不久之后的21点15分，另一艘被折断所有桅杆的西班牙战列舰“圣欧亨尼奥”号（74门火炮）向英舰“坎伯兰”号（74门火炮）投降。西班牙舰队彻底陷入混乱，不断有船只被俘虏，最后一艘被俘虏的西舰是“莫纳卡”号（74门火炮），时间是次日凌晨大约1点至2点。

由于舰队实力上的差距和罗德尼的果敢追击，兰加拉舰队的11艘战列舰共有6艘被俘虏（后有2艘被夺回）、1艘爆炸，只有2艘战列舰毫发无损地逃回了加的斯。包括舰队司令兰加拉在内的上千名西班牙官兵成为罗德尼的俘虏（总伤亡人数为2500人左右），而罗德尼为此付出的代价仅仅是32人战死、102人受伤。对于英国人来说，“月光海战”毫无疑问是一场大胜。

由法裔英国画家多米尼克·塞雷所绘的战斗结束后罗德尼押送战利品返航的情景。“月光海战”是英国在独立战争时期海上的重要胜利之一，然而这并不足以挽救他们在北美殖民地的失败

切萨皮克湾海战

1781年最初的几个月里，英军和大陆军都将军力聚集在弗吉尼亚州——这个过往很少经历海上入侵的地方。英军在这一地区的指挥官频繁更迭展示出了当时的不安定因素。最先，弗吉尼亚的英军指挥官由叛将本尼迪克特·阿诺德（1741—1801，原本为华盛顿的得力干将，后投靠了英国）担任，后来变更为威廉-菲利普斯（1731—1781）；紧接着在5月13日，由于菲利普斯因病去世，指挥官又变为我们所熟知的康沃利斯伯爵。在执行了克林顿将军（1730—1795，英军在北美殖民地的最高司令）的一系列混乱指令后，康沃利斯于7月晚些时候带领他的部队进驻纽约并筑建防御工事。这支庞大的英军带来了严峻的补给问题，位于这附近的切萨皮克湾成为双方海军（大陆军一方主要是法国海军）的争夺对象。

5月21日，华盛顿与法国陆地盟军司令罗尚博伯爵会晤，决定当法国西印度舰队抵达北美时，如果形势需要，应致力于进攻纽约或切萨皮克，封锁英国舰队在这两处可能的支援行动。罗尚博伯爵更加倾向于将切萨皮克湾作为与英国舰队决战的场所，因为这里距离（英国舰队驶来的方向）最短、水深少礁且易于领航。于是将这一计划下发给法国从西印度殖民地支援北美战区的德·格拉斯伯爵。

法国西印度舰队司令德·格拉斯伯爵（1722—1788年）的肖像。他是18世纪法国优秀的舰队司令之一，对推动美国最终的独立做出了杰出贡献

德·格拉斯伯爵接到命令后没有提出任何异议（罗尚博实际上给了他质疑的机会，他也可以选择前往纽约），并立即开始北上航行。由于西班牙人派出一支分舰队锚泊在德·格拉斯伯爵原本驻扎的港口，法国人反而能够抽调更多的兵力和物资去援助大陆军。8 月，另一名法国海军上将德·巴拉斯在得知德·格拉斯伯爵已经从西印度驶向北美后，也指挥他的舰队由纽波特起航。8 月 30 日，德·格拉斯伯爵的舰队早于预期顺利抵达切萨皮克湾。

英国海军少将托马斯·格雷夫斯（1725—1802 年）的肖像。由于在切萨皮克湾的失利，他一度被“降至”为普利茅斯的港口总督，但后来在法国大革命时期被重新起用

与德·格拉斯伯爵相比，英国人的运气显然差了很多。在探得法国舰队离港后，英国西印度舰队司令罗德尼却因身体原因不得不先行返回欧洲。临走时，他留下 14 艘战列舰交给他的副手海军少将萨缪尔·胡德指挥，继续前往切萨皮克湾。胡德指挥这支实力较弱的舰队取最近的航线，比德·格拉斯伯爵早 3 天抵达切萨皮克湾。然而由于此时切萨皮克湾内并无法国舰队，胡德怀疑敌方的目标是纽约而并非这里，于是指挥舰队转而驶向纽约。在那里，他遇见了海军少将托马斯·格雷夫斯所指挥的 5 艘战列舰。由于后者排位较高（英国海军部对海军将领资历有个排位，一般都会以排位较高者担当指挥官），双方合兵一处后由格雷夫斯统一指挥。但是纽约港内仍未发现法国舰队的踪影。由于担心德·格拉斯伯爵的舰队与德·巴拉斯伯爵会合，8 月 31 日，他们离开纽约，于 9 月 5 日抵达切萨皮克湾。

一幅描绘“无敌”号与法国战列舰交战的油画。该舰参加了“月光海战”、切萨皮克湾海战与圣徒岛海战，活跃于美国独立战争时期

而当再度抵达切萨皮克湾时，格雷夫斯惊讶地发现港内停泊着一支舰队，并且从数量上看来，这只能是一支敌军舰队（格雷夫斯估测这支舰队有 30 艘战列舰，实际上为 24 艘）。此时此刻，格雷夫斯的 19 艘战列舰对比德·格拉斯处于明显劣势。如果进攻将会是十分冒险的举动，但肩负上级命令的格雷夫斯已经没有别的选择了。他不得不下令向湾内法国舰队冒险发起进攻，对美国独立产生决定性影响的切萨皮克湾海战就此打响。

按照惯例，格雷夫斯的舰队也被分为 3 个分队，其具体组成情况如下表所列。

前卫舰队	舰名	载炮数量	舰长 / 随舰指挥官
战列舰 6 艘，指挥官为萨缪尔·胡德	阿尔弗雷德	74	威廉·贝恩
	好战	64	詹姆斯·布莱恩
	无敌	74	查尔斯·萨克斯顿
	巴芙勒尔	98	亚历山大·胡德 / 萨缪尔·胡德 *1
	君主	74	弗朗西斯－雷诺兹
	半人马座	74	约翰－尼克尔森－英格尔菲尔德
中坚舰队	舰名	载炮数量	舰长 / 随舰指挥官
战列舰 7 艘，指挥官为托马斯·格雷夫斯	亚美利加	64	萨缪尔·汤普森
	贝德福德	74	托马斯·格雷夫斯 *2
	决心	74	罗伯特·曼纳斯勋爵
	伦敦	98	大卫·格雷夫斯 / 托马斯·格雷夫斯
	皇家橡树	74	约翰·普卢默·阿德索福
	蒙塔古	74	乔治·博温
	欧洲	74	史密斯·柴尔德
后卫舰队	舰名	载炮数量	舰长 / 随舰指挥官
战列舰 6 艘，指挥官为弗朗西斯·萨缪尔·德雷克	可畏	74	威廉·克莱蒙特·芬奇
	阿贾克斯	74	尼古拉斯·查林顿
	公主	70	查尔斯·纳奇布尔 / 弗朗西斯·萨缪尔·德雷克
	巨人	74	查尔斯·汤普森
	无畏	64	安东尼·詹姆斯·派伊莫洛伊
	什鲁斯伯里	74	马克·罗宾逊

*1：亚历山大·胡德是萨缪尔·胡德的弟弟，战功卓越，后来也成为英国海军上将。

*2：此处的托马斯·格雷夫斯与舰队司令并非同一人。此人后来曾作为舰队副司令参加了 1801 年的哥本哈根海战。

在两支舰队第一次发现对方6小时之后（16点左右），由于抢占了上风位，格雷夫斯主动发起攻击。战斗最早在英舰“无畏”号与法舰“马赛”号（74门火炮）之间展开，双方零星的战斗很快便演变为两条战列线之间的对轰。由于处于下风位，德·格拉斯伯爵采用的战术是集中攻击英军舰艇的桅杆和索具，以达到削弱对手机动性的目的；而这一战术的效果十分显著，位于英国战列线最前端的“什鲁斯伯里”号与“无畏”号很快便丧失了行动能力并跌出了战列线，德雷克将军麾下的其余战列舰也受损严重（但是没有像前面两艘那样严重），整个英国后卫舰队几乎失去战斗力。

当然，法国舰队也遭受了一些损失，但相对英国舰队来说就显得不那么严重了。一小时后（17点左右），海面风向开始转变，从而对英军不利。原本没有完全参战的法国舰队开始聚集在一起，而格雷夫斯则担心自己的舰队会被法国人包围并歼灭，遂下令后撤。不久，法国德·巴拉斯伯爵的舰队也赶到切萨皮克湾。格雷夫斯被迫彻底打消继续战斗的念头，率领舰队返回了纽约。就这样，切萨皮克湾的海战以英国舰队失利而告终。

一幅描绘切萨皮克湾海战的油画。画面中的英、法舰队正猛烈交火

1931 年美国发行的纪念约克镇战役胜利 150 周年的邮票。邮票上从左至右的人物头像分别是罗尚博伯爵、华盛顿和德·格拉斯。可见德·格拉斯在美国人民心目中的地位

随着格雷夫斯的离去，法国人控制了整个海域，等待被围的康沃利斯的命运已经没有悬念。1781 年 10 月 19 日在约克镇，这位倒霉的将军不得不向法国名将罗尚博伯爵（1725—1807）与美国大陆军领袖华盛顿所统领的美、法联军投降了。

随着约克镇英军的投降，英国政府镇压北美殖民地起义的希望彻底破灭。两年之后，英国政府被迫承认美国独立。从这个角度来看，英国在切萨皮克湾的失败甚至可以说是直接促成了美国独立战争的胜利。这恐怕也是战后德·格拉斯伯爵被美国人民尊为英雄的原因，尽管他所指挥的舰队在战斗中的表现并不能用出色来形容。

圣徒岛海战

随着德·格拉斯伯爵的舰队在切萨皮克湾的胜利和大陆军成功迫降康沃利斯，法国人错误地认为夺取英国位于西印度群岛殖民地的最佳时机已经到来。1782年1月，法国军队在西印度群岛东边的圣基茨岛登陆，试图包围岛上的英国驻军。25日，英国海军少将胡德指挥22艘战列舰去支援岛上的英军，他们竟然从德·格拉斯（拥有26艘战列舰）眼皮底下溜了进去，直到抛锚靠岸时，这位法国将军才反应过来并下令开火；然而英国舰队已经占据了有利位置，用一阵猛烈炮火击退了德·格拉斯的攻击。

次日，德·格拉斯伯爵再次发动进攻，但先头部队受到所有英国战列舰的侧舷炮击，损伤惨重。德·格拉斯伯爵不得不再度停止攻击。数小时后，当岛上的英军终因寡不敌众而投降时，胡德又趁对方疏忽大意带领舰队悄悄溜走，加入此时病愈后返回西印度群岛的罗德尼的舰队中去。在这场海战中，尽管英国人不能说获得了胜利，但德·格拉斯伯爵显然也没能达到任何战略目的。

由英国画家托马斯·梅纳德所创作的圣基茨海战的油画。画面左侧，双方舰艇正猛烈交火。由于德·格拉斯伯爵的疏忽，原本占据劣势的英国舰队得以全身而退

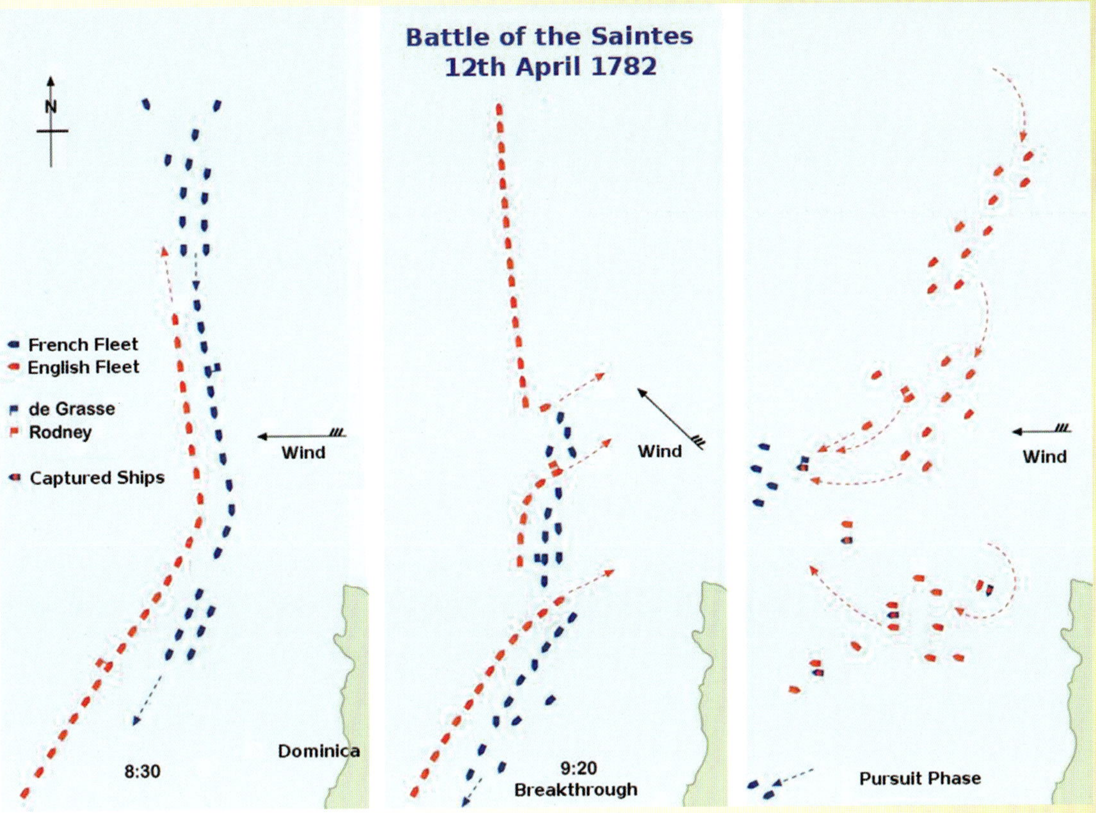

一幅交战双方战术示意图。红色船体和箭头为英国舰队及其行进方向，蓝色船体和箭头为法国舰队及其行进方向；黑箭头为风向；插有小旗的为双方旗舰。最右边图里蓝红相间的船体为法军被俘获船只

得到胡德22艘战列舰的加强后，罗德尼的主力舰队已经拥有36艘战列舰，在数量上超过了德·格拉斯伯爵的舰队（总计33艘，其中有7艘由德·巴拉斯伯爵指挥，加入了德·格拉斯伯爵的舰队）；而对英方更有利的是，罗德尼的这些战列舰中有5艘是威力强大的三层甲板战列舰（均为二级舰，载炮90~98门），而德·格拉斯伯爵则仍只有一艘孤零零的“巴黎城”号（110门火炮）。在风帆时代，三层甲板战列舰数量的多少往往会影响到整个战斗的走势。

3月底，罗德尼获悉德·格拉斯伯爵将要护送一支大型运输船队从马提尼克出发前往古巴，于是制订了截击此船队的计划。4月9日，双方舰队在多米尼加外海相遇。由于处于岛的背风处，双方皆因无风而停滞；仅有各自先头部队赶上微风得以前进。于是8艘英国战列舰与15艘法国战列舰开始了战斗。不过数小时后，英国主力舰队先行到达交战海域，法国战列舰不得不主动撤退，返回去保护运输船队。

从4月10日夜至4月12日凌晨，法国舰队中发生了两起战列舰碰撞事故；甚至其中一艘曾发生过碰撞事故的战列舰撞上了旗舰“巴黎城”号，不仅自己完全丧失了战斗力，也使得旗舰受损。与此同时，德·格拉斯伯爵为了营救在瓜德鲁普附近被4艘英舰追逐而折断桅杆的己方战列舰“热心”号（74门火炮）而放慢了全体舰队的行进速度。大约在12日上午9点，双方的舰队主力相遇，罗德尼向己方战列舰发出进入战列线准备战斗的信号，著名的圣徒岛海战（也称为多米尼加海战）正式打响。

起初，法国舰队处于英国舰队的下风位置，不过随后风向突然改变，罗德尼马上把他的旗舰“敬畏”号（98门火炮）以及其他一些舰只、包括“公爵”号（98门火炮）与“贝德福德”号（74门火炮）转入上风处强行冲破法国战列线，并尽可能地炮击以制造混乱。这很快便造成了包括德·格拉斯的旗舰“巴黎城”号在内的多艘法国战列舰受到损伤。到上午11点，法国舰队已经陷入大混乱，败相渐露。

在两军进行混战时，胡德的旗舰“巴芙勒尔”号与“巴黎城”号发生了正面交锋。依仗着风向的有利条件，体形更小的“巴芙勒尔”号成功折断“巴黎城”号的桅杆并给予其重创，致使这艘巨舰的甲板上一片狼藉。据后来登上该舰的英国人回忆，当他们接收法军投降时，甲板上的血甚至流淌进他们的战靴里，仅“巴黎城”号一艘战列舰上就有400人死去，超过了整支英国舰队的损失人数。

由威廉·艾利奥特所绘的罗德尼的旗舰“敬畏”号在圣徒岛海战中带头强行突破法军战列线的油画。这一英勇举动成为决定战斗走势的关键因素

英国海军著名将领萨缪尔·胡德（1724—1816 年）的肖像。尽管很多时间不是最高指挥官，但胡德还是表现出了自己过人的能力，后来被纳尔逊尊称为“英国海军第一人”

事实上，罗德尼原本并没有打算要冒险突破法军战列线，但当他发现风向突变后，立即抓住了这难得的良机。然而在把法国舰队击溃后，罗德尼却又满足于现状，没有利用胜机继续扩大战果，这令他的副手，天性刻薄却又才华出众的胡德十分不满。追求“完美胜利”（后来的纳尔逊也是如此）的胡德认为，只有决定性的追击才能彻底打垮敌人。果不其然，当他获准可以追击敌军时，又有两艘没能逃掉的法国战列舰成为英国人的战利品。

在海战进行到最后时刻时，法舰“凯撒”号（74门火炮）发生了大爆炸，不仅导致舰上400多名船员身亡，也连带杀死了50名登上该舰试图将其俘获的英国海军陆战队士兵。“凯撒”号的爆炸沉没也宣布了圣徒岛海战以法国的彻底失败而告终。唯一遗憾的是，由于罗德尼的“安于现状”，英国舰队错失将法国舰队全歼的机会，仅仅俘获了4艘敌舰。从这一角度来看，圣徒岛海战显然不能算是一场完全的胜利。不过这场胜利为英国挽救了牙买加，同时也增加了英国坐在谈判桌前的砝码（指签署结束美国独立战争的《巴黎和约》），不仅如此，它还重申了以“战斗”为基础的海战学说的价值，将包括纳尔逊在内的下一代海军优秀军官引入新的作战领域。

一幅描绘法国“凯撒”号战列舰爆炸的油画。圣徒岛海战是法国海军在美国独立战争期间所遭受的最为惨重的一次失利

斯帕塔尔角海战与战争的结束

前面提到过，西班牙站在大陆军一方向英国宣战的最主要目的便是想“趁乱”夺回丢失已久的战略要地直布罗陀，然而尽管取得了一些胜利，西班牙人最初的目的却并没有达到，直布罗陀一直牢牢地控制在英国人手中。1782 年，随着英国在北美殖民地的败局已定，法、西联合舰队在海上加紧了对直布罗陀的封锁。不过即便如此，英国补给船队还是能想办法绕过封锁舰队将物资如雪中送炭般输送给在那里的驻军。

1782 年 9 月 11 日，一支由英国海峡舰队护送的规模异常庞大的补给船队从本土启程前往直布罗陀。这支舰队一共拥有 34 艘战列舰（战列舰中有 11 艘三层甲板战列舰，包括 2 艘 100 门火炮的一级舰，为“胜利”号和“不列颠尼亚”号）和 1 艘护卫舰，指挥官是前文提到过的著名将领理查德·豪。豪曾于 1776 年调任北美及西印度舰队司令，支援其胞弟陆军将领威廉·豪镇压在北美殖民地的起义，但是其胞弟并没有什么作为。

绘于 1795 年的理查德·豪（1726—1799 年）的肖像。他从 1740 年开始直至 1799 年去世为止，一直为英国海军服役，其海军生涯接近 60 年

由于恶劣的天气和逆风航行，豪的舰队无法驶入直布罗陀，而是被风驱至圣文森特角附近。而距此处不远的西班牙阿尔赫斯拉斯港，一支庞大的法、西联合舰队正在等待着英国补给船队的到来。10月9日，他们得到了英国补给船队出现在圣文森特角附近的消息，随即出港寻战。10月10日，暴风雨变本加厉，补给船队有2艘船不幸搁浅，还有一艘“倒霉蛋”直接被巨浪打得粉身碎骨而沉没，情况对英军极为不利。在发觉法、西联合舰队有所行动后，豪召集他的舰长们召开紧急会议。为了尽可能地保护补给船队的安全，豪做出了个极为冒险的决定：护航舰队改变航向进入地中海，这样可以造成整个运输船队都进入地中海的假象。此举将法、西联合舰队诱开后（实际并未进入地中海），补给船队则可以乘机进入直布罗陀完成卸下补给的任务。当豪向舰长们公布了自己的计划后，大家都认为这是个几乎不可能完成的任务，然而豪坚持这样做，因为他心里明白自己已没有退路。

于是豪的舰队借助较强的风力全速驶入地中海。而豪的大胆设想很快便成为现实——由于错把豪的护航舰队当成了整个补给船队，法、西联合舰队司令路易斯·德·科尔多瓦下达了追击的指令。10月13日，整个联合舰队顺着湍急的海流驶入地中海。豪则巧妙地在地中海内利用自己对海域的熟悉、引诱着联合舰队追踪了三天三夜，为运输船队在直布罗陀港卸货争取到宝贵的时间。

大约在15日晚，豪的舰队返回直布罗陀海峡，他本以为补给船队应该已经执行完卸货任务了，但停靠在港内的船只仍在紧张地作业。豪不得不回头继续在直布罗陀以东海域游弋。19日，豪选择在摩洛哥以北、直布罗陀以东约12海里处的斯帕塔尔角准备迎战。此时科尔多瓦并不知道补给船队早已抵达直布罗陀港，反而为在港外拦住了这块到手肥肉而庆幸，斯帕塔尔角海战就此拉开序幕。

一幅描绘豪的护航舰队驶入地中海的油画。在斯帕塔尔角，已经完成护航任务的豪在与法、西联合舰队进行了一场有惊无险的战斗后安然返航

一幅描绘英国舰队与法西联合舰队在斯帕塔尔角进行战斗的油画

在战斗中，豪密切关注着补给船队在直布罗陀卸货完成的情况。科尔多瓦下令侦察（游弋在前卫舰队之前的分舰队）、前卫和中坚舰队对豪的舰队进行猛烈炮击，而后卫和后备舰队并未投入战斗之中。豪一边指挥舰队抵抗，一边有序地向直布罗陀方向撤退。到了21日，由于在战斗中遭受了些许损失，科尔多瓦下令暂停进攻，修葺破损的船只。而与此同时，豪得知补给船队已经完成卸货任务返航本土，遂主动撤出了战场。法、西联合舰队没有选择追击，斯帕塔尔角的战斗也就此宣告结束。

当科尔多瓦意识到自己上当时，豪的舰队早已逃之夭夭。此役，双方的损失都不太大。英国方面阵亡68人，另有208人负伤；而法、西联合舰队方面也只有59人阵亡，301人负伤，且双方都未损失哪怕一艘船只。在美国独立战争期间的众多海战中，斯帕塔尔角海战显然不是一场决定性的战役，不过通过此役英国方面圆满达到了他们最初的战略目标，因此可以把他们看成是斯帕塔尔角海战的胜利者。

斯帕塔尔角海战之后，不仅是陆地上，就连海上的战事也偃旗息鼓。这标志着美国独立战争实质上已经结束。1783年9月3日，英国政府代表在巴黎与同盟国代表签署《巴黎和约》，正式承认美国独立，同时也结束了法、西两国对直布罗陀长达4年的围攻和封锁。长达数年的美国独立战争终于彻底画上了句号。

“海上主权”的衣钵继承者——“皇家主权”号

建造背景及光荣传统

1637年，一艘承载着英国海洋霸权之梦的巨舰震惊了欧洲，那就是大名鼎鼎的第一艘拥有100门火炮和三层火炮甲板的“海上主权”号。从那时起，以“Sovereign”（英文“主权”）命名的军舰便成为英国海军的象征。第一代“海上主权”号于1660年接受重建后更名为“主权”；随后在1685年的第二次重建时，又将舰名变更为“皇家主权”，并从此将这一舰名沿用至风帆时代结束。

本文要为读者介绍的“皇家主权”号则是拥有这一光荣舰名的第四代传承者（每次重建和新建均计算为一代），它曾作为科林伍德的旗舰参加了举世瞩目的特拉法尔加海战，为自己书写了不可磨灭的历史。

一枚纪念“皇家主权”号的“始祖”——“海上主权”号于1637年建成的圆形铜质徽章。以这个名字命名的军舰将在英国海军史上留下深深的烙印

当重建于1729年的上一代“皇家主权”号因舰况糟糕而于1768年被拆毁时，海军部就已经在计划着建造一艘全新的战列舰来继承这个光荣的舰名。1772年2月3日，新“皇家主权”号的建造计划被正式下达。新舰在设计上参考了早先建成的“胜利”号（虽然已经完工，但是在1772年时仍未正式服役），尺寸和吨位较为接近，并且由于属于等级最高的军舰，在选材和工艺上也颇为严格。根据记载，“皇家主权”号于1774年1月7日铺设第一块龙骨，其建造过程十分缓慢，直至1786年9月11日才完成了下水仪式，其工期甚至为同样以精湛工艺著称的“胜利”号两倍以上。或许这期间“皇家主权”号曾出现过停工的情形（“胜利”号就曾在建造时被搁置过），但并没有明确记载。

根据1786年的报告，下水时的“皇家主权”号建造费用为67458英镑，而这还仅仅是船体部分，并不包括后期的竖立桅杆和舾装的花费。因此“皇家主权”号的“身价”毫无悬念地已经超过它的师兄“胜利”号了，倘若算上船艉雕刻等部件，这艘船的花费一定在70000英镑之上。

一幅描绘“皇家主权”号船艉精美雕饰的线条图。在船艉雕饰普遍简化的18世纪下半叶，“皇家主权”号仍然坚持这一特殊待遇，足以见得其在海军中的地位

不过虽然造价高于“胜利”号，但由于体形相差无几，“皇家主权”号的作战能力未必强于前者，而这也很好地体现在了该舰的火炮布局上。

“皇家主权”号的设计特点及服役履历

前文提到了“皇家主权”号的尺寸和吨位与“胜利”号较为接近，然而二者的火炮布局却有着明显的不同。由于该舰采用了当时欧洲标准的火炮布局（没有像“胜利”号那样将火炮甲板向船艉延伸），因此在最下层甲板只布置了28门火炮。另外，由于英国已经于美国独立战争时期开始将主力舰最下层甲板的42磅炮替换成32磅炮，因此建造时间较晚的“皇家主权”号直接便采用了最新的32磅炮作为主炮。1786年时的全舰火炮布置如下所列：

28门32磅炮布置在下层火炮甲板；

28门24磅炮布置在中层火炮甲板；

30门12磅炮布置在上层火炮甲板；

4门12磅炮布置在艏楼，另有10门布置在艉楼。

前文介绍的“胜利”号于1782年将露天甲板的6磅炮替换为12磅，以加强轻火力，而“皇家主权”号同样也因为时间较晚的原因直接配备了全部12磅炮。这使得其在面对法、西露天甲板仅装备了8磅炮的主力舰时具备一定的优势。刚建成时的“皇家主权”号因为适航性问题而被船员谑称为“西部乡下的马车”（意即坐在“皇家主权”号上就像在荒野上奔驰的马车般颠簸，十分不

一幅“皇家主权”号的设计草图。该舰的设计实际上依旧基于1745年海军建设计划中的100门火炮一级舰加以改进，因此从船身上能看到当时的影子

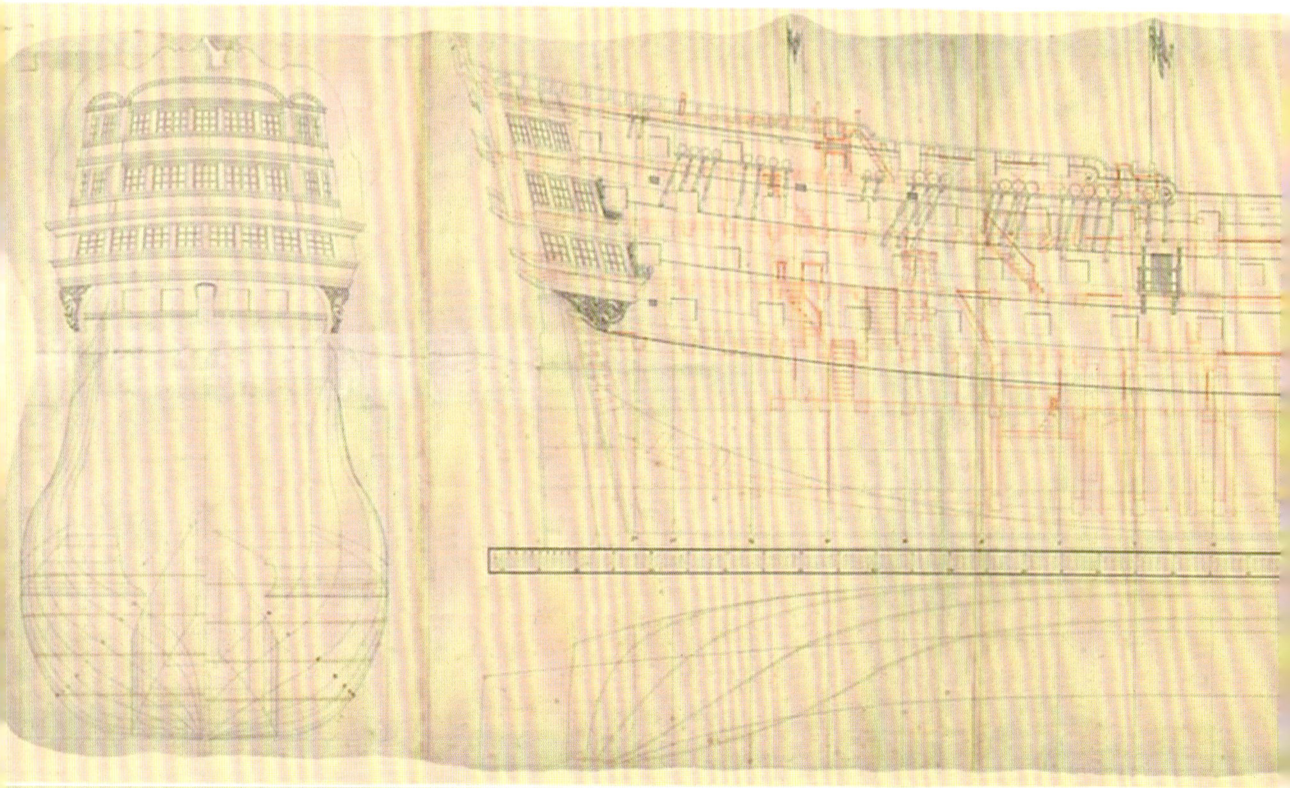

适），不过在多次海试和修整后得以克服。从18世纪70年代末开始，英国服役的全部主力舰均在船底包裹铜皮以提高适航性，“皇家主权”号也不例外。与“胜利”号类似，“皇家主权”号在建成之初也没有参加海军行动，其第一次亮相要迟至1794年的“光荣的六月一日”海战。由于此时更为先进的主力舰已经服役，它也并没有被任命为舰队总旗舰。

一幅描绘“光荣的六月一日”海战的油画。“皇家主权”号在战斗中位于战列线的第五号位，奇怪的是英军并没有按照惯例派出前卫、中坚和后卫的阵势

在“光荣的六月一日”海战中，“皇家主权”号作为海军中将托马斯·格雷夫斯的旗舰参加了战斗，而格雷夫斯正是前文提到的在切萨皮克湾海战中失利的那位英军统领。此役中，“皇家主权”号的桅杆和索具受损，共有14人战死、44人负伤，再加上5月29日在第一轮遭遇战中遭受的损失，“皇家主权”号总计损失了22人，另有66人负伤，损失比率在整个舰队中都属于较高水平。

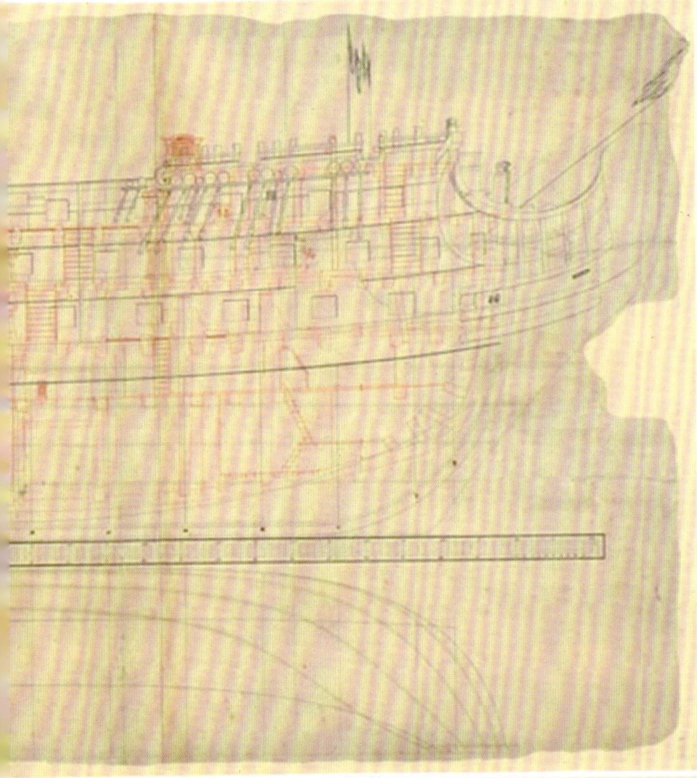

1795年6月16日，“皇家主权”号作为海军中将威廉·康沃利斯的旗舰参与了著名的“康沃利斯撤退”事件。此次事件属于第一次格鲁瓦海战的一部分，并且也是“皇家主权”号在法国大革命战争期间参与的最后一次军事行动。1805年，也就是在“康沃利斯撤退”事件整整十年之后，“皇家主权”号和其同胞“胜利”号一起迎来了服役生涯的最精彩时刻，那就是参加特拉法尔加海战。

根据史料记载，“皇家主权”号是整个特拉法尔加海战中第一艘投入战斗的主力舰，它的指挥官是舰队副指挥、在此役中表现十分抢眼的海军中将科林伍德。

英国海军名将卡斯伯特·科林伍德（1748—1810年）的肖像。此画由亨利·霍华德于格林威治海军医院绘制

特拉法尔加海战中“皇家主权”号舰长爱德华·罗瑟拉姆（1753—1830年）绘于1803年时的肖像。这位曾被科林伍德认为是个“愚蠢下属”的舰长最后在1808年退役

科林伍德早在七年战争末期的1761年便加入英国海军服役，至1810年病逝为止一共服役49年，这对于当时的英国海军来说并不算是稀奇事（风帆时期，有很多高级将领从十二三岁开始作为海军见习生上舰，至其退役时能达到50年以上）。科林伍德参加过美国独立战争、法国革命战争和拿破仑战争时期的诸多战役，经验丰富，其训练出的海军炮兵效率几乎是同时期法、西两国的两倍，在军中有着良好的声誉。

在特拉法尔加海战中，英国舰队被分为两部分，其中科林伍德指挥的15艘战列舰为下风舰队，他们负责攻击法、西联合舰队的中段。由于“皇家主权”号此时舰况极佳、航速明显超过了其余行进的舰只，这导致其最先与敌军接触。位于法、西联合舰队中段的是西班牙三层甲板巨舰“圣安娜”号（126门火炮），“皇家主权”号与之发生了激烈的交火。

据记载，当纳尔逊远远望见“皇家主权”号与“圣安娜”号交火时，他曾说道：“看吧，我们高尚的同伴科林伍德是如何把他的军舰投入战斗的！（See how that noble fellow Collingwood carries his ship into action!）”而巧合的是，几乎在同一时刻，科林伍德则对他的舰长爱德华·罗瑟拉姆说道：“纳尔逊会给这里带来什么呢？（What would Nelson give to be here?）”

在“皇家主权”号与“圣安娜”号交火之后，一些其他的法西舰只也向孤军深入的这艘英国三层甲板战列舰开火，科林伍德一度陷入危险的境地，不过随着其身后友军舰艇的陆续赶到，状况得到了很大改善——“马尔斯”号（74门火炮）与“雷霆”号（80门火炮，俘获自法国）驱散了来自其他法西舰艇对“皇家主权”号的围攻。下午2时20分，“圣安娜”号向“皇家主权”号发动了最后的攻击。这艘西班牙巨舰上已经有238人阵亡，血流成河；全部桅杆都被折断，在进行了绝望的抵抗后终于降旗投降（但是后来被夺回）。随后不久，科林伍德通过护卫舰“欧律阿罗斯”号（36门火炮）传递的消息获悉纳尔逊受到了致命伤，不过英国舰队已牢牢把握住主动权，大局已定。很快他们将获得一场史诗般的胜利。

在整个特拉法尔加海战中，“皇家主权”号一共损失了两名军官、两名海军见习生、29名水手和13名海军陆战队士兵。除此之外还有3名军官、一名高级技师、4名海军见习生、一名水手长、69名水手和16名海军陆战队士兵不同程度负伤；总计伤亡140人。

一幅描绘西班牙战列舰“圣安娜”号被俘虏的画作。画面正中被折断全部桅杆的军舰即为“圣安娜”号，这也是“皇家主权”号在特拉法尔加海战中最大的战果

晚年的英国海军上将基思子爵（1746—1823年）的肖像。在当时，高级将领中流行以罗马造型展现自己的形象，以此体现自己的威望

“皇家主权”号的命运及后继者

在特拉法尔加海战结束后第二年，“皇家主权”号返回地中海，直到1811年为止一直参与执行对法国土伦港的封锁任务。1811年11月，“皇家主权”号返回英国本土被归入海峡舰队。从1812至1813年，这艘“老”战列舰被任命为詹姆斯·贝斯特少将的旗舰，统一由时担任海峡舰队总司令的基思子爵指挥。

1812年5月，“皇家主权”号曾参与扣押了一艘由圣玛丽航行至普利茅斯的美国籍商船“亚洲”号，该船上运载了251吨木材。虽然这是不合法的，但碰巧当船抵达普利茅斯时，英、美之间的1812年战争爆发，于是英国方面便以此为由没收了这艘船及其上面的所有货物。英、美战争结束后，“皇家主权”号于1825年被更名为“船长”号并于次年沦为一艘仓库船，这也宣告了它的海军一线服役生涯的结束。1841年8月28日，老“皇家主权”号在普利茅斯被拆毁，结束了其55年的海军生涯。在它被拆毁后，其舰上搭载的4门火炮被送进位于泰恩茅斯的科林伍德纪念馆，留存至今。

由于被夹在名声过高的“胜利”号与性能更为先进的新一代“皇家乔治”级之间，“皇家主权”号其实从诞生之时起便处于一个尴尬的地位。单单从设计上来说，“皇家主权”号绝谈不上优秀，甚至在诞生之初便已显落后，但是在英国匮乏一级舰的背景下，它坚持在一线直至1808年“加勒多尼亚”级服役才开始逐渐淡出人们的视野。

一部“皇家主权”号的船体木质模型。该舰的艉部装饰明显比同期其他英国主力舰要豪华得多，配得上它那气势磅礴的舰名

当新一代“皇家主权”号于1864年完工时已摇身一变成为一艘炮塔舰。可以清楚地看到这幅描绘该舰首航的画作中这艘铁甲舰的炮塔、烟囱等具备蒸汽时代烙印的特征

不过，“皇家主权”号的退役并不意味着这一家族的终结。1833年，英国海军部下达了建造新一代“皇家主权”号的命令，该舰为拥有110门火炮的“皇后”级中的一员，但却在建造过程中于1839年更名为“皇家弗雷德里克”，因而与“皇家主权”家族失之交臂。不过在1844年，“皇家主权”号的建造命令被再次下达，这次它被设计为一艘拥有121门火炮的蒸汽－风帆混合动力战列舰。不过由于风帆时代已步入暮年，在铁甲舰兴起的冲击下，海军部大幅修改了“皇家主权”号的设计图，使之在下水之际直接摇身一变成为一艘炮塔舰（拥有旋转炮塔的铁甲舰）。

作为见证英国海军在风帆时代走向巅峰之路的代名词，“皇家主权”（包括最早的“海上主权”）家族理应在历史长河中拥有永不磨灭的地位。未来也许也是如此。

新“皇家乔治”级战列舰

“胜利”号的“放大复刻版”

建成于1786年的“皇家主权”号由于在最下层火炮甲板上采用了过于保守的28炮位布局，并没有获得海军部预期的效果——超越“胜利”号，甚至由于在主炮数量上的劣势导致“皇家主权”号的综合火力要弱于后者。这绝对是一件令当权者相当不满的事情。时至18世纪70年代末，法国和西班牙均推出全新巨舰，悄然无息地将英国无情地抛在了身后。

法国在1779年2月开始建造计划的4艘110门火炮级别的“无敌”级大型战列舰。这4艘战列舰的满载排水量均达到了4600吨以上；另一边，西班牙也于1776年前后开工建造了120门火炮级别巨舰“圣母无原罪”号，该舰于1779年年底或1780年年初被投入使用。由于先前已经服役了一艘120门火炮级别的“至圣三位一体”号（1780年左右该舰还仅仅是三层甲板状态），此时拥有两艘120门火炮级别超级巨舰的西班牙几乎一夜间恢复了欧洲第三海军的实力。

一幅作于18世纪，描绘法国“无敌”级战列舰3号舰“可畏”号的画作。该级舰无论在体形还是武备上都远远超过了比其晚建成6年以上的“皇家主权”号

桌面游戏“Sails of Glory”中的“皇家乔治”级。即便是如此之小的袖珍船模，仍清晰可见该舰的火炮布置与“胜利”号如出一辙

也许是感受到了身后法、西海军所带来的压力，英国海军部加快了新舰的研发脚步，其对于新舰的要求是必须在尺寸上做出“革新”。于是新舰的火炮甲板长度被硬生生“拉长”至57.91米——这也是首艘火炮甲板长度达到57.91米级别的英国主力舰。然而加长的火炮甲板却没能给新舰带来更多的火炮布置空间。为了改善舰上环境，新舰的中层火炮甲板依然只能布置30个炮位，如此一来，在开设了登舰舱门后，新舰的中层火炮甲板的炮位数降回到“胜利”号的28个级别，因此其布局在实质上与“胜利”号是完全相同的——是一艘不折不扣的“胜利”号“放大复刻版”。

有趣的是，该舰在1782年3月25日获准建造时并未得到“皇家乔治”的舰名，那是因为1756年版本的老“皇家乔治”号本尊依然“健在”。然而数月之后这艘老战列舰便因事故沉没于斯皮特黑德，计划建造的新舰便于1783年9月11日顺理成章地继承了这一舰名。1784年6月，该舰在查塔姆锚地铺设了第一根龙骨，正式开工；其2号舰“夏洛特皇后”号则于一年后的9月1日陆续开始建造。

有人会说，建造一级“放大复刻版”的“胜利”号是对资源极大的浪费，但笔者却不这样认为。诚然，由于在火力配备上没有任何提升，在与法、西海军最新式巨型主力舰交战时，新“皇家乔治”级很可能会处于下风，但改善了船员内部作业空间和环境对于提升一艘军舰的战斗力也是不可忽视的。众所周知，“胜利”号在较小的船体上配备了尽可能强大的武备，然而这样做的劣势便是在面对强敌时，它可能会比体形稍大、持续作战能力强于自己的“皇家乔治”级更容易“崩盘”——这在风帆时代往往持续数小时甚至更长时间的海上拉锯战中会是致命的缺陷。当然，57.91 米规格的火炮甲板也完全可以安放下数量更多的火炮，譬如英国在 18 世纪建造的“终极巨舰”“巴黎城”号，这在后面的章节会为大家做出介绍。

一些资料认为“皇家乔治”号在建成时搭载了 42 磅主炮，但并没有足够支持的证据。事实上从“皇家主权”号开始，英国建造的新舰便再也没有搭载过这种笨重的主炮了。由于船身较长，“皇家乔治”号的重量比“胜利”号提升了 124 吨（达到了 2286 吨）。在船员人数上，“皇家乔治”号仍维持在 850 人左右，而同期法、西海军 100 门火炮以上的一级舰已经普遍达到了不少于 1000 人的水平。

一部“皇家乔治”号的木质船体模型。由于以国王的名字命名，该舰的船艉也显得异常华贵。但可以肯定的是，这些对作战毫无帮助的装饰在 1800 年之后都逐步被拆除了。该模型的一侧放置着一把英国海军军官佩刀的实物

1790年4月初，下水后的“皇家乔治”号完成了舾装，此时它的建造共花费了51799英镑，随后在完成全部补给和配备后，又追加了10089英镑的费用，这样该舰出航的总费用达到了61888英镑，虽然比不过更为奢华的“皇家主权”号（超过70000英镑），但在当时的英军舰艇中也算是名列前茅了。服役之后，由于暂无战事，“皇家乔治”号曾被短暂封存，直至1793年才重新启用。1793年当年晚些时候，英、西联合舰队对法国土伦港进行封锁，不过“皇家乔治”号并没有赶上那场战役。

从1794年至1795年，“皇家乔治”号接连参加了“光荣的六月一日”海战以及英军在格鲁瓦岛附近的行动。在“光荣的六月一日”海战中，“皇家乔治”号是后卫舰队司令亚历山大·胡德的旗舰；而在格鲁瓦海战中它则是舰队总旗舰，巧合的是，这支英国舰队的指挥官仍然是小胡德（即亚历山大·胡德）。

英国海军上将亚历山大·胡德（1726—1814年）的肖像。他是另一位著名海军将领萨缪尔·胡德的弟弟，因此被人们称为“小胡德”

1797 年，“皇家乔治”号因在斯皮特黑德维修而错过了著名的圣文森特角海战。1799 年 4 月 7 日，完成准备的“皇家乔治”号从朴茨茅斯港驶出加入查尔斯·莫里斯·珀尔（1757—1830）的舰队以参与对停泊在巴斯克路（位于法国西部滨海夏朗德省的一处避风港，为战略要地，在这附近曾多次发生海战）的一支西班牙舰队的攻击。尽管没能获胜（法国人声称这是英国的一次失败的行动），但直至 9 月中旬之前，西班牙舰队仍被封锁在这里无法驶出。1802 年 4 月，“皇家乔治”号暂时退出现役准备接受大修。维修工作从 1805 年 7 月开始至 1806 年 6 月结束，为期接近一年。“皇家乔治”号被更换了腐败的木料并清除了船底异物以保证航速。1807 年 2 月，重新服役的“皇家乔治”号在地中海参加了在达达尼尔海峡对奥斯曼帝国的海军行动，这对于一艘英国一级舰来说是不可多得的经历。

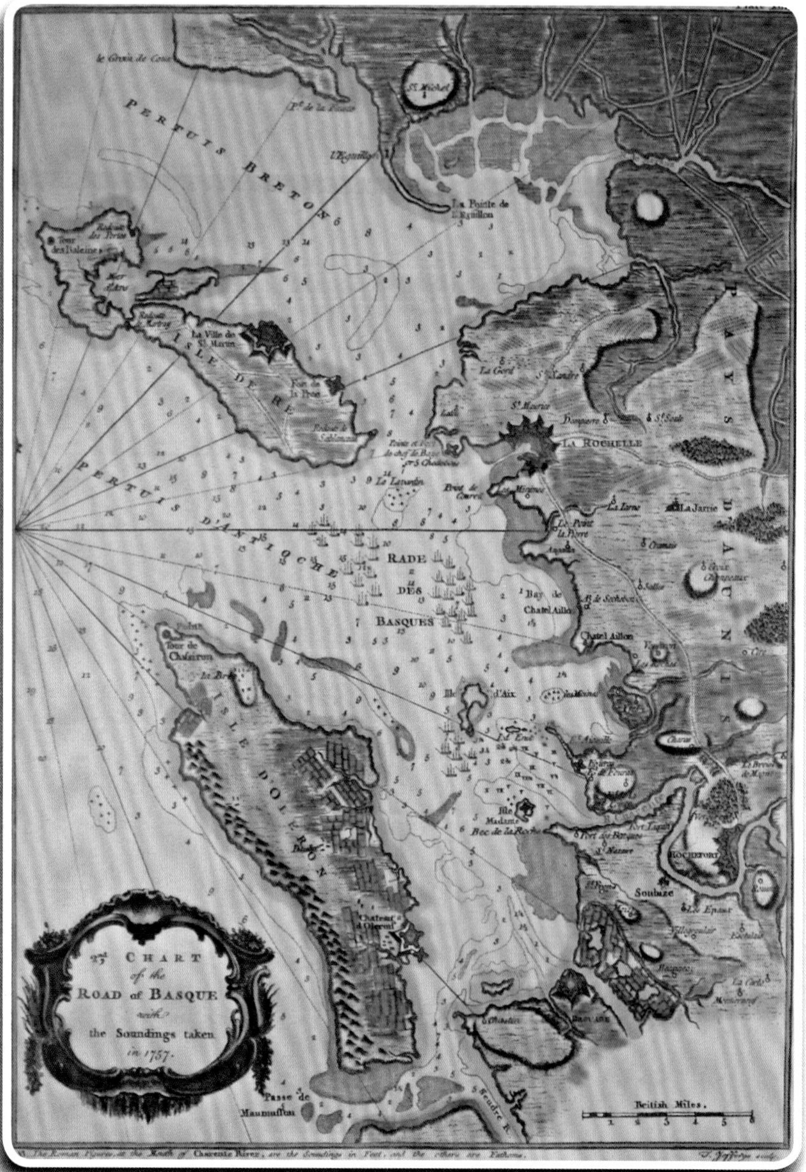

英国人绘于 1757 年的关于“巴斯克路”的海域图。这也是英国第一次对该海域实施攻击，之后英、法、西三国曾多次对该区域进行争夺，尤以 1809 年的巴斯克路海战最为著名

一幅绘于18世纪末，体现“夏洛特王后”号下水时情形的画作。画面中该舰船艏矗立的英王乔治三世的妻子——夏洛特王后的雕像清晰可见，这也是第一艘以国王之妻名字命名的英国主力舰

在达达尼尔海峡对奥斯曼帝国的海军行动之后，“皇家乔治”号被再次“勒令退役”进行修整。之后虽然于1811年1月再度服役，但此后便无所作为，直至1822年被拆毁于朴茨茅斯港，结束了略显平淡同时也不算太长的服役生涯（不满32年，这在皇家海军的主力舰中已经算是“短寿”了）。

“夏洛特王后”号及其履历

按照英国海军部最初的计划，“皇家乔治”级共有两名成员，其一为上文介绍的“皇家乔治”号，而另一艘则为其唯一的姐妹舰“夏洛特王后”号。值得一提的是，该舰是英国在18世纪所建造的一级舰中寿命第二短的——仅仅为皇家海军服役了10年便“无奈凋零”。当然，寿命最短的“桂冠”当属前面章节为大家介绍过的1737年版“胜利”号，其在真正服役仅4年后便因为海难而失事。“夏洛特王后”号的命运与之类似，也属于“非战斗减员”；不同的是，导致这艘主力舰损毁的原因是火灾——火灾可以被认为是风帆时代所有军舰的天敌。

1785年9月1日，“夏洛特王后”号在查塔姆造船厂铺设了第一根龙骨。该舰的建造周期不足5年，到1790年4月15日完成下水仪式并在一个月之后服役。有趣的是，由于当时英、西处于结盟时期，“夏洛特王后”号竟使用了西班牙武器。但是也许意识到这并不合适，在当年晚些时候，该舰就被解除武装并封存，直至1793年2月才再次服役。

1794年，“夏洛特王后”号作为理查德·豪的旗舰参加了光荣的六月一日海战。而在上文提到的，其姐妹舰“皇家乔治”号也在舰队之中。在5月29日的前哨战中，由于“夏洛特王后”号位于舰队最末端，遭受的打击很小，总共只有一人死亡。但在6月1日的决战中，该舰的桅杆和索具被大面积损坏，所幸人员伤亡并不算太大，总共有42人伤亡（13死29伤），这在参战的3艘一级舰（另外两艘为“皇家乔治”号与“皇家主权”号）中是最少的。

1795年，“夏洛特王后”号作为“皇家乔治”号的僚舰参加了格鲁瓦海战。其时“夏洛特王后”号的舰长为安德鲁·斯内普·道格拉斯，此人也曾参加过“光荣的六月一日”海战并负伤，后来在1797年他死于旧伤导致的脑瘤。格鲁瓦海战中，“夏洛特王后”号有4人死亡、32人负伤；而小胡德的旗舰“皇家乔治”号仅有7人负伤，无一人死亡。

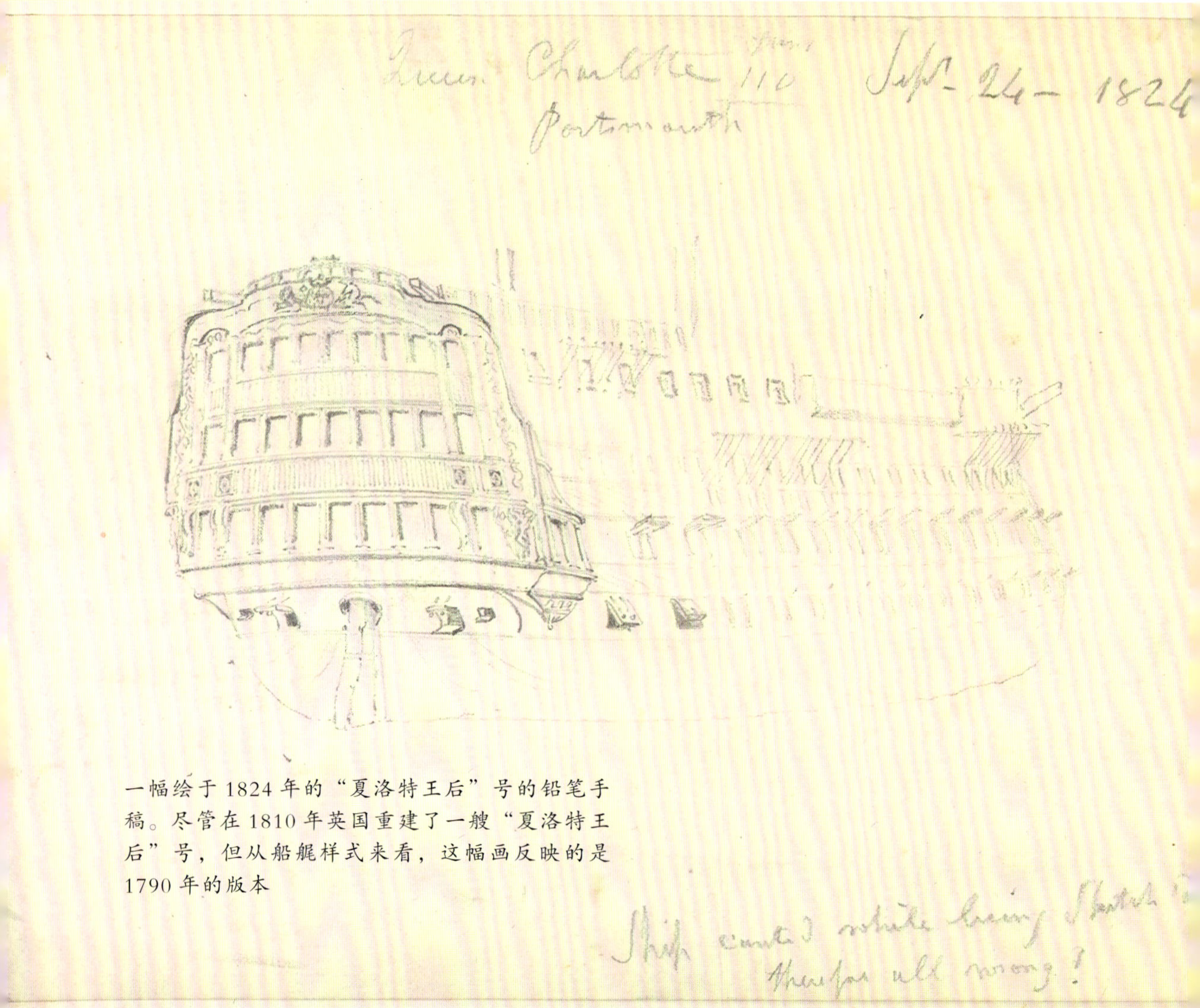

一幅绘于1824年的“夏洛特王后”号的铅笔手稿。尽管在1810年英国重建了一艘“夏洛特王后”号，但从船艉样式来看，这幅画反映的是1790年的版本

一部“夏洛特王后”号的模型。该舰的整体布局与“皇家乔治”号一样，很容易让人联想到比它们更为伟大的“胜利”号

时间的齿轮转动到 1800 年 3 月 17 日，而“夏洛特王后”号的厄运也随之到来。作为海军中将基思子爵的旗舰，它前往位于意大利西海岸的托斯卡纳群岛执行勘察卡普拉亚岛的命令。然而就在基思子爵上岸后，该舰突然发生了火灾。事后该舰起火的原因被归结于有人将火种不小心投入舰上盛有干草堆的桶中，由于干草易燃，导致火势在船上迅速蔓延。起火时，还有几艘美国籍商船提供了救助，甚至为了救火而死去了几名船员。大约在上午 11 点，“夏洛特王后”号发生大爆炸，包括舰长安德鲁·托德在内的 673 名官兵随舰阵亡。这也是继1782年上一代“皇家乔治”号在斯皮特黑德发生事故沉没以来，皇家海军所遭受的再一次重创。

公平来说，“皇家乔治”级两艘战列舰对于英国海军仅仅起到了承上启下的作用。承上是继承了上一代主力舰“胜利”号的设计精髓，而启下则是引导出了更为成熟的“巴黎城”号，后者也是英国在 18 世纪所建造的最大主力舰。不过尽管只是个过渡产品，“皇家乔治”级依然在为数不多的表现时间里证明了自己的价值，当之无愧地捍卫了皇家海军的尊严。

法国大革命战争时期的海战

反法同盟的成立与土伦战役

1789年7月，巴黎爆发了著名的攻占巴士底狱事件，随后在全法范围内掀起了反对皇室的战争。革命者要求推翻国王统治，建立共和国。这一激进的举措引起了欧洲诸君主制国家的警惕。欧洲各君主害怕自己会成为下一个法国，因此对法国内战都持密切观望态度。但是法王路易十六的军队在面对气势如虹的革命军时却一败再败，难以扭转局势。1791年6月20日，路易十六出逃失败被捕，这意味着法国皇室的彻底失败并激化了欧洲各国君主对共和国的敌视。他们开始想要直接介入战争。1792年4月20日，法国共和国政府对奥地利的宣战预示着法国大革命战争正式拉开序幕。但是由于此时参战国家只有奥地利和普鲁士，法国共和国政府还没有受到真正的考验。9月20日，共和国战士凭借“保卫共和国”的高昂热情，在瓦尔密会战中出人意料地击败了训练有素的普鲁士军队，不仅化解了自己的危机，也让各君主国刮目相看。

1793年1月21日，法国国民公会以叛国罪为由处死了路易十六。这一行动彻底激怒了欧洲几乎所有的君主。英国、西班牙、葡萄牙、荷兰、那不勒斯王国以及德意志都加入了反法同盟。

一幅描绘1792年9月20日瓦尔密会战的油画作品。瓦尔密会战成为法国革命军获胜并完全掌握政权的关键，后来法国有一艘巨舰也以此役命名

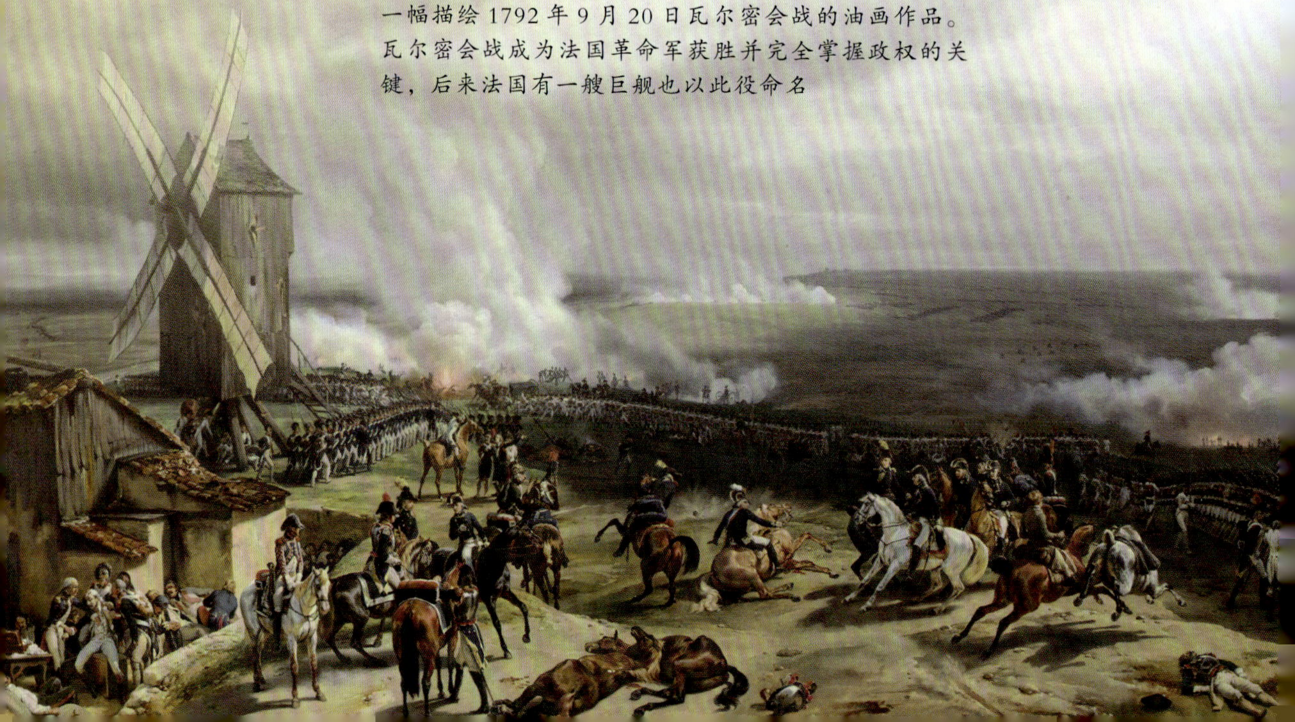

对于英国来说，参加反法同盟是削弱这个海上最大敌手的最佳时机。而且由于同样畏惧革命的力量，一直以来站在法国这边对抗英国的西班牙也加入了反法同盟的阵营。这样一来，英国与西班牙强强联手打算给予法国海军致命的打击，而在此时，一个机会摆在了眼前。

尽管已经推翻了路易皇室的统治，但共和国政府本身并不稳固，保皇党在各国皇室的支持下进行了一系列叛乱活动。叛乱如瘟疫般迅速蔓延整个法国，当时法国 83 个省中竟有 60 个省发生叛乱。共和国政权的威胁不仅来自政治和军事方面，也来自经济方面。如纸币贬值，物价飞涨等。尽管这些现象在战争爆发前就已出现，但随着战争的爆发，情况愈加严重。

位于法国南部的土伦港战略地位极为重要，它不仅是个重要港口，还是个良好的海军基地，所以在历史上土伦便是兵家必争之地。在这里曾经发生过多次著名战役，例如 1707 年和 1744 年的两次土伦战役，其中 1744 年的那场土伦战役是一次大规模海战。1793 年 8 月下旬，盘踞在土伦城内的保皇党为防止共和国军占领这里，竟将土伦要塞和拥有 30 余艘军舰的法国地中海舰队拱手交给了英国人与西班牙人，使觊觎土伦港已久的敌人不费一枪一弹就占领了这座重要港口。不久，那不勒斯、萨丁（都是意大利地区的邦国）和直布罗陀的军队也相继抵达此地。至 9 月底，抵达土伦的多国部队已达上万人之众，其中包含英国的 3000 人、西班牙的 5000 人、那不勒斯的 4000 人以及萨丁王国的 2000 人。

由法国画家让·安东尼·西蒙所绘的围攻土伦的画作。此画展现的应该是法国共和国军对土伦城进行攻击的场面

保皇党勾结国外势力攫取土伦港的事件犹如晴天霹雳般震惊了全法国。在新生的雅各宾派政府的领导下，处于革命狂热中的法国民众很快团结在一起，组织义勇军走向前线。在很短的时间内，共和国方面就召集到42万大军开往各个战线，仅巴黎一地就有15000人入伍。就这样，法军迅速由东西两面包围了土伦的多国部队。

起初，法国部队的进攻由于指挥官的无能而受阻，然而就在这关键时刻，一位堪称法国英雄的人物出现——那就是拿破仑·波拿巴。这位年仅24岁的天才军官指挥炮兵扭转了局势。在12月17日上午占领小直布罗陀（即马尔各雷夫堡）后，法军的炮兵随即对停泊在土伦港内的英西联合舰队进行炮击。为了避免联合舰队遭受过大的损失，海军舰艇总指挥萨缪尔·胡德不顾强烈的东南风，指挥舰队在当晚便撤出了港口。随着舰队的离去，土伦城内零星的抵抗逐渐终止，19日上午，法军正式收复土伦。不过尽管从土伦“狼狈”地撤离，胡德和他的联合舰队也并非颗粒无收——包括最新锐巨舰“马赛商业”号（118门火炮）在内的3艘法国战列舰成为英国人的战利品，另外，在撤离之前，胡德还将无法带走的9艘被俘战列舰付诸一炬，这对于法国海军来说是个巨大的打击。

土伦战役中，年仅24岁的拿破仑正聚精会神地观察着前方。也许这位年轻人在军事上的才华已令旁人刮目相看，但谁也不会想到若干年后，他竟会如同路易十四那样带领法国进入新的盛世

法国大西洋舰队司令维拉雷·德·约伊斯（1747—1812 年）的肖像。由于在法国海军中资历较浅，对他的任命多少让人有些意外

“光荣的六月一日”海战

伴随着 1794 年的到来，欧洲局势持续动荡不安。法国再度爆发粮食危机，由于在战争中法国无法从邻国得到救助（几乎所有的邻邦都加入反法同盟，这一点与路易十四时期类似），这迫使政府不得不派出运输船队前往海外殖民地搬运谷物回国救济。由于曾经在独立战争中得到帮助，美国政府对此时陷入水深火热中的法国政府持温和态度，许诺出口足够多的谷物给法国朋友以助其渡过难关。但这一切的前提是法国舰队必须确保他们派出的运输船队的安全。得知这一消息后，英国立即派出由海军上将豪所指挥的海峡舰队（25 艘战列舰）予以拦截。

由于要护送运输船队，原本实力占优的法国大西洋舰队（即布雷斯特舰队）被迫分散开来。1794 年春天，海军少将皮埃尔·范·斯塔贝尔（1744—1797）指挥 2 艘战列舰和 3 艘护卫舰前往美国东海岸护送即将前往欧洲的运输船队，而另一位海军少将约瑟夫·马利·尼埃利（1751—1833）则指挥 5 艘战列舰前往大西洋中部海域与范斯塔贝尔及运输船队会合。这样一来，新上任的法国大西洋舰队司令维拉雷·德·约伊斯手中便只剩下了 25 艘战列舰，与豪持平。

4月2日，运输船队在范斯塔贝尔的护送下，从弗吉尼亚港起航离开美国，而一个月后的5月2日，豪指挥舰队从朴茨茅斯出航以搜索和拦截法国护航舰队。经过调查，豪发现维拉雷的主力舰队仍然留在布雷斯特，于是前去比斯开湾寻找运送粮食的运输船队，不过整整两周之后依然毫无收获。5月18日，豪的舰队回到布雷斯特，却发现维拉雷的舰队已经于一天前出海。这是一条重要线索，说明运输船队很有可能即将回到欧洲，于是豪加大了搜索力度，虽然没有找到法国运输船队，但是却捕获了一支由20艘船组成的荷兰船队，收获颇丰。5月25日，豪终于发现了维拉雷舰队中的掉队者“大胆”号（74门火炮）并加速追赶。三天后的28日，豪的舰队终于追上了维拉雷的舰队，豪指派舰队中速度较快的战列舰切断了维拉雷舰队的后队。尽管豪的舰队已经几乎捕捉到维拉雷的舰队，但夜幕还是将两支舰队分开了。晚上，为了摆脱豪的追击，维拉雷故意令舰队向西航行（给予其己方逃往美洲的假象），并且留下了一艘船作为诱饵，以此引开英国舰队的注意力，使他们不回去追捕商船队。豪捕捉到了作为诱饵的法舰，并信以为真那是整个护航船队的前进方向。不过当他想进一步切断法国舰队的首尾时，却因为己方先头舰“凯撒”号战列舰（80门火炮）没有执行命令而泡汤了。双方进行毫无章法的炮战，场面十分混乱。一番战斗后，维拉雷的舰队还是如愿与英国舰队暂时分开了。

法国著名74门火炮战列舰“阿喀琉斯”号的木质模型。被豪发现的掉队的战列舰“大胆”号便属于该级

维拉雷的旗舰“蒙泰涅”号后来被更名为“海洋”号，为法国风帆时代最著名的“海洋”级巨舰的首舰，该舰也是18世纪的最大风帆战列舰之一

Dix-huitième siècle. — L'Océan, vaisseau de premier rang.

随后的数日里，由于海上弥漫的大雾，双方在各自行动着。英国舰队在追赶，而法国舰队在逃离。这一局势一直持续到6月1日。尽管豪的舰队处于有利的风向，但维拉雷也一直在试图拉开双方舰队的距离。到交战前的最后一个晚上时，他几乎使舰队成功驶离英国舰队的可视范围，然而大雾在清晨5点突然散去（按照法国舰队的行进速度，只需大雾再多延续几小时，他们就拥有足够脱离英国舰队的距离了），法国舰队就这样毫无遮掩地暴露在英国舰队的面前。这对于豪来说，无疑是天赐良机。没有了大雾的遮掩，英国舰队可以借助风向优势精准地缩短与法国舰队的距离。事已至此，法国大革命时期爆发的第一次舰队决战已不可避免。在历史上，这场战斗被法国共和国政府称为“光荣的六月一日”海战（以此激励人民将革命进行到底），并将此名沿用至今。

这是一场重磅对决，双方各有3艘一级舰参战。其中英国方面为“夏洛特王后”号（豪的旗舰）、“海上主权”号和“皇家乔治”号。而法国方面则为“蒙泰涅”号（122门火炮，维拉雷的旗舰）、“可畏”号（110门火炮）及其姐妹舰“共和党人”号（110门火炮）。另外，豪的舰队还拥有4艘同样是三层甲板的二级舰（装备90~98门火炮），因此在总体火力上占有些许优势。

早上8点12分，英国舰队距离法国舰队仅剩6千米，豪下令舰队排出有序的战列线准备攻击法国舰队。此时维拉雷仍旧在进行逃跑的最后尝试（因为他心里清楚仅凭手下这帮未经充分训练的水兵，想要击败英国舰队几乎是不可能的）。不过当时间推移至9点左右时，眼见逃跑已绝无可能，维拉雷终于决定迎战。

大约在9点24分，双方舰队在射程外进行了首轮炮击。这种情形在风帆时代很常见，交战双方舰队通常都会在未进入射程时先进行鸣炮示威。但这次和以往不同，豪想利用风向优势通过首轮炮击便打中法国人，但遗憾的是，还是差了一点点。这时候，豪做出一个冒险举动。他下令将战列线整体向法国舰队的方向转角约45°航行，这样一来，整支英国舰队将呈现“一字长蛇”的阵势向法国舰队发起攻击。

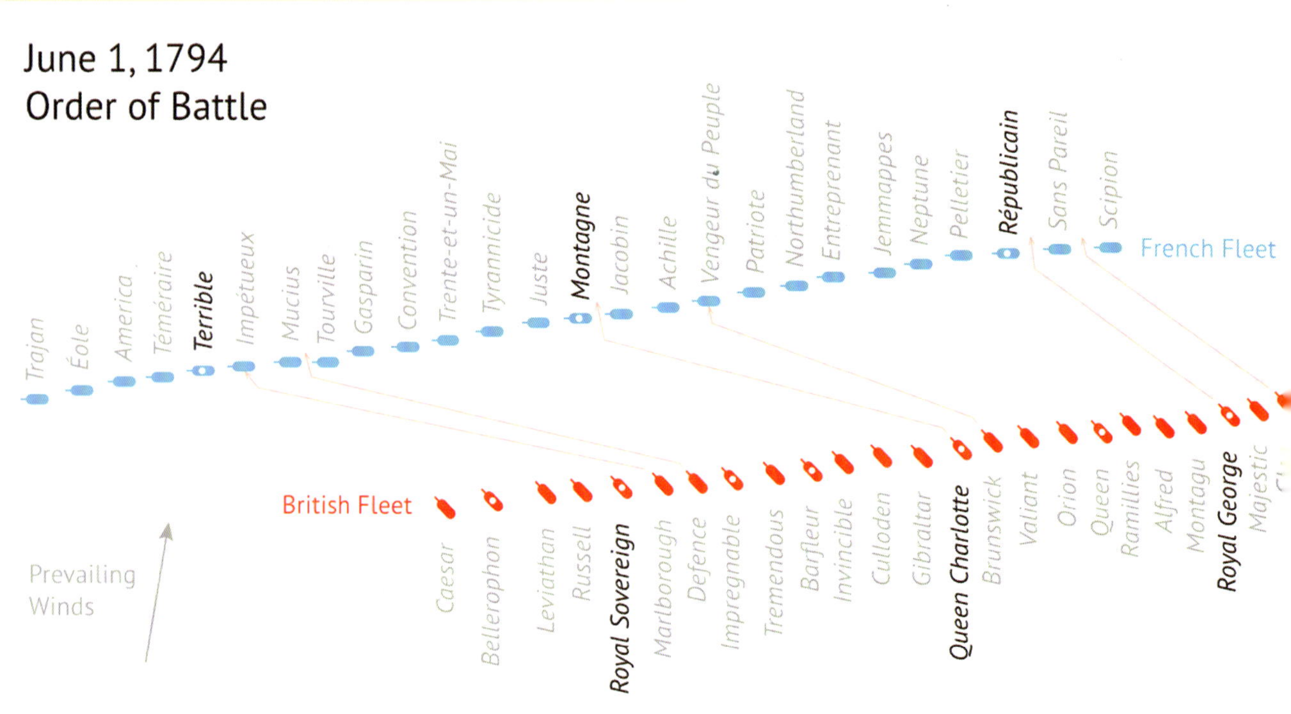

豪指挥英国舰队排成“一字长蛇阵”向法国舰队冲击的示意图。图中红色为英国舰队，蓝色为法国舰队；做了箭头标记的船只为执行了豪的作战命令的英国战列舰

一幅描绘英军“防御”号战列舰被法舰包围攻击的场景。油画中，这艘倒霉的战列舰已经被折断了全部桅杆，沦为一艘废船

豪的战术是冒险但富有创新的。倘若被执行，法国舰队可能会被英国舰只完全切散，并导致其混乱。但是豪麾下的许多舰长再一次没有服从（也许是误解）他的指挥信号；最终总共只有6艘战列舰（包括豪的旗舰“夏洛特王后”号）执行了他的命令，这也导致了这6艘冲向敌阵的战列舰立即遭到法国舰队的拦截。幸运的是，由于缺乏配合和训练，法国舰艇也没有完全听从维拉雷的指挥，他们也仅有部分舰艇朝英国人开了火。“夏洛特王后”号的帆桅受到创伤，但情况尚不严重。与它一起“突击敌阵”的“防御”号（74门火炮）就没那么好的运气了。这艘战列舰插入法舰“母修斯”和“图尔维尔”号之间，遭到猛烈炮击，几乎丧失了战斗力。

尽管遭受重创，“防御”号还是被友舰抢救了回来。此外，与“防御”号一起突前的“马尔伯勒”号（74门火炮）遭到了同样的命运，被折断了全部桅杆。同时该舰上的死伤人数达到了“防御”号的两倍还多。不过这还不是英国舰队中人员伤亡最高的一艘战列舰——伴随着旗舰“夏洛特王后”号穿过法国战列线的“布伦斯维克”号（74门火炮）总共有159人伤亡，甚至连舰长约翰·哈维也以身殉国。另一方面，虽然只有6艘战列舰执行了豪的命令，但其余维持战列线的英舰还是向法舰覆盖了强有力的炮火。英、法双方水兵素质上的差距很快便体现出来。法舰在英舰精准的炮击下损失惨重，当英国旗舰“夏洛特王后”号从法国旗舰“蒙泰涅”号的船艉驶过时，后者遭到前者的扫射，艉楼的玻璃几乎被全部打烂，舰上一片狼藉。幸好此时维拉雷并不在艉舱，否则他恐怕就要成为在法国大革命时期第一位为国捐躯的海军高级将领了。

在“光荣的六月一日”海战中不幸殉职的舰长约翰·哈维（1740—1794年）的肖像。这位曾参加过七年战争的老兵也是在此役中英军阵亡的最高军衔者

一幅描绘法国“人民复仇者”号战列舰沉没时情景的画作。历史的真相往往被舆论所淹没，所能看到的只能是在行将沉没的战列舰上高呼“共和国万岁”的狂热

在预感到与英军继续纠缠下去的结局后，维拉雷下令全军向东航行。庞大的“蒙泰涅”号最先转动它笨拙的身躯，但由于转向中遭到另一艘敌方一级舰“海上主权”号的袭击，“蒙泰涅”号的船体中后部满目疮痍、血流成河；不过该舰还是设法摆脱了追击。此时，其余法舰纷纷遵照命令开始向东转向行驶。从这一点来看维拉雷是幸运的，他没有重蹈当年德·格拉斯的覆辙（没能恢复对舰队混乱的控制而导致失败），而是成功恢复了被打乱的舰队。不过有 8 艘伤势较重的法舰还是被切断了后路，他们将面临生死抉择。

这些被英军包围的法舰中，倒霉的“人民复仇者”号最终被英舰“布伦瑞克”号愤怒的炮火（为死去的舰长哈维报仇）所击沉。法国政府宣传说该舰沉没时，船员们即使面对灭顶之灾仍高呼“共和国万岁”。实际上船员们的呼声是很平淡无奇的，但巴黎当局需要用一些动听的新闻来减轻失败的痛苦。除了“人民复仇者”号被击沉，还有 6 艘战列舰被英舰捕获，而剩下的最后一艘则被维拉雷救回了。

尽管“光荣的六月一日”海战以法国的失败而告终，但维拉雷并没有像当年德·格拉斯在圣徒岛海战中输得那么彻底。由于他的舰队的拖延，运输船队得以完成了输送粮食的任务。从战场表现来看，也许维拉雷临战能力与豪相比还是相形见绌，但其在法国舰队被打乱后，重整队形和战斗最后阶段抢救友舰的表现仍然是可圈可点的。

在这场舰队之间的大规模碰撞中，英国舰队中虽然有多艘舰船损伤严重，但是没有一艘沉没；人员死伤总数高达1200余人，但与法国死伤4000人、另有3000人被俘相比，几乎是不值得一提的损失了。豪在战术上取得完胜，然而他却没能阻止法国运输船队完成输送粮食的任务，因此“光荣的六月一日”海战显然不是一次决定性的胜利。

一幅描述6月1日当天，英、法双方舰艇捉对厮杀场面的著名油画。由英国画家菲利普·詹姆斯·德卢腾伯格创作于1795年

战斗中的“马尔斯”号。这是一艘在英国海军中颇为少见的大型74门火炮战列舰，其体形接近法、西的同等规格战列舰

格鲁瓦之战

1795年年初，在经历了“光荣的六月一日”海战后，英国海军完全掌控了英吉利海峡及其周边海域。而他们随即将对法国各港口进行一次长期封锁。不过在被封锁期间，法国舰队中很多在上次海战中受损的战列舰已经得到了修复。该年5月，维拉雷派出一支由3艘战列舰和几艘护卫舰组成的分舰队去护送运载葡萄酒和白兰地的商船返回布雷斯特。6月8日，当这支护航舰队经过贝勒岛（临近法国布列塔尼海岸）时，由英国海军中将威廉·康沃利斯指挥的分舰队发现了他们。康沃利斯有5艘战列舰，他立即决定对这支法国护航舰队发起攻击。经过一番激战，寡不敌众的法国分舰队被击溃，康沃利斯抓获了8艘商船。这支护航舰队不得不躲进贝勒港不敢出来。维拉雷闻讯立即亲自前来营救。

6月15日，维拉雷拥有12艘战列舰的主力舰队从布雷斯特出发。在发现敌方舰队实力明显高于自己后，康沃利斯不得不选择撤退。他舰队中落在最后的“马尔斯”号（74门火炮）几乎要被法国人俘获，在危机时，康沃利斯令部下制造出英国主力舰队将要到来的假象，使得维拉雷没有敢继续追赶。随后康沃利斯的舰队安然撤走。

无独有偶的是，当时的确有一支英国舰队正朝这里驶来，这便是小胡德指挥的14艘战列舰和11艘辅助舰艇。尽管这支舰队规模并不算太大，但却包括了8艘威力强大的三层甲板战列舰（“皇家乔治”与“夏洛特王后”号这两艘100门火炮一级舰和6艘90~98门火炮二级舰）。小胡德的任务是护送运输法国保皇党军队的运兵船队在基伯龙湾登陆以进攻该市。当然，他并不知道康沃利斯刚刚与法国人交战过，也从未想过自己会去支援后者。在驱逐了康沃利斯舰队后，维拉雷本想返航，但海上飓风迫使其只能停留在贝勒港。当风暴停息时，海面上出现了英国（小胡德）的舰队。

事实上早在6月18日，运输（保皇党军队）船队指挥官约翰·沃伦准将麾下的护卫舰“厄雷苏萨”号（40门火炮）便发现了泊在港中的法国舰队。该舰误以为维拉雷的舰队有16艘战列舰和10艘护卫舰，并很快将这一消息告知了沃伦。沃伦则立即捎信给小胡德，同时命令自己的运输船队加速驶离基伯龙。维拉雷对于英国护卫舰发现自己也有所感知，但他并没有选择立即出港追击后者。不过在耽误了大约一天时间后，他最终还是选择出海寻觅英国运输船队。

英国海军上将约翰·沃伦男爵（1753—1822年）的肖像。此画作于1799年。而1795年时，他还只是一名准将

6月20日，后撤的沃伦船队与小胡德的舰队会合，在此之前，小胡德已经收到了沃伦发送的关于发现法国舰队的警告。他随即指派3艘战列舰护送沃伦船队继续撤离，而自己则在不等待这3艘战列舰归队的情况下直接向法国舰队扑去。当时海上刮起的东南风使英国舰队的脚步放缓。6月22日凌晨3点30分，小胡德派出的侦查舰终于发现了正向东南航行的法国舰队（这便是已经出港追击沃伦的维拉雷舰队）。警觉的维拉雷在“嗅到气味有些不对”后，立即下令舰队掉头驶回法国海岸，但小胡德的舰队紧随其后追来。就这样，“追击的猎人迅速变成了被追击的猎物”。

为了尽可能赶上法国舰队，小胡德做出个大胆的决定，那就是舰队中速度较快的74门火炮战列舰抛开速度较慢的三层甲板战列舰先行追击。中午12点，两支舰队的距离已经缩短至12海里。但由于海面长时间处于无风状态，英、法双方舰队都行进缓慢。大约在19点，小胡德认为敌方已经进入射程之内，遂下令先头舰攻击法国舰队中最后一艘战列舰。19点25分，法国尾舰中弹受损，但维拉雷毫无战意，依然全速后撤。23日凌晨4点，维拉雷指挥舰队驶入格鲁瓦岛与布列塔尼海岸中的狭道，这里多珊瑚礁和海底礁石，是出了名的危险海域，法国人希望这能迫使英国人放弃追击。现在皮球被踢到小胡德的脚边。究竟是继续追击还是就此撒手，这位英国海军将领面临艰难抉择。在关键时刻，“夏洛特王后”号的舰长道格拉斯为小胡德提供了帮助。道格拉斯曾经在这里航行过，并且相对熟悉这里的地形。于是小胡德派“夏洛特王后”号做先导引领整支舰队进入狭道。

安德鲁·道格拉斯（1761—1797年）的肖像。他是一名优秀的青年舰长，在“光荣的六月一日”海战和格鲁瓦岛海战中均立下功勋

麻烦并不只是出现在英国人这边，维拉雷的旗舰“蒙泰涅”号同样面临礁石的威胁——因为这艘122门火炮巨舰实在是太大了。鉴于此，维拉雷不得不派出护卫舰“重生”号（40门火炮）牵引着自己的旗舰小心谨慎地通过礁石海域，这也导致法国舰队整体航速显著下降。幸运之神终于不再眷顾法国人，大约早晨6点，小胡德的舰队终于追上了维拉雷，双方开始了战斗。

6点15分，英军“夏洛特王后”号越过法舰“亚历山大”号（74门火炮）去攻击维拉雷的僚舰“惊奇”号（74门火炮）。15分钟后，“惊奇”号的船艉甲板燃起了大火，该舰的船员争相灭火而无心迎战。另一艘英舰“圣·帕雷伊”号（80门火炮，俘获自法国）则从另一侧夹攻法舰，最终在7点14分迫使该舰投降。该舰在投降时，717名船员中有320人死伤。

一幅描绘英、法舰队在格鲁瓦岛进行战斗的情形。严格来说，这是一场混战而并非正规的战列线交战

一幅描绘格鲁瓦岛之战临近结束时，法国舰队冲破重围落荒而逃场景的画作

就在“夏洛特王后”号和“圣·帕雷伊”号围攻“惊奇”号时，英国2艘74门火炮战列舰“罗塞尔”号和“巨人”号加入2艘98门火炮战列舰“伦敦”和“王后”号的行列去攻击位于法国舰队中部维拉雷的旗舰，维拉雷尝试重整舰队但没有成功。双方的战斗变得愈加混乱。在交战的最初阶段，法国舰队尚能有序地抵抗；但自“惊奇”号降旗投降后，法国人士气低落并遭到接二连三的打击。“亚历山大”“内斯特”（74门火炮）和“强大”号（74门火炮）相继被俘，维拉雷的心理防线彻底崩溃，下令撤退。

此役中，法国舰队全部12艘战列舰中总共有4艘被俘（也有3艘的说法），人员损失高达670人；而英国人付出的代价仅仅是31死、113伤。战后，由于格鲁瓦岛附近海域对于英国来说还是相当危险，小胡德没有冒险全速追击。因此尽管取得了格鲁瓦岛海战的胜利，但小胡德没有扩大战果的举动还是受到了诟病。后世有些学者认为，英国人错失了摧毁法国大西洋舰队的最佳时机。但从另一方面来说，小胡德还是尽到了自己的义务。他完成了护送运输法国保皇党军队登陆的任务，同时还挫败了维拉雷的主力舰队，达到了继续封锁法国主力舰队的目的。

圣文森特角大海战

1796 年，在法国的唆使下，西班牙再次倒向了它的老盟友。由于此时西班牙海军甚至已经强过内忧外患的法国而达到欧洲第二海军的地位，因此西班牙的“叛变”对于英国来说无疑是个很糟糕的消息。倒戈的西班牙海军立刻在海上侵扰英国及其盟友的船只，尤其在地中海占据了明显优势。这导致英国地中海舰队不得不暂时从地中海撤出，退至里斯本。新的法、西联盟决定把他们的主力舰队联合起来打击英国舰队。

1797 年 2 月，西班牙海军上将小科尔多瓦指挥一支规模庞大的舰队从卡塔赫纳转移至加的斯港，并打算继而由加的斯港出发与在布雷斯特港的法国舰队会合。停泊在里斯本的英国地中海舰队司令杰维斯在得知这一消息后，准备对西班牙舰队进行拦截。

英国海军上将约翰·杰维斯（1735—1823 年）的肖像。他是风帆时代英国海军最伟大的将领之一，同时也是另一位名将纳尔逊的导师。此画由著名画家莱缪尔·弗朗西斯·艾博特作于 18 世纪末

杰维斯派出的侦察船一直在密切监视着西班牙舰队的行踪，但是当越过直布罗陀海峡时，却因为恶劣的气候不得不与西班牙舰队分开。杰维斯推测西班牙舰队很可能会寻找避风港，这正是出击的绝佳机会，遂指挥麾下的15艘战列舰倾巢出动。西班牙舰队的指挥官为何塞·德·科尔多瓦（1732—1815），在发现由于糟糕的风向，舰队根本无法进港后，不得不下令舰队顺风航行。在这期间，其麾下又有3艘战列舰因为暴风而被吹散。2月14日破晓，当这支倒霉的西班牙舰队被风驱至圣文森特角附近时，杰维斯的舰队与之狭路相逢。

杰维斯是一位参加过七年战争的老兵，可以说履历非常丰富。不过此战与科尔多瓦相比，他手下舰队的实力则是逊色了许多——总共只有15艘战列舰、4艘护卫舰和3艘小型舰只。然而当得知对手兵力多于自己时，杰维斯却表现出了出乎寻常的冷静。

时任“胜利”号舰长的本杰明·哈洛韦尔（1761—1834年）的画像。他后来被称为纳尔逊“如兄弟一般的战友”，并将战友的棺木护送回国

据记载，当时杰维斯正站在旗舰“胜利”号的船艉甲板，舰队参谋长考尔德和舰长哈洛韦尔正数着从海平面上出现的敌舰的数量并向杰维斯汇报道：

“前方出现了8艘战列舰（意即敌舰），司令阁下。”

“很好，先生！”杰维斯平静地答道。

“前方出现了20艘战列舰，司令阁下。”

“很好，先生！”杰维斯依旧保持着耐心。

“前方出现了25艘战列舰，司令阁下。”

“很好，先生！”杰维斯仍然岿然不动。

“前方出现了27艘战列舰，司令阁下。”

“够了，先生，不必再汇报了。”杰维斯温和地打断了二位的报告，紧接着说出了那句最著名的话语，“木已成舟，即使敌人有50艘战列舰，我们也要追上去。”

就这样，杰维斯和他的舰队开始了一次看似不可能完成的冒险行动。

面对来势汹汹的英国人，手握重兵的科尔多瓦自然也没有畏惧的理由。但在对敌人实力的判断上，这位西班牙将领却出现了明显失误。科尔多瓦以为敌人一共只有8艘战列舰（可能是受到海雾影响，另7艘在外侧没有看到），因此下令本舰队不予理会继续按照既定路线前进（可能在他看来，这么点兵力的英国人根本不敢来找麻烦）。据记载，当时西班牙舰队被风向分割为下风舰队（由科尔多瓦亲自指挥，共有16艘战列舰）、上风舰队（5艘战列舰）和一些零散战舰（包括3艘战列舰、护卫舰和小型舰只）；而英国舰队则呈一列纵队由北向南切入西班牙上下风舰队之间。由于此时风浪较大，西班牙舰队的阵型不仅被吹得杂乱无章，上下风舰队间的距离也被拉得较远。此时此刻，科尔多瓦终于发觉敌人的实力远比自己想象的要强，遂下令上下风舰队会合并排成“S”形战斗阵型准备迎战。但是在恶劣气候的干扰下，他所下达的命令根本未被执行。

与此同时，杰维斯注意到散乱的西班牙舰只有可能穿过己方舰队的后方并重新聚集在一起，于是下令手下舰只改变航向。不过后卫舰队司令查尔斯·汤普森爵士也没有贯彻舰队总司令的意图，这使得其麾下舰只不知究竟该执行谁的命令。在这紧急时刻，位于后卫的“船长”号（74门火炮）在纳尔逊的指挥下率先按照杰维斯的意图去攻击西班牙舰队的主力，随后其他舰艇也纷纷仿效他。

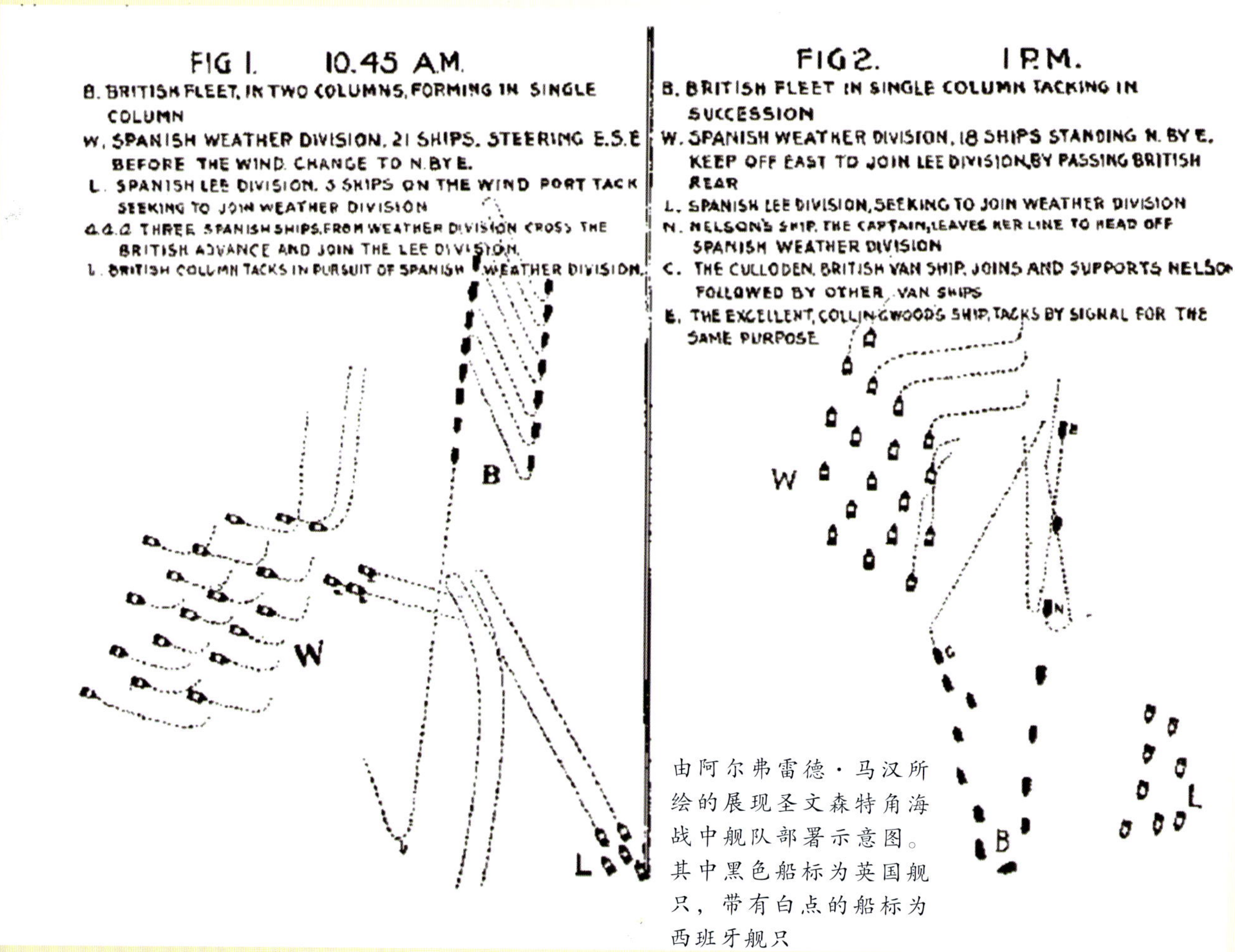

由阿尔弗雷德·马汉所绘的展现圣文森特角海战中舰队部署示意图。其中黑色船标为英国舰只，带有白点的船标为西班牙舰只

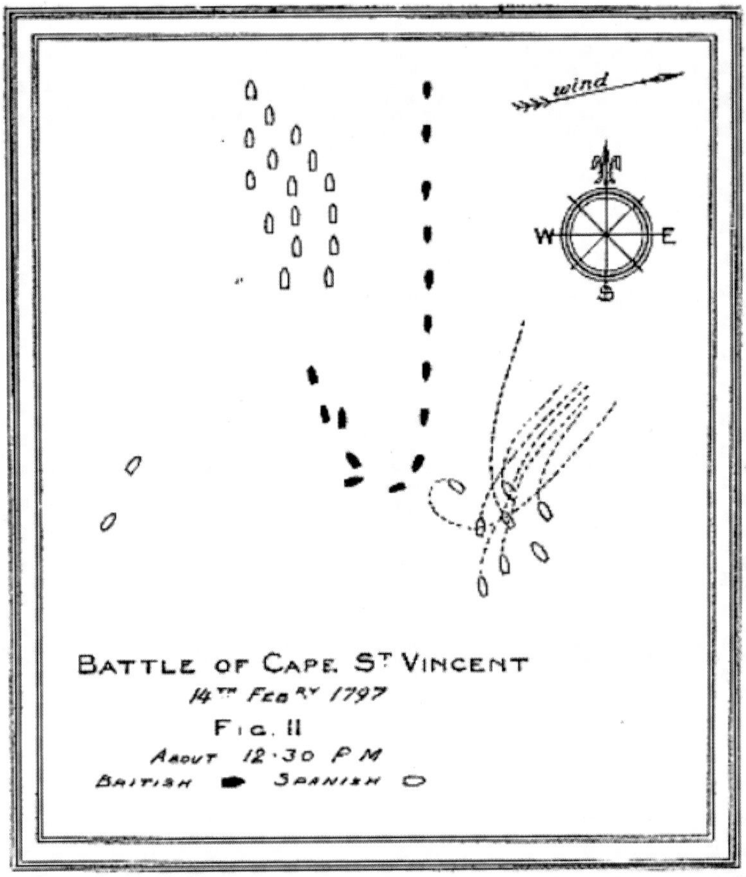

1797年2月14日大约12点30分，英国舰队完成“U”字阵型掉头追击西班牙上风舰队的示意图

开战后不久，位于上风舰队最外侧的西班牙战列舰“东方”号借助风向脱离（西班牙下风舰队）后向东北方向逃逸。由于势单力薄，西班牙上风舰队不得不往东南方向撤退。而下风舰队为了营救友舰则全力向北驶去，但由于科尔多瓦的命令仍未被得到执行，整个舰队呈一个松散的群体，与有序排成一列的英国舰队形成了鲜明对比。

12点左右，英国舰队与西班牙下风舰队形成了“一下一上”的走势，即英国舰队南下追击正在逃跑的西班牙上风舰队；而西班牙下风舰队则北上与英国舰队平行，但双方的距离仍旧较远。眼见英国舰队井然有序地在西班牙上下风舰队之间形成一道“屏障”，科尔多瓦只得下令放弃营救，全力向北撤退。与此同时，西班牙上风舰队中的两艘巨舰“雷格拉伯爵”号（112门火炮）与“阿斯图里亚亲王”号（112门火炮）也在加紧向南边逃窜。英国人一方面追击这两艘巨舰，一方面以先头舰“库洛登”号（74门火炮）掉头反追正试图北上的西班牙下风舰队。于是在“库洛登”号的带领下，整个英国舰队排出了一个大大的“U”形，场面蔚为壮观。

在13点左右，掉头追击的英国舰队逐渐追上了正向北撤退的西班牙下风舰队。此时落在西班牙舰队最末尾的是“圣伊西德罗”号（74门火炮），还有三层甲板的“圣母无原罪”号及“萨尔瓦多·德尔·蒙多”号（112门火炮）。进入交战距离后，双方进行了炮战。13点零5分，杰维斯发出“占领有利位置相互支援，紧咬住敌人”的信号。当时在“船长”号上的纳尔逊率领3艘战列舰正在英军舰队的末尾。纳尔逊意识到，必须阻止下风西班牙舰队继续前进的道路，不然一切努力就将前功尽弃。于是他果断决定暂不执行杰维斯的命令，而是掉转船头冲向西班牙舰队的前方，拦住其去路。纳尔逊的此举无疑冒了极大的风险，因为他所面对的西班牙下风舰队的实力远远超过其自身率领的3艘战列舰，并且倘若行动失败，违抗上级命令这一举动几乎铁定会被送上军事法庭接受审判……

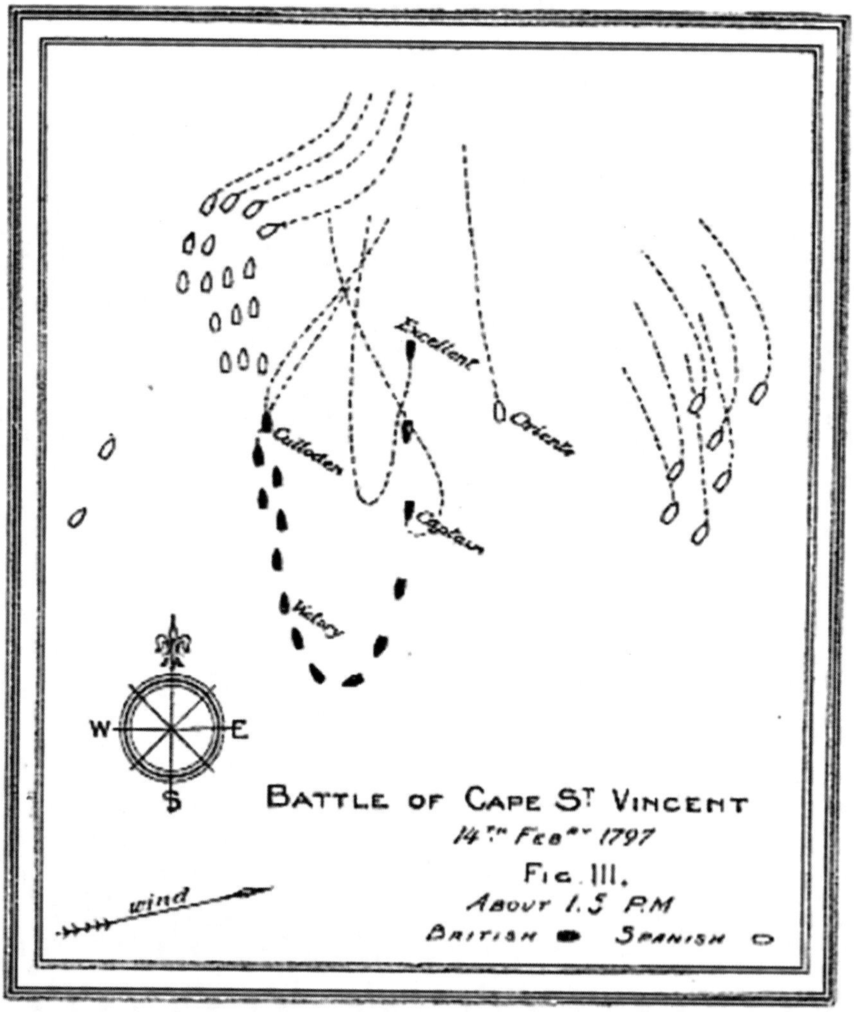

1797年2月14日13点零5分由杰维斯发出“占领有利位置相互支援，紧咬住敌人”信号时的态势图。此时纳尔逊正打算采取行动

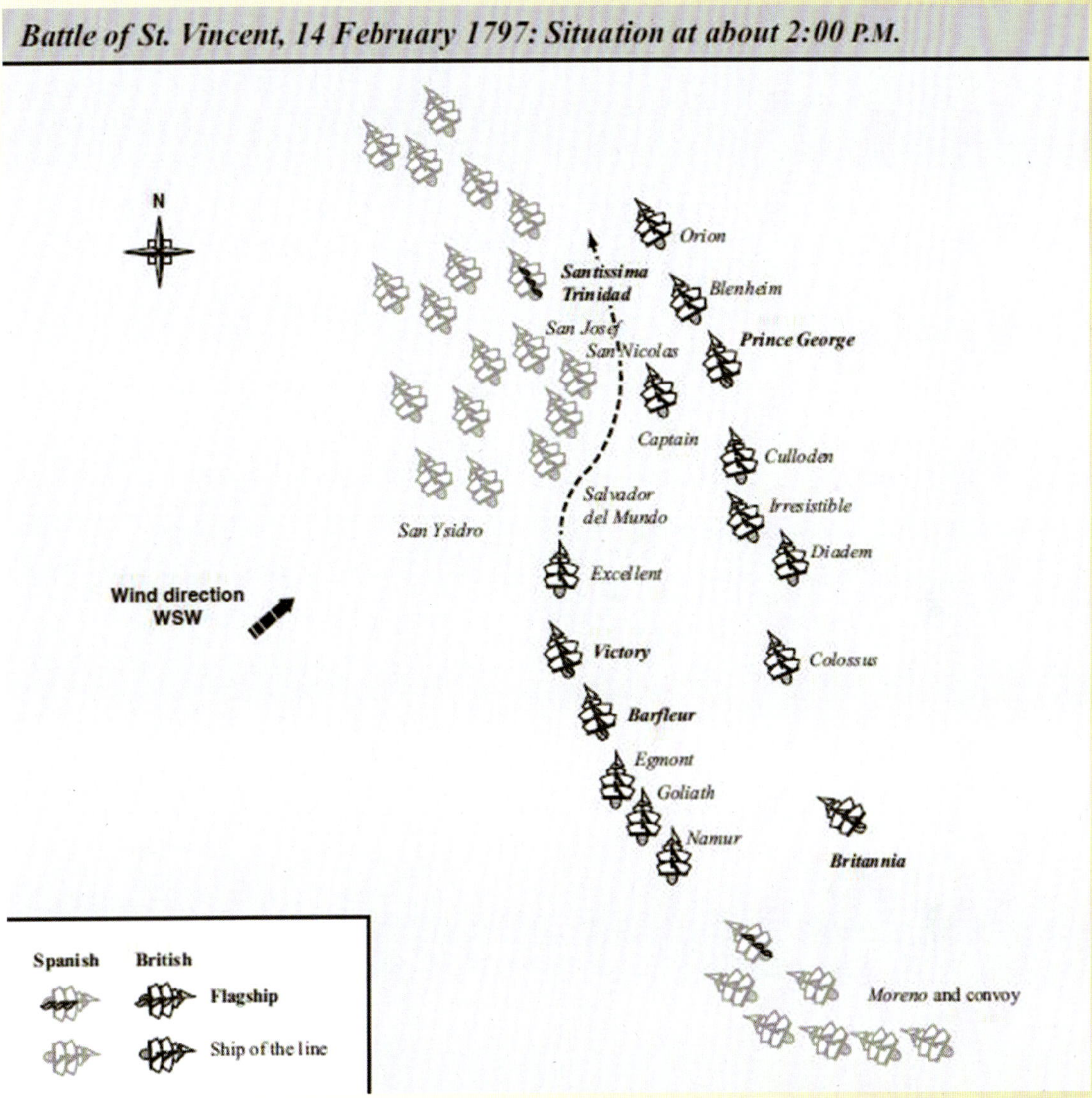

1797年2月14日14点左右圣文森特角大海战的态势图。深色为英国舰只，浅色为西班牙舰只。可见英国方面已经开始对逃窜的西班牙舰只进行包围

事实证明纳尔逊“违抗命令”的举动对英国人最终胜利起到了决定性的作用。大约在13点30分，西班牙下风舰队被一切为二。被落在包围圈中的西班牙战列舰有“至圣三位一体”号（此时该舰为四层甲板，搭载130门火炮）、“圣何塞”号（114门火炮）、“萨尔瓦多·德尔·蒙多”号与“墨西哥”号（112门火炮）这4艘巨舰。位于包围圈外侧的“卓越”号（74门火炮，舰长为科林伍德）向仅有18.29米距离的“墨西哥”号开火，但被其强大的火力击退，不得不目送对方逃出生天。然而等待着落在包围圈中西班牙战列舰的命运则会是悲惨的。果不其然，在随后的一小时里，英国人以绝对优势的火力对它们进行轮番攻击。

14点35分，落在被围舰队最靠后位置的“萨尔瓦多·德尔·蒙多”号最先降旗投降，同一时间投降的还有早已丧失战斗力的“圣伊西德罗”号。大约半小时后，“圣尼古拉斯”号（80门火炮）与“船长”号交火；不久“卓越”号加入战斗，向“圣尼古拉斯”号的侧面开火。后者只得向前面不远处的“圣何塞”号靠去，并与之发生碰撞。纳尔逊乘机指挥“船长”号靠近因碰撞而降低航速的“圣何塞”号，随后纳尔逊带着海军陆战队士兵跳上了这艘巨舰。经过一番血战，“圣何塞”号抵敌不住、降旗投降。很快，“圣尼古拉斯”号也投降了。随着这两艘战列舰的投降，圣文森特角海战的胜负已经没有了悬念。

一幅描绘“圣何塞”号舰长向纳尔逊投降的油画

由理查德·布里奇斯·比齐所绘的圣文森特角大海战的画作。画面中纳尔逊的“船长”号正一头撞向处于困兽状态的“圣何塞”号与“圣尼古拉斯”号。此役中，纳尔逊的果敢为英国赢得了一场大胜

到16点左右，科尔多瓦的旗舰“至圣三位一体”号也因伤势过重而几乎丧失了行动能力。包括纳尔逊的“船长”号在内的各英舰争先恐后地冲上来试图俘虏它，但先前一直游散在战斗序列之外的两艘西班牙战列舰及时赶到；同时，包括“圣母无原罪”“雷格拉伯爵”和“阿斯图里亚亲王”号在内的大批其他西班牙战列舰都返回参与救援，英国人见状不得不收手。随后，杰维斯主动下令撤退，圣文森特角海战至此完全结束。

经战后统计，西班牙方面在此役一共被俘虏4艘战列舰，其中两艘是威力巨大的一级舰；人员方面有250人战死、550人受伤，另有3000人沦为英国人的阶下囚。英国方面则损失甚微，仅仅有73人战死、327人受伤。毫无疑问，杰维斯在得力战将纳尔逊的配合下，取得了一场史诗般的胜利。

尼罗河之战

在1793年的土伦围攻战中崭露头角后，拿破仑迅速成为法兰西共和国军队中最重要的一员。在他的带领下，共和国军接连在与奥地利及意大利邦国的战争中获胜，使其在大陆与列强的争斗中逐渐扭转颓势。但在海上，英国自1795年格鲁瓦岛海战将维拉雷的舰队击溃后，便一直牢牢掌握着主动权。不过当西班牙于1796年倒向法国阵营后，原本没有悬念的海上局势又产生了变数。

在法、西两国海军的压迫下，英国撤出了位于地中海的守备舰队，这一举动使拿破仑误以为敌人已经放弃了对地中海的控制（同时他认为当时爆发的爱尔兰起义也会分散英国人的注意力），因而向政府提出远征埃及的计划。在拿破仑看来，如果占领了埃及，法国就可以打通向东印度进攻的通道。当然，这只是个借口罢了。事实上由于当时拿破仑极高的威信，为了防止政府首脑对自己产生猜忌，拿破仑想要通过离开巴黎以自保。而共和国政府在权衡利害关系后（害怕拿破仑在国内时间太久会夺权）也同意了拿破仑的计划。这样，在1798年春天，拿破仑从法国和意大利抽调了35000名士兵在土伦港集结，准备从这里出发前往埃及。此外，他还成立了一个“艺术委员会”，打算将埃及古老的文物带回法国收藏和研究（今天卢浮宫中很多珍宝也是当时拿破仑运回来的）。但是无论是士兵还是前往埃及的“科研人员”，都不清楚自己将要去哪里或做什么。这是因为入侵埃及本是一项绝密计划，拿破仑不希望它被英国人提前知晓，否则就将前功尽弃。

由法国画家老安东尼·让于1801年所绘的拿破仑在1798年出征埃及前的画像。这位野心勃勃的将军把征服埃及视为实现自己帝国梦想的第一步

拿破仑的舰队于1798年5月19日从土伦出发，取道利古里亚海前往埃及。途经热那亚时，他从当地搜集到了更多的船只加入自己的舰队。尽管拿破仑对于此次出征计划的保密工作已经做得相当到位，但对于当时情报网发达的英国来说是“没有不透风的墙”的。法国土伦舰队一经离港，很快便为英国海军部所获悉，而他们也随即采取了一些搜查行动，但并没有效果。5月底，拿破仑的军队在攻克了英国在地中海的据点马耳他后不知去向，这更引起了英国海军部的重视。为了找到运载这支庞大军队的舰队，英国海军部命令已经晋级为海军少将的纳尔逊指挥13艘战列舰、1艘四级舰（拥有50门火炮和双层甲板，曾经是战列舰，但18世纪末在英国海军中被划归“重型护卫舰”一类）和1艘双桅帆船的舰队前往地中海东部进行彻底搜查。

19世纪初，一名马木留克武士的画像。马木留克在当时常用于指穆斯林奴隶士兵和奴隶出身的穆斯林统治者

然而，英国舰队在地中海苦苦搜寻了两个多月却毫无成果。这支法国舰队就如“人间蒸发”般在地中海东部消失了。7月，拿破仑大军顺利在埃及登陆，并于7月21日在“金字塔战役”中决定性地击败了埃及马木留克大军，成为埃及的主宰。直到这时，英国方面才知道法军此行的真正目标是攻击埃及。“亡羊补牢犹未晚矣”，海军部立即把这一消息通知了纳尔逊，而纳尔逊也迅速将其搜索目标锁定在埃及沿岸。

8 月 1 日，纳尔逊终于探知了法国舰队的位置，那就是埃及尼罗河三角洲的阿布基尔湾，他立刻命令舰队兼程前往，希望能在法国舰队起锚返航前将其截获。阿布基尔湾呈浅碟形，坐西向东，北侧是一个突出的海角，周围浅滩遍布，海角上有炮台保护港湾，地形易守难攻，而这里是入侵舰队的必经之地。这对于纳尔逊和他的舰长们来说无疑是个巨大的考验。

另一方面，停泊在阿布基尔湾的法国舰队的指挥官是海军中将布律埃斯伯爵，他同时也是法国土伦舰队的总司令。这支舰队一共有 13 艘战列舰和 4 艘护卫舰。

法国土伦舰队司令，海军中将布律埃斯伯爵（1753—1798 年）的肖像。尽管战术素养远逊于纳尔逊，但其奋战至生命最后一刻的英勇之举还是值得肯定的

一幅描绘尼罗河之战法国战列舰序列的油画。法国 4 艘护卫舰游离在战列线之外，处于靠近海岸线的位置。画面中法国舰队似乎有 14 艘战列舰，但实际上只有 13 艘

布律埃斯伯爵的舰队虽然规模算不上庞大，但对于纳尔逊的舰队来说，在武备上还是占据些许优势。尤其旗舰“东方”号（120门火炮）是双方交战序列中唯一的一艘三层甲板战列舰。不仅如此，从战场环境来看，布律埃斯伯爵也占据着不小的优势。伯爵把自己的舰队由南至北排成一道纵列，横贯整个海湾，而旗舰“东方”号则位于纵列的中央（在 8 号位）。

布律埃斯伯爵对于自己的布阵相当自信，坚信英国舰队不敢当夜来犯。这其中的缘由自然是英国人没有阿布基尔湾海图。任何有理智的海军将领都知道，贸然闯入浅滩密布的陌生海湾几乎是自寻死路。然而，他显然低估了纳尔逊——这位被誉为“海军战神”的军官一向以敢冲敢打和富有冒险精神而著称。

当纳尔逊的舰队抵达阿布基尔湾的外海时已是17点。尽管知道自己的舰队没有海图，纳尔逊还是毫不犹豫地命令发起攻击。由于没有海图，英国舰队只能依靠经验航行。当然，纳尔逊也并非完全没有准备地鲁莽行事，他在事先就已经把全盘计划同麾下诸舰长商讨过。决战将至，这位海军少将仅对自己的舰长们轻描淡写地说了句：“我相信你们能够在黑暗中抓住敌人的漏洞突破进去，然后凭感觉找到自己的攻击目标。”而随后的事实也是如此，这些舰长一丝不苟地完成了纳尔逊的战前部署。而如今当我们去探寻纳尔逊成功原因时，会发现其中一个很大的因素是：纳尔逊与麾下舰长的配合几乎亲密无间。这在当时几乎是无法做到的事情。

尼罗河之战中，站在旗舰“前卫”号上指挥观察敌情的纳尔逊。在作战中奋不顾身、亲临一线是纳尔逊的一大特点

大约在黄昏时分，纳尔逊的舰队从阿布基尔湾西面外海驶来，冒着被法国炮台拦截的风险绕过阿布基尔海角闯入了海湾。除“库洛登”号不幸搁浅外，其他战舰都成功避开了密布的浅滩。这在航海史上不能不说是个奇迹。

闯入海湾的舰长们开始执行纳尔逊的战前部署。由于事先布律埃斯伯爵根本没有考虑过英国人会冒险闯入，以至于对突如其来的攻击毫无准备。英舰“歌利亚”号（74门火炮）上的舰长托马斯·弗雷率领4艘战列舰冒着搁浅的危险大胆插入海湾内侧法国舰队和海岸之间的狭窄海面，同外侧的7艘战列舰形成对法国舰队的夹击之势。弗雷的5艘战列舰无疑抓住了法国舰队的致命弱点。由于对英国人的突然来袭缺乏防范，绝大多数法舰左舷炮甚至都无人值班，这是英国人进攻的绝佳良机。

对尼罗河之战产生决定性作用的英国舰长托马斯·弗雷（1757—1833年）的肖像。后来他也官至海军上将

19点，夜幕降临。法国舰队的前6艘战列舰被10艘英舰从两侧包夹，处境凶险。其时正值北风劲吹，法国舰队位于后方的战列舰由于逆风，无法上前支持，只能眼睁睁地看着英国舰队集中优势火力围歼前面的友舰。英国战列舰在各自的目标旁边下锚，和法舰展开激烈炮战。由于是夜晚交战，当时只有火炮发射时瞬间的闪光照亮漆黑一片的海面，才能使岸上试图围观这场战斗的人们能够依稀看到双方战列舰的身影（在风帆时代，人们常常会围观这种在海岸附近进行的海战）。

战斗中，英舰“柏勒洛丰”号（74门火炮）在舰长亨利·达比的指挥下越过前面的5艘友舰，勇敢地向停在处于纵列8号位的法军旗舰“东方”号右舷进行炮击。但当“东方”号还手之后，这艘“渺小”的三级舰顷刻之间便被打断了所有桅杆。不久，该舰的船舵也被打坏，只能随波逐流漂离了战场。也许是被“柏勒洛丰”号的壮举所感染，最后到达战场的两艘英舰“快速”号（74门火炮）和“亚历山大”号（74门火炮）也不顾一切地冲上前去，对“东方”号形成前后夹击之势。

在尼罗河之战中身先士卒激发友军士气的亨利·达比（1750—1823年）的肖像。他在1819年时最终被晋级为上将

一幅描绘“东方”号爆炸场景的画作。其爆炸产生的气焰直冲云霄，场面极为恐怖

此时，战斗进入了决定性时刻，然而双方的指挥官却都在此时遭遇不测。布律埃斯伯爵头部被弹片击伤，他用手帕擦掉血迹，继续指挥；纳尔逊也被法国铁屑弹的碎片击中前额，鲜血直流，舰长把他扶回舱室，纳尔逊叫道：“我不行了，请代我向妻子转述遗嘱。”不过等发现自己平安无事时，纳尔逊又挣扎着来到舰桥上察看战局。相比之下，布律埃斯伯爵可没有纳尔逊的好运气了。在他头部受伤后不久，又有一颗弹片打在他身上；紧接着，第三发炮弹炸断了他的左腿，几乎将他整个人撕成两片。侍从想把他扶回舱内，却遭到伯爵的严词拒绝：“一名法国海军中将应该战死在甲板上！”

弥留之际的布律埃斯伯爵继续指挥各舰抵抗，后终因失血过多而死在了自己的战斗岗位上。一名参战的法国军官后来这样回忆道：“他带着战斗中所表现出的那种镇定神态离开了人间。”

布律埃斯伯爵死后，群龙无首的法国舰队境况更加不妙。而厄运首先降临在它们的旗舰上。在众多英舰的围攻下，“东方”号于 21 点 45 分被引爆了弹药库，由此导致了一连串剧烈爆炸。爆炸的巨大威力使整艘巨舰几乎被炸得粉身碎骨。据记载。该舰所发出的令人恐惧的爆炸声甚至连置身于约 24.14 千米外的亚历山大城的市民都听得相当清楚。

也许是双方官兵都被爆炸的可怕景象蒙住了，海面上的战斗暂时停顿下来。出于人道主义精神，纳尔逊主动从自己的旗舰“前卫”号上派出小艇前去搭救散落在海面上的幸存的“东方”号官兵。这时候，海面上发生了感人的一幕：“东方”号的舰长卡萨比安卡海军准将因其12岁儿子在“东方”号沉没时遇难（当时这位少年正在舰上养病，被炸断一条腿后随舰下沉而溺亡）而拒绝接受营救。最终，卡萨比安卡高举法国国旗与他的爱子一起沉入大海之中。在“东方”号全体1119名船员中，最后仅有70人获救……

后来，英国女诗人费利西娅·何曼诗有感于卡萨比安卡与爱子同赴黄泉的感人事迹，专门以此为题材作了一首诗纪念他，诗名即“卡萨比安卡”。

法军旗舰“东方”号舰长，海军准将卢克·朱利安·约瑟夫·卡萨比安卡（1762—1798年）的雕塑。他因爱子之死不愿苟活的举动得到后人的赞赏

一幅描绘“雷霆”号最后时刻的画作。画面中左侧的“雷霆”号上，图瓦尔在船员的搀扶下仍坚持指挥战斗。由于旗桅已经折断，这位硬气的法军舰长下令将战旗绑在后桅上。而不远处，英舰“雄伟”号仍在对其进行炮击

大约沉寂了半个小时后，恶战重新开始。这次战斗一直持续到了午夜0点。在黑暗和烟雾中，英舰“雄伟”号（74门火炮）与法舰“愉悦”号（74门火炮）相撞，两舰立即纠缠在一起。在被困的几分钟内，双方发生残酷的近距离炮战，“雄伟”号伤亡惨重（总共50人死亡、143人受伤）。舰长韦斯科特（1753—1798年）被法军排枪射中咽喉当场阵亡。大副罗伯特·卡斯伯特中尉在接手战列舰后继续战斗。

另一边，法舰“雷霆”号舰长杜培提·图瓦尔指挥自己的座舰一边与英舰“迅敏”号（74门火炮）从容进行炮战，一边驶近攻击正与“愉悦”号战斗的“雄伟”号。至凌晨3点，经过3个多小时的近距离作战，英、法双方可谓两败俱伤：英舰“雄伟”号失去了前桅和主桅，而“雷霆”号则几乎被打成了一堆废木料。战斗中，“雷霆”号的舰长图瓦尔（1760—1798年）先后失去了双腿和一只胳膊，但仍坚持战斗。最后如同舰队司令布律埃斯伯爵一般因失血过多而亡。最终，“雷霆”号被英军所俘获。后来该舰在修复后曾以英军身份参加著名的特拉法尔加海战。

血战从8月1日一直持续到8月2日的黎明时分，随着阿布基尔湾内隆隆炮声的逐渐远去，海战终于画上了句号。英国无可争议地获得了这场伟大战斗的胜利，不过法国也并非完全的失败者。他们之中，包括舰队司令布律埃斯伯爵、“东方”号舰长卡萨比安卡和“雷霆”号舰长图瓦尔在内的一批将领，尽管未能挽回败局，但在战斗中浴血奋战至最后一刻的精神值得人们钦佩。甚至连作为敌手的英国人都对他们表示了敬意。

此役，法国舰队损失惨重，阵亡超过1500人（其中半数以上是“东方”号的船员），另有3000人投降；英国舰队仅战死218人，另有数百人受伤。法国参战的13艘战列舰中除“东方”号沉没外，10艘遭重创并最终被俘获，仅有2艘得以逃脱。值得一提的是，其中一艘逃脱的战列舰“威廉·退尔”号（80门火炮）上搭载着后来统帅法、西联合舰队在特拉法尔加与纳尔逊进行风帆史上最经典对决的维尔纳夫。拿破仑曾因此颇具讽刺意味地评价从尼罗河成功逃脱的维尔纳夫“非常地走运”。

一幅描绘战役结束阶段、法国船员争相从残破军舰上逃脱场景的画作。此时的阿布基尔湾已宛若人间地狱

战斗结束后，纳尔逊在日志中这样写道："面对这样的场面，'胜利'一词显得如此苍白无力（"Victory" is not a name strong enough for such a scene）。"

尼罗河之战是纳尔逊第一次独立指挥的重大战役。此战既是纳尔逊个人的战术杰作，又是英国皇家海军的一次完美胜利；同时，它也是拿破仑军旅生涯中遭受的最为惨重的失败之一。此战之后，法国海军在地中海的势力被瓦解，英国人再度掌控了这一海域的制海权。因失去海上补给而在陆上陷入窘境的拿破仑不得不于1799年乘坐一艘商船偷偷返回法国，而被他抛弃在埃及的军队则于3年后向英军投降……

在尼罗河之战结束5年后，英国曾发行了一部名为"尼罗河的胜利者"的版画。画面中正中间矗立在天使之树上的头像是纳尔逊，而下面依次排列的则为随他一同参与尼罗河之战的14名舰长

在英国海军服役的被俘获一级舰

英国皇家海军俘获的敌国军舰综述

在风帆时代英国参加过的海战中，曾经有为数众多的敌军舰艇被英国海军俘获。而在这些舰艇中，状态维持良好者则大部分直接被皇家海军录用为麾下成员，甚至连舰名都保持与被俘之前一致。似乎有一种说法是：英国人有意将被俘虏船只沿用其名是为了羞辱对手（即让对手知道这艘船还原封不动地加入了敌人的队伍）。暂且不谈这说法的可靠性，单就维持舰名这一举动来看，它无疑能大大提高己方的士气。当水手知道自己所操作的军舰的来源后，一定会为自己伟大的海军感到骄傲。

俘虏与被俘虏，这在各个时期的海战中都十分常见。风帆时代除了一些大规模的舰队战役外，小规模舰艇冲突以及单舰格斗几乎从未停止过，由于单舰格斗基本限于护卫舰和更低级别舰船之间，因此俘虏一艘较小型军舰便成为家常便饭。

1800年8月20日，在一场风帆时代典型的单舰对决中，英国海军38门火炮护卫舰“塞纳”号成功俘获法国海军48门火炮护卫舰“复仇”号。事实上“塞纳”号也俘获自法国，此举可谓“以彼之道还施彼身”

一幅描绘尼罗河之战中法军旗舰“东方”号爆炸场面的油画。油画正中间是“迅敏”号，它正试图迅速离开现场以避免被爆炸波及的厄运

当然，再勇猛的斗士也会有失手的时候。英国海军在历次战斗中俘虏了难以计数的敌军舰艇，但同样的，敌人也俘获了他们为数不少的舰艇。这其中甚至不乏一些是被俘获之后又反夺回来的，例如前文提到过的“迅敏”号战列舰。这艘曾经随纳尔逊在尼罗河之战中立下功勋的三级舰在 1801 年 6 月 24 日不幸被法国两艘 74 门火炮战列舰包夹并俘获。但是其仅仅为法国海军服务了 4 年之后便回到祖国怀抱——在 1805 年 10 月 21 日的特拉法尔加海战中，“迅敏”号随法、西联合舰队一齐被击溃并俘虏，随后又归入英国海军序列。

除非是在舰队大规模作战中，否则像“迅敏”号这样的战列舰在单舰格斗中被俘的案例是极为罕见的，那么就更不必说在战列舰中等级最高、数量最少的一级舰了。根据现有资料记载，英国在风帆时代中一共只捕获过 4 艘火炮在 100 门以上的名副其实的一级舰，其中两艘来自法国、两艘来自西班牙，时间为 1782 年 ~1797 年间。不过颇为讽刺的是，在英国俘虏他国一级舰之前，自己却早于 100 多年前便在英、荷战争中被荷兰人俘获过两艘这种尊贵战列舰，分别为“皇太子”号（88 门火炮，1666 年四天海战中被俘并焚毁）和“皇家查理”号（86 门火炮，1667 年荷兰奇袭查塔姆锚地时被俘并焚毁）。不过这两艘战列舰由于吃水太深并未被荷兰人所使用，因此并未对英国海军产生此消彼长的极为不利的影响。

与被俘获相比，英国俘获的一级舰则皆为“就地利用”，其中俘虏的西班牙战列舰“圣何塞”号甚至在相当长一段时间内担任海峡舰队旗舰。由此可见英国人对俘虏的他国一级舰的重视程度。接下来将为大家简单介绍下这 4 艘一级舰的情况。

一幅描绘 1666 年四天海战中被荷兰人俘获的“皇太子”号的画作。画面中这艘一级舰已经被砍下英国旗帜换上了荷兰联省共和国的三色旗，这是英国人最耻辱的时刻之一，但在 100 多年后，他们却将这个耻辱加倍奉还给了对手

被升级为一级舰后的“巴黎城”号。这是一艘极具威力并且外观优美的战列舰，即便在法国海军从来都算不上具备顶尖实力，但是也完全能超越当时英国海军中即便是武备最强的军舰

被俘法国一级舰简介

前文提到过，英国在风帆时代俘获的仅有4艘一级舰中便有两艘来自于法国。而不仅如此，法国甚至还“贡献了”这4艘战利品中的第一个，那就是在美国独立战争期间被俘获的德·格拉斯伯爵的旗舰“巴黎城”号。

“巴黎城”号来自于法国巴黎市民的捐款，其原本被命名为“迅猛”号（Imp é tueux，后来为了表示对巴黎捐款市民的敬意更名为“Ville de Paris”），并且在最初设计时只是一艘拥有90门火炮的二级舰。不过在1779年接受了升级改造。改造后的“巴黎城”号在艉楼露天甲板部分增添了14门8磅轻型火炮、升级为一艘104门火炮的一级舰。完成改造的该舰火炮配置如下：

30门36磅炮布置在下层火炮甲板；

32门24磅炮布置在中层火炮甲板；

28门12磅炮布置在上层火炮甲板；

14门8磅炮布置在艉楼，后期可能在艏楼部位又临时增加了6门8磅炮（升级为110门火炮）。

“巴黎城”号战列舰在其作为一级舰为法国服役时期一直是德·格拉斯伯爵的旗舰，其参加了法国海军在西印度群岛和北美殖民地东岸的一系列军事行动，战绩颇丰；其中德·格拉斯伯爵于1781年9月在切萨皮克湾的胜利将其个人荣誉和这艘军舰的知名度推至巅峰。然而好景不长，仅仅半年之后，德·格拉斯伯爵便与“巴黎城”号在圣徒岛海战中败走麦城，没能摆脱被英军俘获的命运。

被俘获后的“巴黎城”号被编入英国海峡舰队服役。1782年9月，“巴黎城”号作为格雷夫斯所指挥的一支分舰队中一员从纽芬兰返回英国，不幸于途中遭遇飓风而沉没。这也是航海史上最惨痛的事故之一，全舰900名官兵中竟仅有一人生还……

一幅描述“巴黎城”号沉没时的画作。画面上的水手在面对惊涛骇浪和即将来临的死亡时，显得是那样的无助

一幅描绘“马赛商业”号被英军俘获的画作。该舰是英国俘获的一级舰中最大却也是质量最差的一艘，几乎未在一线海军中服役过

1786年8月，法国开始建造全新的一级巨舰，名为“海洋”级。这其中最先被建成的是2号舰“马赛商业”号，然而它却未能给后来的“师弟师妹”们开一个好头。据传，“马赛商业”号在建造时因为缺乏足够木料而不得不选用了未干透和质地较脆的次品来完成工程，这导致其船身强度远远没有达到预期效果。可能也是由于这个原因，“马赛商业”号在服役之后仅配备了少量火炮用于测试，之后（在验证了其船体结构不佳无法搭载全数火炮后）便于1791年3月被解除了武装。1793年，当英、西联合舰队封锁土伦港时（此役也是拿破仑的成名之战），“手无寸铁”的大块头“马赛商业”号被英国人轻松俘获。

由于没有出海执行过任何任务，“马赛商业”号被俘获时“几乎是一艘崭新的战舰”，这对于英国人来说无疑是“天上掉下的一大块馅饼”。然而经英国人研究发现，“马赛商业”号的质量却令人失望。在风帆时代，由于战舰质量问题导致的尴尬已经不止一次发生在法国人身上了，这不禁让人有些怀疑法国造船工人的敬业态度；当然，这也与当时法国资源的匮乏不无关系（反法同盟对法国进行资源封锁是其中的重要原因）。由于船体强度不适合作战，在驶至英国朴茨茅斯港后，“马赛商业”号被改装成一艘容量超大的运输船。1795年在前往加勒比海执行运输任务时，遭到风暴而损伤严重。尽管勉强返回朴茨茅斯，但从此之后“马赛商业”号就沦为一艘仓库船。1802年，该舰退出现役并被闲置，后于1856年被拆毁。

被俘西班牙一级舰简介

相比法国“贡献”的两艘基本没有起到作用的一级舰，西班牙“拱手相让”给老对手的两艘一级舰则发挥到了其应有的作用；而这两艘一级舰都是在著名的圣文森特角海战中被英军俘获的。英国人在那场“情人节对决”（圣文森特角海战发生在1797年2月14日，而那一天恰好也是西方世界的“情人节”，因此也被一些人戏称为“情人节对决”）中不仅获得了胜利，还攫取了极其丰厚的战利品，那就是“救世主”与“圣何塞”号。

“救世主”号属于西班牙著名的“圣安娜”级战列舰，而该级舰（共8艘）则是18世纪曾建造过的数量最多的一级三层甲板主力舰。良好的工艺、优异的承载力和极强的威力使得该级舰成为英国海军最可怕的敌手（甚至超过了看似更大的四层甲板巨舰“至圣三位一体”号）。可以毫不夸张地说，“圣安娜”级是风帆时代一批最好的一级舰。

航行中的西班牙“圣安娜”级战列舰。该级共8艘成员被公认为当时最好的顶级军舰

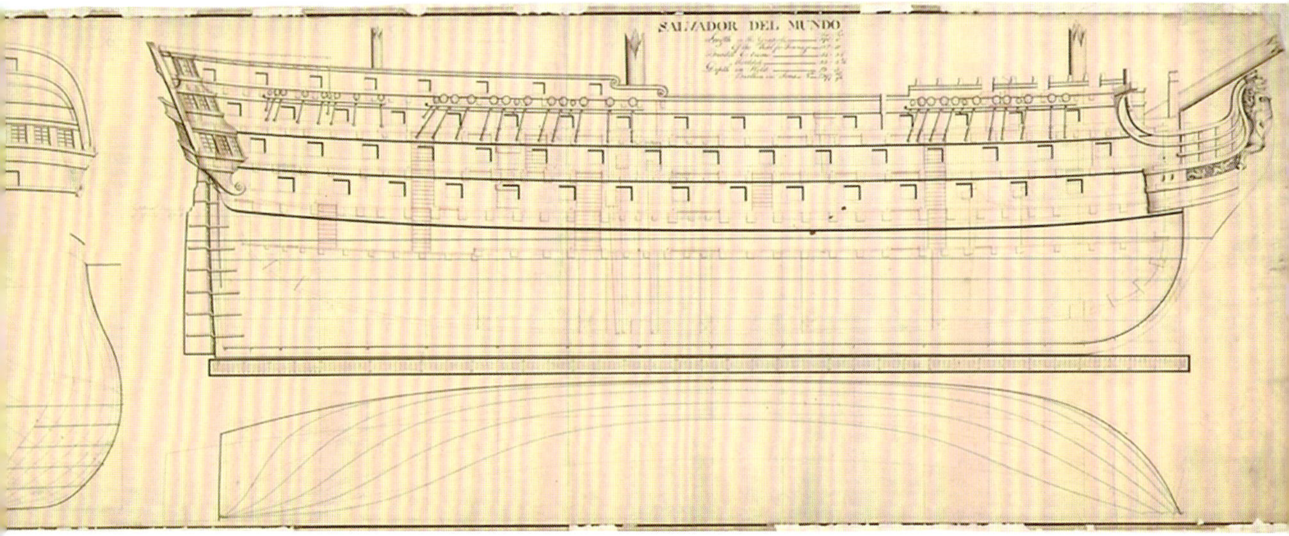

“救世主”号的手绘草图。这幅图是英国将其俘获后绘制的

“救世主”号是1785年年初同时开工建造的3艘“圣·安娜”级战列舰中最后一艘完工的。其主体建造工作于1786年年底便已完成，但由于一些客观因素，直到次年5月2日才完成了下水仪式。“救世主”号于1787年年底抵达加的斯港，但是随后不久便被解除武装并搁置在那里。

1790年，“救世主”号与“墨西哥”号一起加入何塞·索拉诺的舰队，以防备英国人以努特卡事件为由宣战。“救世主”号担任舰队旗舰。但是后来冲突并未发生，而“墨西哥”号也并未与舰队会合。

巧合的是，“救世主”号也参加了西班牙与英国在圣文森特角的战役。此役中，“救世主”号被编入第四分队，与舰队总旗舰“至圣三位一体”号在一起，舰长是安东尼奥·耶佩斯准将。在战斗中，第四分队遭到英军的猛烈攻击，“救世主”号上包括耶佩斯在内，共有42人战死、124人受伤。舰上后桅和前桅均被折断，船体破损极为严重，在丧失动力的情况下被英国人俘获。

被俘获的“救世主”号于1797年12月抵达英国朴茨茅斯，随即便注册成为一艘皇家海军现役军舰，并沿用了原舰名。该舰一直驻扎在朴茨茅斯港，于1803年被委任为一艘海军接待船，这也说明了该舰当时的状况依旧非常良好。后来“救世主”号于1815年退役拆解。

至于另一艘被俘的西舰“圣何塞”号则是西班牙极具特色的纯法式设计一级舰“圣母无原罪”级2号舰，同时也是西班牙海军列装的最后一艘此类法式军舰。其体形略大于稍晚些服役的“圣安娜”级战列舰，在最下层甲板装备了32门主炮，总的火炮布局为“32—32—32—18”（总计114个炮位），因此拥有比“圣安娜”级更为凶猛的火力。

服役后的“圣何塞”号在很长一段时间里没有参与过任何海军行动，直至西班牙倒向法国再次与英国为敌。1796年年底，“圣何塞”号被编入科尔多瓦的舰队，随后在次年2月的圣文森特角海战中被英国俘获，结束了其在西班牙海军中“碌碌无为”的服役历程。

“圣何塞”号的彩色三视图。这幅图也是英国将其俘获后才绘制的

一幅“圣何塞”号沦为火炮射击训练船时期的油画。该舰是英国所有俘获军舰中服役时间最长、担任职务最高的一艘

被英国收编为己方军舰后，“圣何塞”号立即“大放异彩”。其在1801年1月17日至2月1日甚至曾短暂成为纳尔逊的旗舰；1809年，该舰成为海峡舰队司令达克沃斯的旗舰；直至1814年，该舰一直交错担任着英国各舰队的旗舰，可见海军对其的重视程度。

1831年，随着新舰的不断服役，老旧的“圣何塞”号终于逐渐退居二线。1839年，该舰退出一线军队沦为一艘火炮射击训练船；两年后的8月10日，在约瑟夫·泰勒船长的指挥下，该舰担任德文波特的警戒船并被改造为炮兵学校。1849年5月，为英国服务了52年之久的“圣何塞”号终于寿终正寝，在德文波特被拆毁。至此，在英国服役的他国一级舰的故事彻底画上了句号。

18世纪英国最大战列舰——“巴黎城”号

“巴黎城”号的建造背景与技术特点

早在新“皇家乔治”级战列舰处于建造之中时，英国海军部便意识到该级舰在设计时因过于保守而导致船体资源浪费——其超过58米的火炮甲板上竟然仅仅布置了与仅长56米的“胜利”号相同的火炮数量。尽管“皇家乔治”号明显改善了舰上空间和炮手作业的条件，但这并不是海军部想要看到的；一艘火力更为强大的军舰才能令人信服。

新“巴黎城”号的建造指令是在1788年1月17日下达的。尽管外界资料一致认为它是一艘全新的战列舰，但笔者却认为它很可能是新“皇家乔治”级战列舰的3号舰，只是在建造中被改变了建造计划而已。我们知道，法、西在18世纪80年代末已经普遍装备了110门火炮级别的“超级一级舰”（类似后来无畏舰时代的“无畏舰”与“超级无畏舰”，风帆时代标准的一级舰为100门火炮级别，而110门火炮级别则可认为是“超级一级舰”），例如前文提到的法国“无敌”级（110门火炮，共4艘）和1784年开始陆续建成服役的西班牙“圣安娜”级（112门火炮，共8艘）；不仅如此，法国在1790年还建成了2艘120门火炮级别巨舰“马赛商业”号与“勃艮第公爵”号（即后来的“海洋”号），而西班牙则早在10年前便拥有了同等级别的“至圣三位一体”号（该舰在1795年之前一直是120门火炮的三层甲板战列舰）与“圣母无原罪”号。从技术层面上来看，不用说120门火炮巨舰，即便是面对110门火炮级别的“超级一级舰”时，英国所装备的100门火炮级别标准一级舰也是几乎没有胜算的。

西班牙“圣母无原罪”号战列舰的彩色侧视图。该舰被认为是当时设计最优美的主力舰之一，然而在俊俏外表下则是一颗冷血杀手的心，该舰的强大实力是英国100门火炮战列舰所无法企及的

在这种情况下，英国人必须首先拥有 110 门火炮的“超级一级舰”才不至于在风帆时代的“军备竞赛”中被抛下太远，于是“巴黎城”号便在此背景之下诞生了。按照官方的说法，这是一艘为延续 1782 年 9 月于暴风中沉没的被俘获的法国“巴黎城”号生命而命名的新舰，海军部此举在于纪念海难中死去的同胞。

由于几乎沿用了新“皇家乔治”级的舰体设计，“巴黎城”号的尺寸几乎没有变化，其火炮甲板长约 57.92 米、龙骨长约 47.56 米、船宽约 16.17 米、型深约 6.72 米，排水量达到了 2351 吨，是英国当之无愧的于 18 世纪内建造过的最大战列舰。

由于“巴黎城”号的主要改进在于火炮布置方面，因此在这里将该舰的火炮布置详细罗列如下（数据为 1796 年 10 月时的状态）：

30 门 32 磅炮布置在下层火炮甲板；

30 门 24 磅炮布置在中层火炮甲板；

32 门 12 磅炮布置在上层火炮甲板；

14 门 12 磅炮布置在艉楼，另有 4 门布置在艏楼。

除此之外，“巴黎城”号还临时搭载了 8 门最新式的海军近战利器——卡隆炮。其中 2 门较重的 32 磅卡隆炮布置在艏楼，另外 6 门较轻的 24 磅卡隆炮则布置在后甲板舱室内。倘若算上卡隆炮，“巴黎城”号上一共装载了各型火炮 118 门，几乎达到了法、西 120 门火炮超级巨舰的水平。带着满满的自信，这艘新锐皇家海军战列舰准备与老对手一较高下……

一门英式 32 磅卡隆炮的模型图。这种短而“粗壮”的火炮在近距离海战时能发挥强大的作用

服役历程及结局

尽管作为英国当时自造的“最强战舰”，“巴黎城”号被寄予厚望，但事实上它在服役之后并未拥有太多的一展身手的机会，至少在其诞生的18世纪没有参与过任何行动。1800年，随着圣文森特伯爵杰维斯成为英国海峡舰队司令，“巴黎城”号成为海峡舰队旗舰。不过直到1803年之前该舰仍然没有任何实战经历。

1803年8月17日，“巴黎城”号上的舰载艇俘虏了一艘经过乌桑礁石区的法国小型私掠船（是一艘单桅帆船，拥有6门火炮），这也是“巴黎城”号间接取得的第一个战利品。值得一提的是，舰载艇上只有18名士兵，而法国私掠船上则有多达40人。这完全是一次以少胜多的较量。为此，刚刚成立不久的劳埃德爱国基金特别表彰了指挥捕获行动的海军上尉沃茨，并将一柄价值50英镑的荣誉之剑赠送给他。1805年1月，这艘被俘虏的法国私掠船经国会允许被变卖，所得资金全部用来犒劳这些士兵。

在海峡中满帆航行的“巴黎城”号，此画由托马斯·巴特尔沃斯绘于1800年左右。巴特尔沃斯在拿破仑战争期间以海员身份参战并逐渐成为一名海军画家

1808 年 1 月 16 日，属于半岛战争一部分的拉科鲁尼亚战役爆发，“巴黎城”号在舰长约翰·瑟曼·卡登的指挥下于 1 月 18 日前往拉科鲁尼亚港执行战后疏散英军的行动。经统计，“巴黎城”号一共带走了 44 名军官，这其中包括参加了拉科鲁尼亚战役的英军副指挥官大卫·贝尔德将军。除此之外，这艘堪称“巨型运兵船”的主力舰还分批次运送了数千名士兵回国。

在这之后，“巴黎城”号被派至地中海担任此时身为地中海舰队司令的科林伍德的旗舰。在此期间，科林伍德于 1810 年 3 月 7 日因癌症病逝于马翁港。

1814 年 7 月 22 日，在半岛战争行将结束之际，“巴黎城”号再次扮演了“运兵船”的角色。它将第 43 轻步兵营与第 2 来复枪营从西班牙运回了朴茨茅斯港。

随着新式更大型主力舰的不断服役，已显老迈的“巴黎城”号失去了继续为一线部队服务的价值。1824 年，它被降格为一艘港口通信船，并最终于 1845 年被拆毁。终其一生，“巴黎城”号竟从未参加过正规的舰队作战，这对于一艘等级最高的主力舰来说绝对是一种莫大的悲哀。

指挥“巴黎城”号运送参加了拉科鲁尼亚战役的英军将士回国的约翰·瑟曼·卡登（1771—1858 年）的肖像。他后来还参加过著名的 1812 年战争，最后官至海军上将

“巴黎城”号与法、西巨舰的对比

尽管没有在海战中证明自己的价值，但单就武备情况来看，“巴黎城”号的确具备了与当时法、西巨舰一战的能力。再加上其头顶“英国在18世纪建造过的最大军舰”的光环，因此有必要在这里拿出来与法、西巨舰进行横向比较，以窥其综合实力与地位的究竟。

前文介绍过，“巴黎城”号是英国建造的第一艘“超级一级舰”，其设计搭载有110门火炮，与法国“无敌”级和西班牙“圣安娜”级基本持平。不过终究因为船体较小，在火炮的具体配置上有着不可忽视的劣势。受限于不到58米的火炮甲板，“巴黎城”号只能在中层火炮甲板上安置30门24磅火炮而非法、西的32门。由于24磅火炮在海战中颇具重要性，“巴黎城”号可以说在火力上处于些许劣势。

一门保存至今，用于堡垒防御的西班牙24磅海军炮实物。在绝大部分主力舰上，24磅舰炮已经算是最重型的武器，它们在海战中所扮演的角色不可小视

当然，“巴黎城”号与法、西巨舰的差别远远不仅限于这缺少的 2 门 24 磅火炮上。关于英、法、西三国在 18 世纪末所装备的典型“超级一级舰”的对比如下表所示：

舰名	巴黎城	无敌	圣安娜
国籍	英国	法国	西班牙
建造时间	1795	1780	1784
除籍时间	1845	1808	1816
设计排水量（吨）	2351	2400？ *1	2397
设计炮门数	110	110	112
实际载炮数	110~118	100~110	112~126
甲板长（米）	57.92	60.41	60.33
龙骨长（米）	47.56	54.89	53.39
船宽（米）	16.17	16.24	16.66
最大吃水（米）	6.72	8.12	7.9
船员	837	1055	1102

*1：“无敌”号的满载排水量为 4700 吨，但是关于其设计排水量却没有明确记载，维基百科上给出的 2400 吨的数据并无可靠依据。

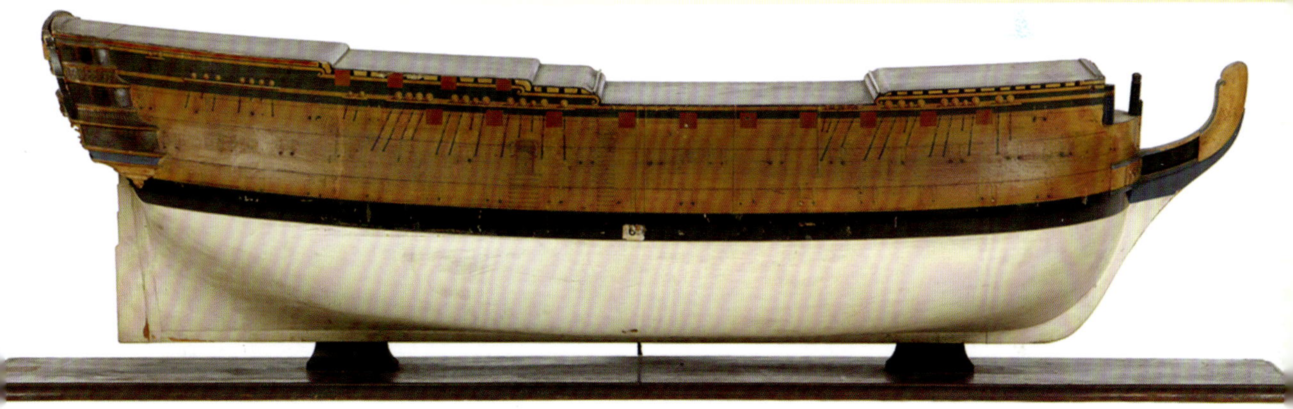

一部“巴黎城”号的海军部简易木质模型。由于生不逢时与船体设计上的局限性，这艘贵为“英国在 18 世纪建造过的最大战列舰”没能发挥出自己的价值

从对比表格中可以看出，虽然同为 110 门火炮级别的“超级一级舰”，但“巴黎城”号在尺寸上却要明显逊色一筹，这就意味着这艘战列舰上的空间相当狭小与拥挤。这在短途航行与作战中虽然可能不会显露出缺点，然而一旦远航，“巴黎城”号的作战能力势必大打折扣。此外，该舰受限于形体，舰上船员数量仍旧属于 100 门火炮级别，这对于最后阶段往往会卷入残酷接舷战的风帆时代海战来说并不是一个有利条件。

种种条件来看，临时升级为 110 门火炮设计方案的“巴黎城”号似乎并不具备与其纸面武备相符的作战实力，随着 19 世纪初体形更大、设计更为合理的“海伯尼亚”（110 门火炮）号以及更高级别的“加勒多尼亚”级战舰（120 门火炮）的服役，已经显得过时的“巴黎城”号没能参加舰队作战便也在情理之中了。从这一点来看，尽管贵为“18 世纪英国最大战列舰”，但“巴黎城”号的命运确实令人哀叹。

拿破仑战争之决战特拉法尔加

拿破仑的崛起与野心

1793 年的土伦战役令年轻的法军将领拿破仑崭露头角，不过并没有成为其生涯腾飞的起点。1794 年，由于与雅各宾派较为亲近的关系和卷入了热月政变，拿破仑一度接受调查并被免除了准将职务。不过在一年之后，拿破仑接受巴黎督政官之托，成功镇压保皇党势力的武装叛乱，随后重新被任命为陆军准将并兼任巴黎卫戍司令，至此开始了其在军政界的平坦之途。

1799 年 11 月 9 日，拿破仑通过发动雾月政变成为法兰西第一共和国执政官，首次统揽了法国执政大权。5 年之后，拿破仑通过投票将共和国改为帝国，自己加冕为法兰西第一帝国皇帝，从此法国进入了“帝国时代”，再次成为欧洲所有列强的眼中钉、肉中刺。

一幅反映雾月政变的画作。拿破仑通过此次政变以及在人民心中的威望，达到了统揽法国执政大权的目的

一幅描绘荷兰 74 门火炮战列舰的油画。荷兰到 18 世纪下半叶已经极度衰落，其海军中最大的军舰仅为 74 门火炮战列舰，并且形体还要小于英国的常规同级别军舰。再加上海员素质较低，在面对英国海军时，几乎不堪一击

早在 1803 年之前，拿破仑便意识到若想称霸全欧，隔海相望的英国一定会成为自己的绊脚石。而若想要除掉这个绊脚石，在海上与其正面对抗显然是痴人说梦，唯一可能的获胜办法便是登陆英国本土将其消灭。为此，拿破仑准备了一支强大的登陆部队，只等法国海军能够为其打通前往英国本岛的航路。但是想要打通这条航路就必须拥有绝对的制海权，尽管对海战“一窍不通”，但拿破仑心里十分清楚，以当时法国和西班牙的海军力量，想要彻底夺取制海权是绝无可能的；但若在特定的区域内短暂取得制海权或通过将英国主力舰队吸引至他处而短暂获得通航线路则是可行的方案。

1803 年 5 月，短暂的《亚眠和约》由于双方的不遵守而化为乌有，英、法重新进入战争状态。拿破仑发动一切力量为可能到来的登陆战争做准备。1803 年，法国现役只有 23 艘战列舰，另有 45 艘战列舰在建造中；到了 1805 年时，法国已服役的战列舰增加到 40 艘，外加其盟友西班牙的 40 艘、荷兰（当时仍是法国的傀儡政府，巴达维亚共和国）的约 20 艘，总共有约 100 艘处于可以使用的状态。而此时的英国海军则拥有 120 艘现役战列舰。这样一来，尽管英国仍旧占据数量优势，但差距已并不是那么悬殊，这也使拿破仑产生了有机会战胜英国的幻想。

1804年12月12日，在法国的怂恿下，西班牙正式向英国宣战。同一天，拿破仑命令当时的土伦舰队司令皮埃尔·夏尔·维尔纳夫带领他的舰队驶离土伦、前往西印度群岛。按照计划，维尔纳夫将在西印度群岛的马提尼克（为法国在西印度群岛的殖民地）与罗什福尔分舰队司令梅塞斯的舰船会合，而梅塞斯应从罗什福尔出发（也前往马提尼克）。拿破仑此举意在从各被封锁港口中抽调舰队，然后会合为一支，以增强己方实力。为了能摆脱英国人的监视，前往遥远的西印度群岛完成这个会合行动是再合适不过的了。

特拉法尔加海战中的联合舰队总司令皮埃尔－夏尔·维尔纳夫（1763—1806年）的肖像。他的名字因特拉法尔加之战而为世人所熟知

不过由于英国舰队的严密封锁，维尔纳夫并未于12月出航。次年1月11日，梅塞斯率领5艘战列舰和4艘护卫舰从罗什福尔小心翼翼地出港向马提尼克驶去。一个星期之后，当负责盯梢土伦港的时任英国地中海舰队司令的纳尔逊率领他的舰队前往马达里那群岛时，维尔纳夫趁机带着他的11艘战列舰和9艘护卫舰溜出了土伦港。

得到维尔纳夫舰队出逃的消息，纳尔逊一开始认为维尔纳夫会驶往马耳他或埃及，于是立即向东赶去，于2月7日到达亚历山大港，发现该地并无敌踪后，他又赶往马耳他，在那里他得到由于遇到风暴，维尔纳夫舰队已被迫返回土伦的消息。这使得纳尔逊更加坚信维尔纳夫的目的地就是埃及。因此在3月26日，为了拦截维尔纳夫，纳尔逊让自己的舰队停泊在撒丁岛以南的海面上“守株待兔”。然而纳尔逊完全没有料到维尔纳夫是在执行拿破仑关于在马提尼克会合的命令。

特拉法尔加海战中的英国舰队总司令霍雷肖·纳尔逊（1758—1805年）的肖像。由于在特拉法尔加海战中的光辉胜利，纳尔逊成为风帆时代最具影响力的将领之一。此画由莱缪尔·弗朗西斯·阿伯特所作

法国海军中将冈托姆（1755—1818年）的肖像。他也是从尼罗河之战溃败中幸运逃脱的将领之一，并获得拿破仑的信任

按照拿破仑的设想，倘若各舰队能在马提尼克成功会合，将会完成一支拥有超过30艘战列舰的庞大舰队的组建。如果再算上西班牙盟友所提供的战列舰，那么舰队的总数将会超过40艘。在前往马提尼克的路上，维尔纳夫需要解救出被封锁在加的斯的西班牙分舰队，并且在到达马提尼克后，将静候梅塞斯和冈托姆舰队的到来。待全部舰队集结完毕后，将由冈托姆担任总司令，指挥这支舰队攻击英国在加勒比地区的殖民地，而后横跨大西洋，在英吉利海峡击败英国舰队，并护卫驻扎在布洛涅的法国登陆部队执行登陆英格兰本土的作战任务。

这听上去是一个“伟大而大胆”的计划。然而，事情从一开始进展得便不如拿破仑想象般顺利。由于风向不利，维尔纳夫比预计时间要晚一个月才抵达马提尼克，而这里也并没有冈托姆将军的舰队。在停留了一个月（等待冈托姆）后，由于拿破仑的施压，维尔纳夫只能独自提前发动了进攻，但除了重新夺回马提尼克附近的堡垒钻石岩外，没有得到任何战果。6月7日，维尔纳夫听闻纳尔逊已经抵达安提瓜岛。为了避免与其照面，在6月11日，维尔纳夫起锚驶返法国本土，纳尔逊则在其后继续追赶。

7月维尔纳夫指挥他的舰队（20艘战列舰）经过西班牙西北的菲尼斯特雷角进入比斯开湾，在这里，他遭遇了由海军中将考尔德（即前文介绍过的罗伯特·考尔德）所指挥的费罗尔港封锁舰队。特拉法尔加海战的“前哨战”菲尼斯特雷角海战就此展开。

菲尼斯特雷角海战

200多年以来，考尔德在菲尼斯特雷角外海的战斗一直都是一场被低估的行动。这也并不奇怪，因为在它3个月之后的特拉法尔加海战的光辉，足以掩盖一切发生于之前的闪亮。

7月19日，位于菲尼斯特雷角西北方向数百千米处的考尔德接到了纳尔逊关于法、西联合舰队驶返欧洲的消息。考尔德麾下一共有15艘战列舰，其中有4艘是拥有98门火炮和三层甲板的二级舰，包括他的旗舰“威尔士亲王”号，还有一艘俘获自法国的80门火炮双层甲板重型三级舰（在法、西都将这类军舰归为二级舰）“马耳他”号。当考尔德得知返程的法、西联合舰队拥有16艘战列舰并且没有一艘是三层甲板战列舰后，这位海军中将显然没有太过于担心自己的处境。

一幅描绘“马耳他”号于1800年被英军俘获时的画作。该舰原名“威廉·退尔”，是法国“雷霆”级大型80门火炮战列舰中的一艘

在此之前，维尔纳夫的舰队已经于7月12日驶入波尔图以西500千米之内，但强烈的北风迫使联合舰队不得不掉转航线，尝试以曲折的方式来接近目标所在的纬度。这样的状况持续到7月17日，直到风向允许维尔纳夫再次转舵，他才得以驶向东面的费罗尔。7月22日晨，位于费罗尔西北方约480千米处的考尔德在预定巡航位置的远端发现了可疑船只。午后，从负责侦察的护卫舰上发来信号：来历不明的船队有24艘（后来更正为27艘）。由于此时海上大雾未能散去，考尔德无法判断这支船队是否就是维尔纳夫的舰队，但是立即下令组成队形紧密的两路纵队向对方驶来方向驶去。

14点，雾气有所消散，负责侦察的护卫舰终于看清了对方船队的战斗序列和规模，不过并未能辨认出混杂在战列线上的护卫舰，因此误以为敌人有22艘战列舰。敌方舰队如此强大的实力令考尔德始料不及，但是亲历过圣文森特角海战（在那次海战中考尔德是舰队参谋长）、深受杰维斯理念熏陶的他决定还是选择发起进攻——这无疑是一个勇敢的决定。

15点30分，双方舰队拉近距离至13千米，考尔德放弃了抢占上风位的机会，这使得维尔纳夫认为对方打算仿效纳尔逊在尼罗河之战中的战术从两面夹击联合舰队的后卫舰队，于是迅速向位于前方的格拉维纳打出信号：如果听到后卫传来炮声就应当让舰队一次顺风掉头。不过出乎法国中将意料的是，格拉维纳刚刚看到护卫舰转发的信号就立即开始执行掉头命令（后来证明他也因此而得益）。与此同时，英军先头舰只靠近了联合舰队的中部。考尔德认为攻击的时机已经成熟，遂发出转向信号——原来他是想直接攻击敌方的中坚舰队。然而他将自己意图展现的时机实在是太晚了，前方舰只并未执行他“攻击敌军中坚舰队”的关键命令（他们以为考尔德的目标是敌军后卫舰队）。

一幅展现考尔德舰队攻击维尔纳夫所指挥的法、西联合舰队的画作。由于在关键时刻没能将命令很好地贯彻给舰长，考尔德的攻击未能达到预期效果

一幅描绘菲尼斯特雷角海战结束时，考尔德的舰队押送着被俘西班牙战列舰返航情景的画作

考尔德的命令未能贯彻也体现在了其属下舰长的航海日志里。在位于战列线第一位的“英雄”号（74门火炮）舰长加德纳（1770—1815年）的航海日志中只字未提考尔德关于进攻敌军中坚舰队的命令；而位于其身后的“阿贾克斯”号（74门火炮）舰长布朗（1764—1814年）也仅仅在日志中写道：“与敌军交战。”而糟糕的事情还不仅如此，当加德纳等舰前去攻击法国后卫舰队时，格拉维纳的西班牙前卫舰队已经反转航向赶来增援。此时海上大雾再次变浓，加德纳看不到考尔德的旗舰，只能自己根据经验做出行动判断。

本来一场经过精密策划的攻击就这样被海上大雾和格拉维纳分队的提前掉头而破坏了。双方的交战完全可以用混乱来形容，在大雾笼罩下的大部分时间里，双方几乎都不知道自己在向谁开火，只知道朝着浓雾中的闪光处（炮口焰）不断射击。这种混乱而盲目的战斗一直持续到当天21点。

当战斗结束时，英军捕获了位于前卫最后方的两艘身负重伤的西班牙战列舰“圣拉斐尔”号（80门火炮）与“坚定”号（74门火炮）。战后，考尔德在日志中写道：“这是一场决定性的、持续了4个小时的战斗，直到我认为有必要让舰队去掩护被俘敌舰才结束。”而维尔纳夫的说辞则恰好与之相反，他如是描述道：“敌人匆匆逃离战场，他们有好几艘战列舰被打成重伤，而我军则牢牢控制着局势。胜利的欢呼响彻我们的战舰。”

由于双方都宣称自己获得了胜利，菲尼斯特雷角海战显然不是一场决定性的战斗。战后，考尔德理所应当地被军事法庭指控“未能竭尽全力捕获或摧毁敌军所有战舰”并被定了罪。不过幸运的是，他没有像 40 多年前的约翰·宾那样被处决，甚至被晋级为上将，但是却由于担任普利茅斯守备军司令而与出海无缘。

决战前夜及实力对比

7月 25 日早晨，考尔德的舰队与维尔纳夫的舰队脱离了视线接触，这时候海况变得恶劣，由于担心舰队会因此分散开，维尔纳夫经过思考后放弃了前往费罗尔的计划，掉头驶向加的斯。即便如此，由于海况进一步恶化，格拉维纳建议去最近的维戈港避风，得到了舰长们的一致认可。

待天气有所好转后，7 月 31 日，维尔纳夫的舰队从维戈出发，按照原计划北上前往拉科鲁尼亚。8 月 2 日，法、西联合舰队如愿抵达拉科鲁尼亚港。与此同时，从西印度群岛返航的纳尔逊舰队正驶向乌桑岛与位于那里的康沃利斯的海峡舰队主力会合；而由菲尼斯特雷角战场撤离的考尔德也驶向那里，英国封锁舰队打算在乌桑岛集结以应对法、西联合舰队可能的前往布雷斯特会合的行动。

此时此刻，警觉的维尔纳夫似乎嗅到情况有些不对。尽管拿破仑已经下令其带领舰队北上与阿勒芒会合，而后前往布雷斯特等待运载登陆大军前往英国本土，然而由于担心遭到实力强于自己的海峡舰队的拦截，维尔纳夫在拉科鲁尼亚逗留至 13 日后，不顾西班牙同僚的强烈反对，指挥舰队折回加的斯。尽管拿破仑曾感叹“维尔纳夫丧失的机会实在太大”并认为倘若他一刻不停歇地与阿勒芒会合后抵达布雷斯特，会对康沃利斯的舰队形成短期优势（战列舰数量对比为 30 ：20），但他却忽略了正从菲尼斯特雷角撤往乌桑岛的考尔德舰队。此外，英国舰队中为数众多的三层甲板战列舰（大多数为拥有 98 门火炮的二级舰）会对稀缺三层甲板战列舰的联合舰队构成极大的威慑。不管如何，想要取胜是一件非常困难的事。

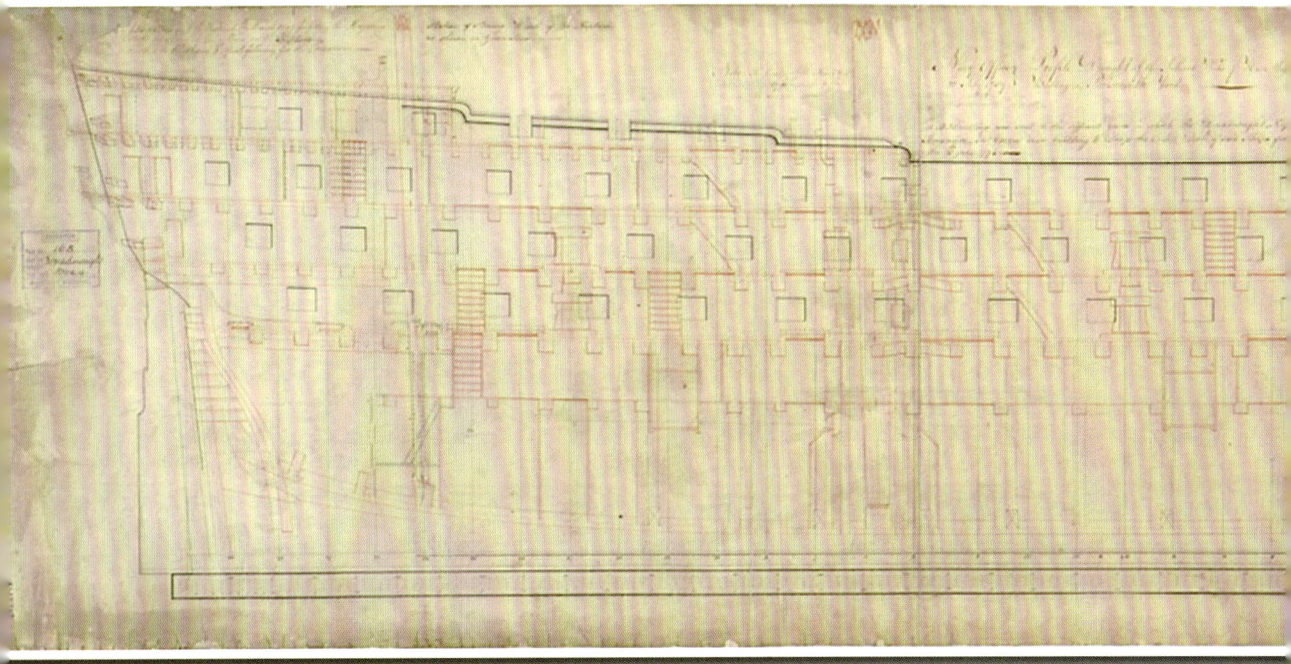

另一边，早在封锁罗什福尔的斯特林舰队离开（他是去加入考尔德舰队围堵维尔纳夫的联合舰队）后，阿勒芒便于 7 月 17 日带领 5 艘战列舰从港内溜出准备与维尔纳夫会合。然而由于维尔纳夫的临时改变航行路线，他非但没能会合，甚至险些与考尔德的舰队遭遇。后来，这支弱小的舰队于 8 月 15 日驶入维戈港避难。

8 月 18 日，联合舰队的行踪在圣文森特角以西被发现，此时考尔德已经接到康沃利斯的命令率领 18 艘战列舰向南航行。由于封锁加的斯港的科林伍德此时手中仅有 3 艘战列舰，当拥有 36 艘战列舰的法、西联合舰队浩浩荡荡地向他驶来时，这位将军几乎被惊呆了，不得已，只得指挥他那可怜的小舰队向直布罗陀海峡撤退。但事实上此时联合舰队士气低落，维尔纳夫唯一的念头就是尽快驶入安全的港口。格拉维纳曾试图追击科林伍德，但很快便被维尔纳夫召回。8 月 20 日，实力强大的联合舰队如丧家之犬般溜进了加的斯港。

西班牙海军中将费德里克·格拉维纳（1756—1806 年）的肖像。他是特拉法尔加海战中西班牙分舰队司令

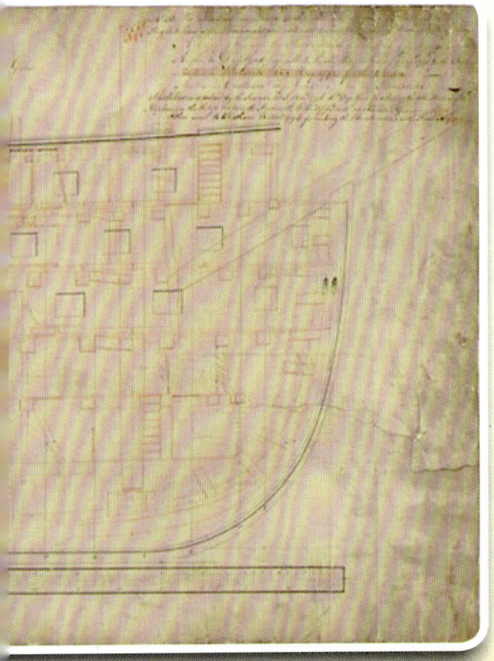

英国 98 门火炮三层甲板战列舰“尼普顿”号的草图。在拿破仑战争时期，英国装备了大量这种较小却具备足够威慑力的三层甲板战列舰，对稀缺三层甲板战列舰的法、西联合舰队构成了一定的心理压力

由于维尔纳夫的怯战行为已经使拿破仑入侵不列颠的计划无法继续实施，8 月 22 日，拿破仑写信给海军部长德克雷说："我认为维尔纳夫连指挥一艘护卫舰的资格都没有。他是一个既无决断能力又无魄力胆量的人。"随后不久，拿破仑返回巴黎，而原本准备用于登陆英国的"英格兰军团"也被改派往莱茵河用于防止奥地利和沙俄的入侵。由于维尔纳夫的表现过于拙劣，拿破仑打算将其撤职。9 月 26 日，这位法国皇帝给德克雷写了一封信，要求他用罗西利（1748—1832 年）取代维尔纳夫的位置。罗西利在美国独立战争时期便担当舰长，曾经是一名经验丰富的实战派将领。然而因为个人原因，他已经 15 年没有出海执行过任务了。尽管如此，在拿破仑看来，罗西利仍然比维尔纳夫更值得信任。

法国海军中将弗朗索瓦·罗西利（1748—1832 年）的肖像。拿破仑决定以此人接替维尔纳夫，从一个侧面也说明了法国海军无人可用的窘境

由 Occre 公司出品的特拉法尔加海战中西班牙分舰队旗舰“阿斯图里亚亲王”号模型实物。该舰为西班牙“圣安娜”级112门火炮战列舰的8号舰，曾参加过圣文森特角海战

考虑到不能刺激到维尔纳夫使其做出过激行为，德克雷起初并未直接通知他，而是先让罗西利前往加的斯，打算让后者当面替换维尔纳夫。在此之前，纳尔逊于9月13日乘坐“胜利”号从本土出发向南航行。9月28日，纳尔逊抵达了加的斯港外的封锁舰队锚地并于次日接管了舰队指挥权（这一天恰好是他的生日）。至此，维尔纳夫已成为瓮中之鳖。

10月1日，维尔纳夫开始为出海做准备，原定10月7日出海，但因风向突然转换，他的舰队不得不又在加的斯港滞留了10天。由于迟迟没能出战，就连西班牙盟友也开始不信任维尔纳夫了。据记载，在维尔纳夫滞留于加的斯港的日子里，法国和西班牙官兵经常发生争执，有时甚至升级为冲突。很显然，维尔纳夫已经控制不住这种局面了。在危机时刻，还是西班牙分舰队司令格拉维纳替维尔纳夫解决了困难（平息冲突）。但平心而论，格拉维纳对维尔纳夫早已不抱任何希望。据记载，当最后法、西联合舰队出航时，格拉维纳将自己的旗舰由140门火炮的“圣三位一体”号更替为112门火炮的“阿斯图里亚亲王”号。这一小小的细节说明这位西班牙海军上将对即将到来的战争根本没有信心了（显眼的“圣三位一体”号更容易招致敌军的炮火，在随后的战斗中也证明了这一点）。

事实上就在维尔纳夫举棋不定之时，纳尔逊已经制定好了作战方案。他在备忘录中指出，交战时间的延迟与大型舰队从航行阵型改组成战列线密不可分。由此他决定将舰队组织成一种航行阵型等同于战斗阵型的方式，不过特别强调了“总司令和副司令的旗舰除外”。这一条无疑是非常关键的，它意味着两位指挥官的座舰在航行中会引领各自分队前进，但在战斗阵型中则会制定其他位置。与此同时，纳尔逊还提出一个全新构想：在了解了舰队司令的意图后，副司令可以全权指挥自己的分队。换言之就是，纳尔逊自己带队接近敌人之后，科林伍德将被赋予完全自主作战权。

在纳尔逊的备忘录中，英军的作战原则是用整支舰队集中攻击敌人从舰队末端到旗舰之前的战舰，这也意味着会让20艘左右的敌舰不会遭到攻击；因而很有可能重蹈考尔德在菲尼斯特雷角海战中的覆辙。不过纳尔逊却认为自己的攻击方式足以应对任何敌舰折回支援的行动，但是同时他也表示如果最糟糕的情况发生，那么就会发生一场混战；然而这样一来则必然取得决定性的战果（要么大胜要么惨败）——这也是以“赌博”著称的纳尔逊希望看到的结局。

另外，在纳尔逊的作战方案中，几乎所有的三层甲板战列舰都被安排在阵型前列。这也凸显出纳尔逊打算集中局部优势兵力速战速决的决心。

位于“胜利”号船艉的舰队司令会议室一瞥。当年纳尔逊正是站在这里与同僚们制定出特拉法尔加海战的作战计划

由著名画家J.M.W. 特纳所绘的特拉法尔加大海战

10月8日，维尔纳夫也召开战前作战会议，向法国和西班牙的舰长们解释他即将与英国舰队交战的战术思想。他主张将这支舰队（总共33艘战列舰，其中法国18艘，西班牙15艘）分为两个分队，分别为“主战舰队”和“预备舰队”。“主战舰队”共有21艘战列舰，由维尔纳夫亲自指挥；“预备舰队”为12艘战列舰，由格拉维纳指挥，在行进中应位于“主战舰队”的上风位。但在因风向问题舰队于加的斯港滞留期间，维尔纳夫却得到了罗西利将要来替代他的消息（由于罗西利已经久疏战阵，维尔纳夫起初以为一定是德克雷派他来担负某项行政工作，但10月15日，从马德里传来确切消息，说罗西利是奉命来接替他舰队司令一职的），认为这是个奇耻大辱，于是决定抢在罗西利抵达之前率领舰队出海求战。维尔纳夫将此举视为“证明自己的最后机会”。

根据记载，维尔纳夫在出航之前也进行了对英军可能采取战术的推测。可以说他的预测非常准确，几乎与之后纳尔逊所采取的实际行动如出一辙。这位法国中将指着战术板对他的舰长们说道：“我认为，英国舰队不会构成与我联合舰队平行的战列线。纳尔逊应该会企图切断我方战列线，然后包围我方后卫舰队；最后集中力量来打击我方可以被孤立和切断的舰只，越多越好。”

然而，尽管成功预知了英国舰队的战术，维尔纳夫却拿不出好的对策来。到最后，他和他的舰长们商讨的结果只是采取常规的鱼贯前进的方式来迎战。关于即将到来的战斗，他补充说明的只有两点：一是如果法、西联合舰队占据上风，则应追击敌人，然后进行一对一的战斗；二是如果己方处于下风，各舰应排成一条紧邻的战列线等候攻击，而每个舰长也应各自为战。

大战一触即发……

特拉法尔加大海战

10月19日上午6点，在经历了太长的拖延后，维尔纳夫指挥的法、西联合舰队终于扬帆出发。两个半小时之后，纳尔逊在加的斯西南方约80千米远处，从他在岸边监视的护卫舰那里获知敌方舰队出港的信号，他立即发出“全面追击”的信号，因为他的目的是切断法、西联合舰队前往地中海的通道。紧接着，他又发出“敌方舰队已在海上”的信号，不过10月20日天明时，纳尔逊舰队在直布罗陀附近并没有发现敌方舰队的踪迹，于是命令舰队转而向西北前进。事实证明这一举措是正确的。没过多久，纳尔逊便发现了正在航行中的“猎物”，并在正午时得到报告说这支舰队正向西行进。一小时之后，英国舰队副司令科林伍德来到“胜利”号上接受纳尔逊战前最后的指示，此时纳尔逊已获知维尔纳夫改变航向朝东南行进。在日落之前，纳尔逊命令他的护卫舰在夜间始终与敌方舰队保持接触。

10月21日拂晓时分，当英国舰队仍然处于没有严整的队形或阵线时，法西联合舰队却已按照原计划组成了紧密相连的战列线，整体航向为东稍微偏南的方向。两支舰队相距约18千米。因为当日为阴天，天色较黑，不能辨识旗语，所以直到上午6点10分，纳尔逊才发出了“呈两个纵队依次前进”的信号。于是科林伍德的分队前进到舰队的右前方。接着，纳尔逊又发出“依照东北东方向行驶”的信号。至6点22分，其下令“备战”。维尔纳夫的舰队正向直布罗陀海峡前进，在他意识到由于风力过小、己方已不可能避免交战时，于上午8点发出信号，命令全体舰队转向，这样可使加的斯港处于下风位置，以便在战斗中受伤的舰艇能够顺利驶回港口避难。

由J.M.W.特纳所绘的另一幅描绘特拉法尔加海战的场景。其画面主体为战斗中的“胜利”号

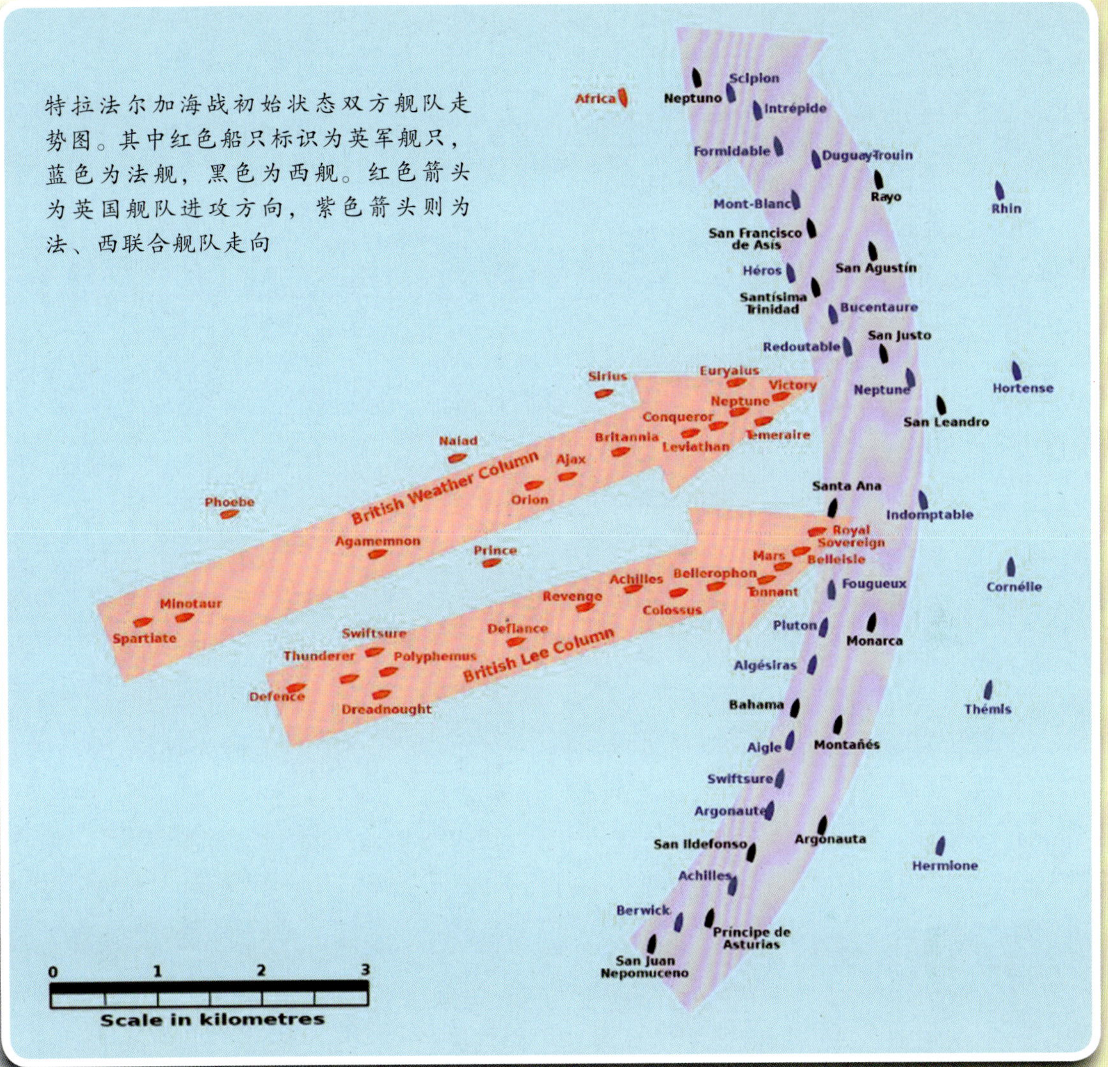

特拉法尔加海战初始状态双方舰队走势图。其中红色船只标识为英军舰只，蓝色为法舰，黑色为西舰。红色箭头为英国舰队进攻方向，紫色箭头则为法、西联合舰队走向

维尔纳夫的此举无疑埋下了失败的伏笔。大规模的舰队转向导致了舰队的大混乱。有些船只间距离太近；而有些船只间距太大，留下了可供敌舰攻入的缺口。其中大部分向下风方向弯曲，整个舰队形成一个不规则的新月形，长度约5千米。不仅如此，这次转向使整个舰队内分队的位置都发生了变化——原本担任主战舰队后卫的皮埃尔·杜马诺阿少将（1770—1829年）的舰队反而变成了前卫。这样的场面使得原本舰队阵势也陷入混乱的纳尔逊看到了机会。

英国舰队分为两个纵队赶了上来。上风纵队由纳尔逊指挥，下风的则由科林伍德指挥。从西北吹来的风力甚微，海中只有向西推送的巨浪。英国舰队前进的时速起先估计为5千米，不久便因风力不足而降到2.4千米。由于纳尔逊并没有下令收帆，因此这两个纵队就不可能组成正规的战列线阵势。此后，纳尔逊没有按照原计划——即以敌方中坚舰队前段为目标，而是改为向其前卫舰队中段冲去；科林伍德则向敌人后卫舰队的前段发起进攻。大约11点30分，举世闻名的特拉法尔加海战正式打响。

开战后，科林伍德的纵队向左航行，每舰之间的间隔约为两“链”（海军的一种计算距离的单位，1链约合185.2米），成为一条不规则的斜线；然而由于敌方战列线呈新月形弯曲，所以双方仍旧几乎是平行的。在双方接近后，法、西联合舰队中的“热情”号（74门火炮）首先向科林伍德的旗舰“皇家主权”号开火。此后5至10分钟，“皇家主权”号仍继续保持航向不变，接着，位于“热情”号前方的“圣安娜号”又向“皇家主权”号开了一炮。科林伍德无视敌军的攻击，指挥“皇家主权”号靠近并钻入敌军战列线（位置在“圣安娜”号与“热情”号之间）。当它面对“圣安娜”号的船艉时，就从左舷向后者连发两炮，使其艉楼遭受重创；接着它又用右舷火力压制“热情”号，在通过了这两艘战列舰中间后，“皇家主权”号转向驶近“圣安娜”号的右后段，再次向其射击。但不久之后，科林伍德即发现四周都是敌舰（他的旗舰已经驶入联合舰队“心脏部位”），经过40分钟激烈战斗（“皇家主权”号的主要对手是西班牙巨舰“圣安娜”号），“皇家主权号”几乎被摧毁，变成一具“无法控制的空壳”。不过幸运的是，该舰被己方护卫舰“欧律阿罗斯”号（Euryalus，36门火炮）拖拽出战场（免遭俘获或击沉）。

一幅描绘特拉法尔加海战中，“皇家主权”号正与“圣安娜”号猛烈交火的油画。“皇家主权”号位于油画最左侧，中间被烟雾环绕的是“圣安娜”号

由著名画家卡拉克森·斯坦菲尔德所绘的特拉法尔加海战的油画。画面正中间的“布森陶尔”号正遭到“胜利”号与“鲁莽”号的包夹攻击，奄奄一息

不过在与“皇家主权”号的交战中，“圣安娜”号显然是更为倒霉的一方。该舰在折断桅杆、丧失战斗力后因得不到友舰支援，不得不降旗投降。英国人登上该舰把重伤且生命垂危的西班牙副司令阿拉瓦中将也转移到“欧律阿罗斯”号上去。在“皇家主权”号退出战斗的8分钟后，“贝尔岛”号（74门火炮）也从“热情”号后切入法、西战列线，并且在此之后，每艘科林伍德纵队的战列舰都是这样分别切入敌阵，向左右两侧的敌舰用侧舷炮火猛攻。这使得数量占劣势的英国舰队反而获得了火力上的优势。至15点，法、西联合舰队中前卫（实际上已经变成后卫）的一部分以及预备舰队已经被完全击溃。总计15艘战列舰中有10艘被俘、一艘被击沉，只有4艘逃走，其中一艘为格拉维纳的旗舰“阿斯图里亚亲王号”——上面载着因受致命伤而处于濒死状态的西班牙总司令。

在科林伍德纵队开始作战后25分钟，纳尔逊纵队也投入了战斗。和科林伍德的纵队不同，纳尔逊的纵队始终保持着不规则的鱼贯队形。起初，纳尔逊将巨大的四层甲板战列舰“至圣三位一体”号（140门火炮）当作维尔纳夫的旗舰，但当靠近该舰时，他猛然发现尾随在这艘巨舰后不远处有一艘法国双层甲板战列舰悬挂着舰队总司令的将旗，这就是“布森陶尔”号。纳尔逊立即指挥“胜利”号联手“鲁莽”号（98门火炮）对“布森陶尔”号进行射击，使其遭到重创。

紧接着，“胜利”号身后的两艘98门火炮三层甲板战列舰“尼普顿”和“征服者”号也接近“布森陶尔”号，“胜利”号向右转，与法舰“敬畏号”（74门火炮）接舷，两舰立即纠缠在一起，双方船员都准备跃上对方甲板夺取敌舰，但首先尝试的法国人却为英方火力所制止，死伤惨重。差不多又过了一个小时，当纳尔逊正在与后甲板的“胜利”号舰长哈迪一同指挥战斗时，从“敬畏”号船桅上突然射来一颗子弹击穿了他左肩的肩章，透进胸部，嵌在脊椎骨上。纳尔逊一下子扑倒在甲板上。在被扶起来后，纳尔逊喃喃地对舰长哈迪说道：“他们终于把我解决了，哈迪……我的背脊骨已被射穿了。”纳尔逊随后被抬入船舱，到16点30分，在得知自己已经取得一场伟大胜利的消息后安然死去。

一幅描绘纳尔逊被法国“敬畏”号上的射手击中要害而倒地的画作，作者为丹尼斯·戴顿

由尼古拉斯·波科克所绘的特拉法尔加海战进行至21日17点的场景画。此时英国舰只已经开始扫荡残局、收拢战利品

到中午12点，法、西联合舰队已经濒临崩溃的边缘。维尔纳夫下令所有尚未参战的舰只都各自投入战斗，但位于联合舰队首位的杜马诺阿的后卫舰队仍在向北航行，该分队至此都基本还未投入战斗。13点50分时，杜马诺阿开始掉头并回援维尔纳夫的中坚舰队，但由于是逆风，他的舰队航速十分缓慢，直至15点30分才赶到战场。此时海战的胜负早已分明，杜马诺阿的反击犹如杯水车薪般很快便被击退。

至16点30分，法、西联合舰队已经“死的死、伤的伤”，全部33艘战列舰中只有9艘逃回加的斯港，4艘逃入直布罗陀海峡，其余20艘战列舰均被击沉或俘获。至此，一场风帆时代最伟大的战役落下了帷幕。

战后及历史评价

特拉法尔加海战虽然已经结束，但对于英国和法、西同盟来说噩梦却才刚刚开始。21日夜幕将至时，海上风暴大作，一连就是4天，由于相对受损较为严重，法、西联合舰队中多艘被俘舰只在风暴中倾覆，这其中包括最著名的四层甲板巨舰“至圣三位一体”号以及维尔纳夫的旗舰“布森陶尔”号。面对灾难，英军释放了俘虏，大家携手共同努力摆脱厄运。不过法军在整个特拉法尔加海战中表现最为出色的朱利安·科斯莫在第二天带领一支舰队从加的斯港出航、趁机夺回了被英军俘获的“圣安娜”号和“涅杜诺”号（80门火炮）。然而为了这两艘几乎沦为废船的友舰，科斯莫付出了沉重的代价：舰队中的“闪电”号（100门火炮）与“顽强”号（74门火炮）在返航途中沉没，而被营救的“涅杜诺”号也未能幸免，人员损失甚为惨重。

法国海军准将朱利安·科斯莫（1761—1825年）的肖像。他所指挥的“普鲁托”号是特拉法尔加海战中法、西联合舰队为数不多的亮点

一幅描绘特拉法尔加海战中，双方舰队进行炮战场景的画作。在战列线炮战时，火炮射速和精度是决定胜负的关键因素

24 日，海上强风退去，科林伍德得以恢复了对加的斯港的封锁。龟缩在港内的法、西残军非但没有反扑的力量，甚至连正常出海都办不到（各舰损伤极为严重，需要长期修补）；而因反击失败而脱离战场的杜马诺阿和他的残部在罗什福尔附近被英国舰队擒获。

特拉法尔加海战无疑是英国海军一次辉煌无比、具有决定性意义的胜利，然而战役的进程并非如结局显示那么一帆风顺。与其说纳尔逊凭借高于常人的勇气和战斗技巧为英国带来了这样一场胜利，不如说是法、西联合舰队以拙劣到令常人难以想象地步的表现结束了这场“闹剧”。根据备忘录和实际战役进程可以看出，纳尔逊并未按照其既定战术构思去战斗，海战很快便演变为他所预料的糟糕的情况——一场混战。维尔纳夫原本有机会打破纳尔逊的攻势，但是很遗憾，他完全没能做到。

另外，法国和西班牙海员的疏于训练也是导致溃败的一个不可忽视的原因。尤其是在火炮射击技术方面，英国比法、西明显要高明许多，不仅射击命中率较高，而且射速也快一倍，因此火炮杀伤力成倍提升。只要比较一下双方在战斗中的死伤数目（英国舰队总计伤亡 1666 人，而法、西联合舰队则高达 13781 人），就可以清楚地看出这其中的差距了。一些法国学者认为，双方差距如此之大有一部分原因是在港口封锁中，法、西两国舰队无法出海，失去了实战练习的机会，而英国海军则恰好与之相反（一直在以战养兵）。

据记载，科林伍德在担任战列舰舰长时，他的部下经常在他的主持下操练火炮，因而几乎很少有其他战列舰在火力的迅速和精准上能与他的战列舰相比。科林伍德经常告诫他的部下道：“如果我们能够在 5 分钟内使侧舷火炮进行 3 次精确射击，就没有任何船只能够抵御了。当然，如果我们能更刻苦一些，那么只要有 3 分半钟时间说不定就够了。”这些话揭示了一个道理：即战列舰作战时，倘若一艘船的射速能比敌船快两倍，那么火力也就相当于两艘船了。

法、西联合舰队在特拉法尔加海战中的惨败不仅彻底击碎了拿破仑的侵英美梦，也使法西联合舰队再无力量与英国舰队进行大规模正面交锋。而对于拿破仑来说灾难还不止这些，不久之后，由于早已不满法国人的欺凌再加之屡战屡败耗费了大量国力，西班牙脱离法国同盟并迫使拿破仑不得不分兵对其进行占领。后来，英国站在西班牙这边协助其对拿破仑实施了倒戈一击。

在章节的最后，将参加过特拉法尔加海战的双方舰队序列整理成表格，供读者参阅。

英国舰队方面（总司令为纳尔逊中将）

	舰名	国籍	舰长 / 随舰指挥官	火炮（实际载炮）	船员
先头舰（游离于战列线外）	非洲 Africa	英国	亨利·迪格比	64	498
上风舰队（指挥官为纳尔逊中将）	舰名	国籍	舰长 / 随舰指挥官	火炮（实际载炮）	船员
	胜利	英国	托马斯·哈迪 / 纳尔逊中将	100（104）	821
	鲁莽	英国	E. 哈维	98	718
	尼普顿	英国	托马斯·弗里曼特尔	98	741
	利维坦	英国	亨利·贝恩腾	74	623
	征服者	英国	以撒列·佩鲁	74	573
	不列颠尼亚	英国	查尔斯·布伦 / 诺赛思科伯爵	100	854
	阿加门农	英国	爱德华·贝利爵士	64	498
	阿贾克斯	英国	约翰·皮尔福德（代舰长）	74	702
	猎户座	英国	爱德华·科德林顿	74	541
	米诺陶	英国	查尔斯·曼斯菲尔德	74	625
	斯巴达人	英国	弗朗西斯·拉佛利爵士	74	620

（续）

	舰名	国籍	舰长	火炮（实际载炮）	船员
下风舰队（指挥官为科林伍德中将）	皇家主权	英国	爱德华·罗瑟拉姆 / 科林伍德中将	74	745
	贝尔岛	英国	威廉·哈古德	74	728
	马尔斯	英国	乔治·达夫	74	615
	雷霆	英国	查尔斯·泰勒	80	688
	柏勒洛丰	英国	约翰·库克	74	522
	巨像	英国	詹姆斯·莫里斯	74	571
	阿喀琉斯	英国	理查德·金	74	619
	复仇	英国	罗伯特·莫森	74	598
	独眼巨人	英国	罗伯特·莱德茂	64	484
	迅敏	英国	威廉·罗斯福德	74	570
	无畏	英国	约翰·康	98	725
	挑战	英国	菲利普·达勒姆	74	577
	雷神	英国	约翰·斯托克姆	74	611
	防御	英国	乔治·霍普	74	599
	亲王	英国	理查德·格林达尔	98	735

法、西联合舰队方面（总司令为维尔纳夫中将）

	舰名	国籍	舰长 / 随舰指挥官	火炮（实际载炮）	船员
前卫舰队（指挥官为皮雷少将）	涅杜诺	西班牙	巴尔德斯	80（101）	800
	西庇阿	法国	贝伦格尔	74	817
	闪电	西班牙	恩里克·麦克唐奈尔	100	830
	可畏	法国	雷特利尔 / 皮雷少将	80（84）	840
	迪盖·特鲁安	法国	图菲	74	755

（续）

	舰名	国籍	舰长 / 随舰指挥官	火炮（实际载炮）	船员
	阿西斯的圣方济各	西班牙	弗洛雷斯	74	657
	勃朗峰	法国	拉维利格里	74	755
中坚舰队（指挥官为维尔纳夫中将）	舰名	国籍	舰长	火炮（实际载炮）	船员
	圣奥古斯丁	西班牙	加西哈尔	70（80）	711
	英雄	法国	让・勒内・普兰	74	690
	至圣三位一体	西班牙	弗朗西斯科・乌尼亚特 / 西斯内罗斯少将	136（140）	1159
	布森陶尔	法国	雅克・马根迪 / 维尔纳夫中将	80（86）	888
	涅普顿	法国	梅斯特拉尔	80（86）	888
	圣莱安德罗	西班牙	胡安・德克维多	64（74）	606
	敬畏	法国	让・雅克・卢卡斯	74	643
后卫舰队（指挥官为阿拉瓦中将）	舰名	国籍	舰长	火炮（实际载炮）	船员
	勇敢	法国	因弗内特	74	745
	圣胡斯托	西班牙	加斯顿	70（76）	694
	顽强	法国	胡波特	74（76）	887
	圣安娜	西班牙	加多基 / 阿拉瓦中将	112（126）	1102
	激情	法国	博杜安	74	693
	蒙纳卡	西班牙	阿尔古莫萨	74	667
	普鲁托	法国	科斯莫	74	755
预备舰队（指挥官为格拉维纳中将）	舰名	国籍	舰长	火炮（实际载炮）	船员
	巴哈马	西班牙	加里亚诺	70（74）	702
	鹰	法国	古莱热	74	755
	蒙塔涅斯	西班牙	阿尔塞多	74（80）	749
	阿尔赫西拉斯	法国	特纳 / 马贡少将 *1	74	755
	阿戈瑙塔	西班牙	帕雷哈	90（102）	800
	迅敏	法国	维勒玛德林	74	755

（续）

舰名	国籍	舰长 / 随舰指挥官	火炮（实际载炮）	船员
阿戈诺特	法国	德雅尔丁	74	755
圣伊尔德方索	西班牙	巴拉雷斯	74	716
阿基里斯	法国	杜尼伯	74	755
阿斯图里亚斯亲王	西班牙	拉斐尔·霍尔 / 格拉维纳中将	112（122）	1141
贝里克	法国	德伽玛	74	755
涅波姆的圣若望	西班牙	科斯莫·丘鲁卡	74（76）	693

*1：实际上预备舰队也被分为两部分，其中法国马贡少将指挥包括“巴哈马”“鹰”“蒙塔涅斯”“阿尔赫西拉斯”“阿戈瑙塔”和“迅敏”号在内的6艘战列舰；其余6艘归格拉维纳中将指挥。

*2：西班牙舰队中的“阿戈瑙塔”号实际上是一艘具备轻火炮甲板的三层甲板战列舰，与“闪电”号类似，大约在1805年早些时候由80门火炮的双层甲板战列舰改装而来。

一幅描绘英军下风舰队与法、西联合舰队中的后卫舰队战斗场面的画作。从左至右分别为：“激情”号、“贝尔岛”号、“顽强”号、“圣安娜”号与“皇家主权”号。舰名所对应的船只请参考上表

120门火炮的海上怪兽——“加勒多尼亚”级

过渡产品——“海伯尼亚”号

前文提到过英国在18世纪所建成的最大战舰“巴黎城”号与同期法、西巨舰相比依旧存在不小差距。尽管在海战中一级舰与一级舰的对决并不常见，但对于已经站在海洋之巅的英国来说，拥有一艘足够撑起门面的巨舰是无须质疑的事情。因此早在“巴黎城”号刚刚动工建造之时（1790年12月9日）海军部就下达了建造全新110门火炮级别“超级一级舰”的指令。该级舰由海军舰艇监督官约翰·亨斯洛（1730—1805年）设计建造，这也是按照亨斯洛设计图纸最终建成的唯一一艘同型战舰，被命名为“海伯尼亚”。由于随后不久，英国海军即装备了更大、设计更合理的“加勒多尼亚”级，因此“海伯尼亚”号成为了名副其实的“过渡产品”。

保存在马耳他海事博物馆的“海伯尼亚”号的船艏像。“海伯尼亚”在古拉丁语里意即爱尔兰岛

尽管与“巴黎城”号同为110门火炮级别的战列舰，“海伯尼亚”号在外观上看起来比前者要明显长了一截子——其火炮甲板长度首次超过60.96米，达到了61.31米。但是除此之外，该舰的其余重要尺寸却与“巴黎城”号几乎无异：其龙骨长约47.55米，船宽约16.16米，吃水深约6.76米。由于船体的大幅拉长，“海伯尼亚”号的排水量达到2530吨，比“巴黎城”号增加约180吨；同时超过了法国“无敌”级与西班牙“圣安娜”级，跻身“巨舰”之列。这艘“划时代”的英式巨舰于1797年11月铺设龙骨，开始了漫长的建造。

也是借助于加长的船体，“海伯尼亚”号的火炮布局相比“巴黎城”号来说得到了质的飞跃——它是英国自行建造的第一艘在最下层甲板拥有16对有效炮位的战舰，其图纸设计的火炮布局如下所列：

32门32磅炮布置在下层火炮甲板；

32门24磅炮布置在中层火炮甲板；

34门18磅炮布置在上层火炮甲板；

12门32磅卡隆炮布置在艉楼。

但是事实上在下水之后“海伯尼亚”号便在艏楼又配备了6门火炮，分别为4门32磅卡隆炮和2门18磅加农炮。这使得该舰的火炮总数量达到了116门。因此虽然名为110门火炮战列舰，“海伯尼亚”号实际上是一座威力更为强大的海上堡垒。

收藏在博物馆的“海伯尼亚”号模型。虽然无法得知它的制作年代，但从褪色的船底铜皮和并不精确的外观来看，这部模型年代十分久远。铭牌上清楚地刻着“海伯尼亚·1804”的字样

一幅摄于 1894 年的“海伯尼亚”号的珍贵照片。此时该舰已经被改装成一艘仓库船，等待它的只有被拆毁的命运

1804 年 11 月 17 日，“海伯尼亚”号完成了下水仪式，并于翌年竣工。由于种种原因，这艘崭新的巨舰并没有来得及赶上举世瞩目的特拉法尔加战役。1807 年至 1808 年之间，“海伯尼亚”号执行了它的第一个任务——在葡萄牙法院搬至巴西期间为葡萄牙皇室护航。

从 1816 年开始直到 1855 年，“海伯尼亚”号一直在英国地中海舰队服役，并在相当长一段时间内担任旗舰，不过在此期间没有参与过任何战斗。在拿破仑战争结束后，该舰还曾担负过将流放囚犯押送至位于新南威尔士州的殖民地（位于今天澳大利亚东南部）的任务。“海伯尼亚”号的寿命很长，直至 1893 年它仍在皇家海军现役之中。1902 年，这艘近百岁的老战列舰被变卖并拆毁，结束了其平淡无奇的一生。

从设计上来看，仅仅加长了火炮甲板的“海伯尼亚”号显然不是那种海军部所期望的能够在质上得到飞跃的超级巨舰。然而它的不成熟却为接下来的新舰“加勒多尼亚”级的设计指明了修改方向，这或许便是这艘孤零零巨舰存在的最大价值了。

全面提升档次的主力舰

中国有句古话叫“好戏还在后面”——尽管“海伯尼亚”号相较“巴黎城”号已有了较大的改进，但它仍然不能满足海军部的要求。尤其是它那过短的龙骨在军舰服役时间较长后，容易使船体变形、有严重事故隐患。因此早在“海伯尼亚”号正式开工建造之前的 1794 年 11 月 6 日（一说为

一幅“加勒多尼亚”级战列舰首舰“加勒多尼亚”号的侧视图。由于该舰在最初起草设计时仍处于18世纪，因此还是保留了很多18世纪战舰的外部特征

1797年1月19日），海军部就任命普利茅斯的造船主任威廉·鲁尔为全新一级主力舰的总设计师，着手新舰规划。从1805年开始直至1829年，英国一共开工建造了9艘“加勒多尼亚”级120门火炮战列舰，其中前4艘为“标准型”，后5艘为“改进型”。另外事实上“加勒多尼亚”级原本还计划建造更多的成员，但是从第10艘“女王”号开始由于将设计师更换为威廉·西蒙斯（1782—1856年）并且大幅修改了建造风格，实际上成为一个全新的舰级，因此在这里不予讨论。

一部展现“加勒多尼亚”号剖面的模型。可以清楚地看到该舰的内部结构，请注意它的船喙实心部分比18世纪的传统设计面积增大，这样可以加强船艏的强度

与“海伯尼亚”号相比，“加勒多尼亚”级战列舰进一步加长了火炮甲板长度，从而使中层火炮甲板能够放下17对有效炮位（“海伯尼亚”号为16对），这使得该级舰的舷侧（只计算主火炮甲板）火力已经与同期最大的竞争对手——法国“海洋”级相持平。

尽管“加勒多尼亚”级在建造过程中衍生出多种改型，但其船身基本尺寸却一直是固定不变的，这也为海军后勤的保养和维护带来了便利。其火炮甲板长约62.48米，龙骨长约51.82米，船宽约16.22米，吃水深约7.03米；排水量达到2616吨，虽然与“海洋”级的2746吨标准排水量相比还有些差距，但基本属于一个量级了。相较“海伯尼亚”号，“加勒多尼亚”号最大的进步是显著加长了龙骨长度（增加了4米之多），这对于战舰的寿命和适航性来说非常重要。

“加勒多尼亚”级设计搭载120门火炮，由于服役时卡隆炮已经广泛装备舰队，因此该舰在艉楼搭载了10门此类重炮用于近距离海上角斗。由于该级舰在实际建成后搭载火炮种类多有不同，这里仅以首舰“加勒多尼亚”号为例为大家加以介绍。其在1808年完工入役时的火炮布置为：

32门32磅炮布置在下层火炮甲板；

34门24磅炮布置在中层火炮甲板；

34门18磅炮布置在上层火炮甲板；

10门32磅卡隆炮和6门12磅炮布置在艉楼，2门32磅卡隆炮和2门12磅炮布置在艏楼。

除此之外，该舰还额外布置了6门24磅卡隆炮在后甲板舱室内，因此该舰的全部火炮携带数量为126门。同期“海洋”级通常的火炮搭载数量为124门，并且由于法国海军用榴弹炮的性能明显劣于英式卡隆炮，事实上“加勒多尼亚”号的总体火力是优于前者的，再加上英、法两国炮兵素质的明显差距，倘若在海战中进行一对一战斗，“加勒多尼亚”号的胜算是相当大的。

一幅“加勒多尼亚”号的水彩画作品。其船艏的造型已经改成了19世纪中期的“全实型”，这也是最后一代风帆战列舰典型的外貌特征之一

前文提到了“加勒多尼亚”级被分为标准型和改进型。标准型从“加勒多尼亚”号开始，依次为“不列颠尼亚”号（1820年下水）、“摄政王”号（1823年下水）和“皇家乔治”号（1827年下水）；而改进型从“尼普顿”号（1832年下水）开始，依次为“皇家威廉”号（1833年下水）、“滑铁卢”号（1833年下水）、“圣乔治”号（1840年下水）和“特拉法尔加”号（1841年下水）。尽管同为标准型，但前4艘的武备也并不完全相同。从4号舰“皇家乔治”号开始，每艘舰的下层甲板的最前面一对主炮被更换为68磅卡隆炮；同时中层甲板的24磅炮被全部替换为32磅炮，艉楼的6门12磅炮被替换为4门32磅卡隆炮与2门18磅炮。此外，后甲板舱室的卡隆炮被全部移除，火炮总数下降至120门。5艘改进型的“加勒多尼亚”级战列舰也维持了这一火力配置，其与标准型的主要区别在于水线处的船宽被适当增加至约16.61米，以应对新型火炮带来的更强后坐力。

一幅描绘“加勒多尼亚”级战列舰最后一艘“特拉法尔加”号下水时场面的画作。画面中年轻的维多利亚女王正手执鲜花注视着巨舰被徐徐推动

值得一提的是，除了首舰“加勒多尼亚”号，该级舰的其余成员均为1820年之后才建成服役的，这就意味着该级舰形成普遍战斗力之时，欧洲和美洲的主要战事皆已经结束，那么该级舰在实际服役中又会如何呢？

生不逢时的巨兽

1808年6月25日，随着一艘崭新巨舰在普利茅斯干船坞被推入水中，英国如同法国一样进入了“标准一级舰时代”。为何要这样说呢？因为从此英国与法国一样都只建造拥有120门火炮的舰型较为固定的一级舰（英国的主要代表为“加勒多尼亚”级，而法国则为“海洋”级），这对于海军来说是一大进步。曾经西班牙也想将一级舰固定为“圣安娜”级及其改进型，然而拿破仑战争后，其国力迅速衰败，直至风帆时代结束竟再也未能新建一艘100门火炮以上的一级舰。

停泊在港中的“加勒多尼亚”级2号舰“不列颠尼亚”号。虽然该舰是仅次于“加勒多尼亚”号而建造的，但当其真正加入海军序列时，已是后者服役15年后的1823年

一幅描绘“加勒多尼亚”号与法舰“罗穆卢斯”号进行炮战的油画。狡猾的法舰最后利用地理优势成功逃脱

“加勒多尼亚”号在建成之时收获了很高的评价。得益于大量压舱带来的整舰平衡，该舰的适航性非常好，因而被评为当时“最容易驾驭的三层甲板战列舰”之一。由于帆桅设计合理，“加勒多尼亚”号成为当时英国海军中少有能抢风航行的大型战舰。对“加勒多尼亚”号的赞美之声是如此之多，以至于人们很难辨别这究竟是大国粉饰强大的谎言，还是事实就如描述一般。但是有一点可以肯定：该舰在设计上的确是优秀的，这使得后续的英国主力舰皆以此为样板建造。

尽管是一艘优秀的战列舰，但英国人对使用“加勒多尼亚”号还是颇为谨慎。直到 1814 年 2 月 12 日才执行了它的第一个任务——跟随“博扬”号战列舰前去阻止法国战列舰“罗穆卢斯”号（74 门火炮）离开土伦港。但是“罗穆卢斯”号利用靠近海岸浅滩航行的办法，最后还是摆脱了英舰的追击。

1831年，“加勒多尼亚”号加入了由爱德华·科德林顿爵士指挥的海峡舰队中的一支特殊部队——“实验分队”。在该年的9月12日，“加勒多尼亚”号在艉舵附近加装了人力控制的螺旋桨，在护卫舰“盖勒蒂亚”号（36门火炮）的拖曳下仅凭借螺旋桨动力进行了试航。

1856年，随着新舰的不断服役，“加勒多尼亚”号被改装成一艘医院船，同时更名为“无畏”号驻泊在格林威治海军医院的港口直到1870年。在1871年时它曾因天花病毒的暴发被用来运送病人。1875年，该舰和部分同级舰一齐被拆毁。

看起来作为同级舰中最早服役的“加勒多尼亚”号并未利用拿破仑战争和1812年战争的机会为其履历增添光辉的一笔。与此形成对比的是，晚于其15年服役的2号舰“不列颠尼亚”号却因为参加了克里米亚战争而成为该级舰中唯一一艘在大战中被使用的成员。1830年至1841年，“不列颠尼亚”号服役于地中海，1843年接受改装后重新服役，作为海军上将邓达斯爵士的旗舰前往黑海。尽管仅仅作为指挥舰经历了这场战争而并未直接参与战斗，但“不列颠尼亚”号的这段经历也足以令同级成员羡慕。

海军上将詹姆斯·邓达斯（1785—1862年）的肖像。其曾参加过拿破仑战争，后来作为地中海舰队司令参加了克里米亚战争

除去“加勒多尼亚”号与“不列颠尼亚”号，该级其他7艘战列舰几乎全部在碌碌无为中度过。因此在这里就不再将它们的经历赘述。总体来看，由于几乎没有在较大规模的作战中被使用，“叫好不叫座”的“加勒多尼亚”级没能发挥出与其纸面实力相匹配的表现，因此用“生不逢时”来形容这级“海上巨兽”恐怕便是最好也是最贴切实际的结论了。

一幅描绘“加勒多尼亚”级4号舰“皇家乔治”号于1853年在舰上加装了蒸汽机后的画作。蒸汽时代的全面来临预示着这些传统风帆战列舰的穷途末路

夕阳余晖——拿破仑战争后的英国一级舰

“最高贵的摆设”——“纳尔逊”级战列舰

在“加勒多尼亚”级战列舰被建造的同时，英国海军部还批准建造了一级与之相似的120门火炮战列舰，那就是“纳尔逊”级。与鲜有战绩的“加勒多尼亚”级相比，“纳尔逊”级无疑是更加糟糕的存在——其全级3艘成员竟然只有一艘真正投入过现役，堪称是当时英国海军中“最高贵的摆设”。

“纳尔逊”级首舰“纳尔逊”号的船艏像自然是英国海军大英雄霍雷肖·纳尔逊。目前这尊船艏像实物保存在澳大利亚国家海事博物馆

拍摄于19世纪70年代的“纳尔逊”号。此时该舰已经被削减为一艘双层甲板战舰

“纳尔逊”级的主要尺寸和武备皆与“加勒多尼亚”级十分接近，这里不再赘述；除了吃水部分，“纳尔逊”级的吃水深度达到了7.31米，这就意味着该级舰拥有比“加勒多尼亚”级更好的稳定性。虽然在1814年7月4日便完成了下水仪式，但“纳尔逊”号从未真正建成过。克里米亚战争的爆发更使其被搁置起来。1860年，随着战争的结束，海军部想起了被遗忘的“纳尔逊”号，着手对其进行了改造。该舰被削去一层甲板缩减为91门火炮（一说89门火炮）的双层甲板战列舰，同时加装了1546千瓦的蒸汽机。该蒸汽机能够为战舰提供最高10.5节的航速。

1865年，“纳尔逊”号被改装为一艘训练舰并于1867年10月出发前往澳大利亚，途经好望角之后，该舰于1868年2月抵达。此后，该舰一直待在澳大利亚，1908年曾短暂被卖给新西兰一家蒸汽船公司，但很快就又回到澳大利亚沦为一艘仓库船，直至1928年被拆毁。

“纳尔逊”级2号舰“圣文森特”号是该级舰中唯一曾在海军一线中服役过的成员。虽然其在1815年3月11日就完成了下水仪式，但迟至1829年才正式服役。服役之后，“圣文森特”号辗转多位将领之手担任他们的旗舰。克里米亚战争时期，“圣文森特”号担负起将法国军队运送至波罗的海的任务，但是没有直接参与战争。战争结束后，该舰先是成为一艘补给舰，紧接着在1862年沦为训练舰，主要用来为海军候补生提供海上培训。此后直至1905年，“圣文森特”号都在英国海军中担任训练舰一职。1906年，过于陈旧的该舰终于被变卖并拆解。

摄于1897年的“圣文森特”号训练舰。几经改装，该舰已经成为一艘十分专业的训练舰，并以此身份在皇家海军中继续存在了40多年

“纳尔逊”级的最后一艘被命名为“豪”，有趣的是，该级舰3艘均以英国海军战果累累的名将命名，分别为霍雷肖·纳尔逊、圣文森特伯爵杰维斯以及理查德·豪。但是与被命名的将领相比，这3艘巨舰的履历和命运无疑是落魄和不值得一提的——其中最为落魄的要数最后建成的这艘“豪”号了。该舰甚至从未完工并且从未留下过一张照片，仅仅是在1815年3月28日下水后便被无限期搁置。当克里米亚战争爆发后，为了减少不必要的开支，该舰于1854年2月23日被拆毁，结束了不明不白的一生……

最后的纯风帆动力一级舰——“女王”级战列舰

“女王”号原本是作为“加勒多尼亚”级10号舰来建造的，但由于更换了设计师并且大幅修改了建造风格而被归为全新一级军舰；“女王”级也摇身一变成为这一级新舰的首舰。作为全新一级军舰，“女王”级计划建造5艘，但是实际只有3艘开工并完成了建造，并且这3艘最终都被削减为双层甲板战舰。

1839年5月15日，“女王”号在朴茨茅斯完成下水，并于次年服役。该舰的建造速度甚至快于“加勒多尼亚”级的最后一艘“特拉法尔加”号。尽管在尺寸上与“加勒多尼亚”级并无太大差距，但“女王”级最初是按照110门火炮级别来设计的，因此在武备上与前者有着显著区分。“女王”级的设计火炮布局如下所列：

28门32磅炮和2门68磅卡隆炮布置在下层火炮甲板；

28门32磅炮和2门68磅卡隆炮布置在中层火炮甲板；

32门32磅炮布置在上层火炮甲板；

10门32磅炮布置在艉楼，2门32磅炮和2门68磅卡隆炮布置在艏楼，另有4门18磅卡隆炮布置在后甲板舱室内。

一幅描绘停泊在马耳他港的“女王”号的画作，由罗伯特·托马斯作于1842年。此时“女王”号是英国地中海舰队的旗舰

一幅描绘克里米亚战争时期海军用舰炮攻城的画作。此时的火炮仍以前膛炮为主，但是可以发射爆破弹，威力比过去有了成倍提升

虽然最初被要求统一按照威廉·西蒙斯的设计来建造，但只有“女王”号是按照这个方案的设计尺寸来完成的，其他两艘或多或少有些区别。至于那两艘未开工建造的——甚至舰名都已经制定完毕，分别为“阿尔及尔”号与“皇家主权”号。其中一艘“阿尔及尔”号作为全新的长甲板91门火炮蒸汽风帆混合动力战列舰于1854年建成服役，而另一艘“皇家主权”号的命运在前面已经介绍过，这里就不再赘述。

1854年，“女王”号参加了克里米亚战争，在塞瓦斯托波尔攻坚战中负责炮轰要塞。值得一提的是，著名的蒂莫西龟（是最著名的地中海骨刺龟之一）正是在那时被发现并由水手圈养在船上充当吉祥物的。这只乌龟当时大约10岁，后来辗转多艘军舰（充当舰上吉祥物），直到2004年才去世，享年约160岁。

1858年8月至1859年4月，“女王”号接受了蒸汽机改造，同时削减了一层甲板，火炮总数降为86门。改装后的“女王”号能够以10.5节的航速进行巡航，随后在地中海一直服役到1864年。由于铁甲舰的出现，英国海军中大批过了时的“木头船”前景堪忧，“女王”号很不幸地被列入了早期“清洗”名单。1871年，该舰在泰晤士河上的萨里运河码头被拆毁。

一幅描绘“女王”号在萨里运河码头被执行拆毁作业情形的画作。曾不可一世的风帆巨舰最终都难逃这样的命运

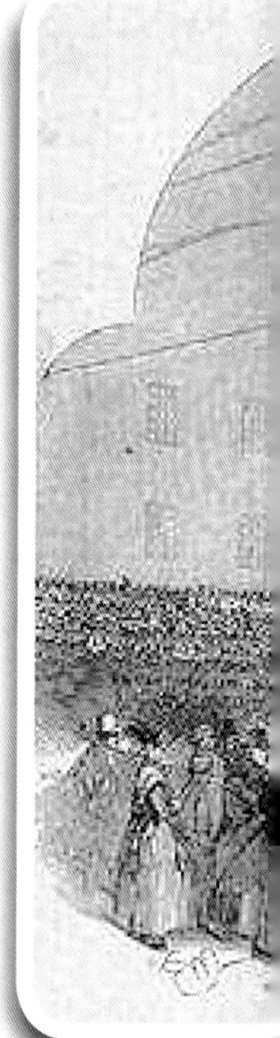

“女王”号的两艘姐妹舰，“维多利亚”号与“弗雷德里克·威廉”号的服役历程则比首舰更为平淡。由于建成时克里米亚战争已经结束了，它们失去了在战争中一显身手的机会。“维多利亚”号在1862年被削减火炮至97门，随后在1869年又因为新舰命名的缘故，不得不将自己的舰名更换为“剑桥”，随即被打入冷宫——沦为一所海上炮兵学校。不过尽管如此，它却是长寿的，直到1908年才被变卖拆毁。

至于最后一艘“弗雷德里克·威廉”号，其甚至从未作为三层甲板战列舰服役过。1860年当其建成下水时，已经摇身一变成为拥有双层甲板和86门火炮的蒸汽风帆混合动力战舰。由于木质帆船早已过时，“弗雷德里克·威廉”号在服役伊始便被发配到海岸警卫队执行二线任务。1876年，它被更名为“伍斯特”号，成为一艘训练舰。尽管随后一直处于“半死不活”的状态，但该舰的寿命却是出奇的长——直到1953年才被彻底报废。至此，“女王”级才完全退出历史舞台。

与著名“飞剪船”“卡蒂萨克”号停泊在一起的“伍斯特”号。照片摄于1938年，此时这两艘帆船实质上都已经沦为“海军吉祥物”

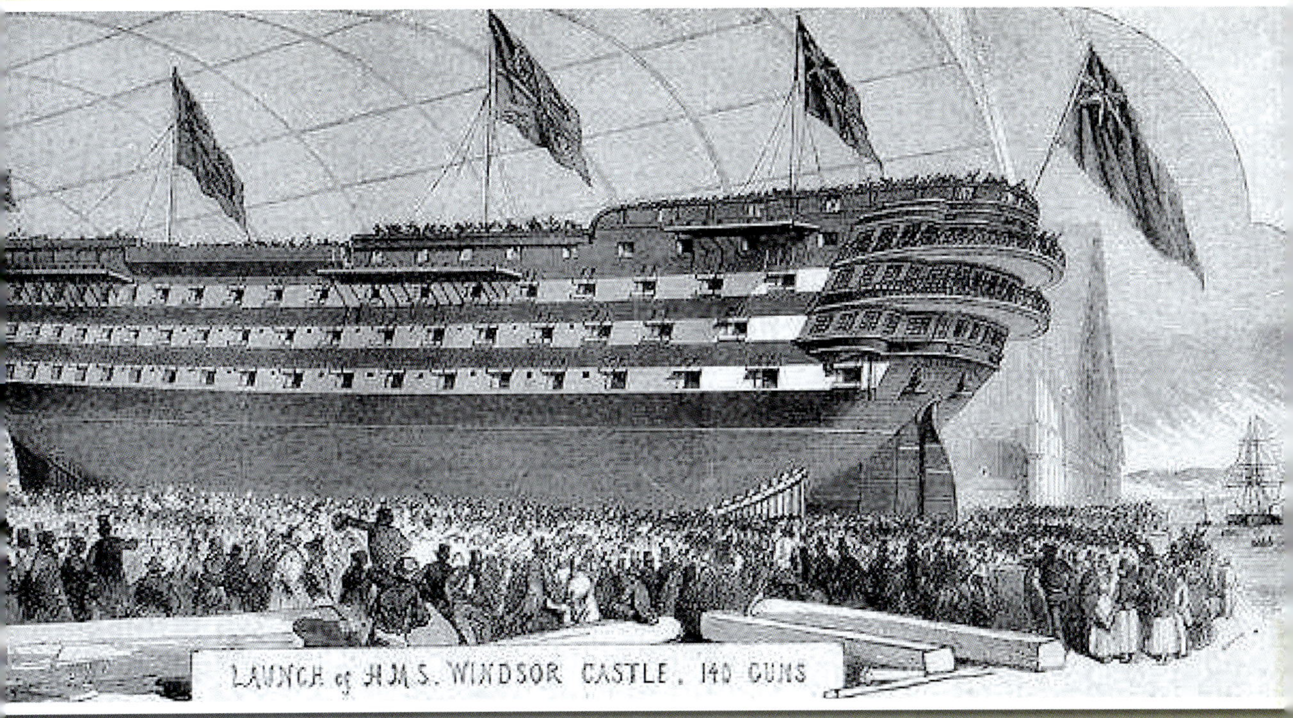

一幅描绘“温莎堡”号下水时情形的画作。随后威灵顿公爵的死讯传来，该舰被迅速更换了舰名

最后的辉煌——混合动力风帆巨舰“威灵顿公爵”级

1841 年，英国海军部计划建造新式一级舰来取代“女王”级。该计划原本应该由西蒙斯爵士来执行，但由于他中途辞职，海军部不得不另觅对象来完成设计。后来，西蒙斯的助理测量师约翰·埃迪（1789—1873 年）对原图纸进行了改进。新舰于 1849 年 5 月开始建造，被命名为“温莎堡”号。不过由于此时蒸汽机已经在小型船只上普及，官方要求更改设计（使得新舰直接在建造中安装蒸汽机）而耽搁了工时。当该舰于 1852 年 9 月 14 日正式完工并下水时，恰逢德高望重的威灵顿公爵在当日去世，为了纪念这位在拿破仑战争时期立下杰出功勋的将领，政府随即将“温莎堡”号更名为“威灵顿公爵”号，同时将威灵顿公爵的半身像作为该舰新的船艏像。

“威灵顿公爵”级一共建造了4艘，单从尺寸来看，它们应该算得上是木质风帆战舰里面最为庞大的了。根据记载，“威灵顿公爵”级火炮甲板长约73.16米，龙骨长约61.28米，船宽约18.29米，吃水深约7.37米；排水量达到3771吨，满载排水量更是超过了6000吨（实测6071吨）。庞大的船体原本可以搭载更多的火炮，但是由于蒸汽机的缘故，“威灵顿公爵”级并未能够安放匹配其庞大身躯的火炮——“仅仅”为131门。关于这些火炮的布局如下所列：

26门32磅炮和10门8英寸（203毫米口径）新式炮布置在下层火炮甲板；

30门32磅炮和6门8英寸（203毫米口径）新式炮布置在中层火炮甲板；

38门32磅炮布置在上层火炮甲板；

20门32磅炮布置在艉楼或艏搂，另有一门68磅炮安装在艏楼甲板露天中线平台（位于前桅杆之前）上。

停泊在德文波特造船厂肯亚姆干船坞内的“威灵顿公爵”号，照片摄于1854年3月5日。该舰超宽的舰体得到了很好的视觉体验

当1853年2月4日“威灵顿公爵”号服役时，至少在纸面上它是当时世界上最强大的军舰（直到法国巨舰“布列塔尼”号于1855年建成），因此很快成为海峡舰队的旗舰。克里米亚战争爆发后，“威灵顿公爵”号成为英国远征舰队的旗舰，在围攻斯菲堡（今天的芬兰堡）时作为桑德斯·邓达斯少将（1802—1861年）的座舰担任炮击舰队总指挥。战后，邓达斯被提拔为地中海舰队副司令。

1863年，“威灵顿公爵”号在朴茨茅斯成为一艘接待船，其伟岸的身躯成为众多早期摄影师镜头中的宠儿，这也是该舰至今留下较多照片的一个重要原因。从1869年开始直至1891年，“威灵顿公爵”号一直停泊在朴茨茅斯港。到了19世纪末，尽管新式铁甲舰已经层出不穷，外观威武的“威灵顿公爵”号依然是军中宠儿（其在1884年至1886年还仍然担任过旗舰），甚至在1896年庆祝维多利亚女王生日的庆典上依然盛装出镜（尽管该舰已经在1888年退居二线）。1904年，“威灵顿公爵”号在朴茨茅斯被拆毁。

1896年阅舰式上的“威灵顿公爵”号。其粉刷一新并在桅杆上挂满了彩旗

“威灵顿公爵”级的2号舰“马尔伯勒”号于1855年7月31日下水，而待其服役时，克里米亚战争已经结束，因此失去了最后在战争中亮相的机会。3号舰即前文提到过的风帆时期的最后一代“皇家主权”号。该舰甚至在建造中直接被改装为身披铁甲的炮塔舰（即铁甲舰的一种）。至于“威灵顿公爵”级的4号舰“威尔士亲王”号则迟至1860年1月25日才完成下水仪式，算得上是英国海军最后一批新建的木质主力舰了。在其下水后仅11个月，世界上第一艘铁骨铁壳的主力舰“勇士”号也下水并于次年服役，“勇士”号的出现为英国海军的木质帆船时代画上了句号。

一幅描绘“威尔士亲王”号试航的画作。该舰是英国最后一批木质主力舰的代表，在此之后，一个崭新的时代来临了

“日不落帝国”与第一支全球化海军的诞生

维多利亚女王登基与“日不落帝国”的确立

1837 年 6 月 20 日，英国兼汉诺威国王威廉四世去世，由于这位国王生前没有直系子女，因此按照继承顺位，年仅 18 岁的维多利亚成为英国女王。当时恐怕没有人会认为这位身材瘦小（据说维多利亚的身高只有 150 厘米）、一脸孩子气的小姑娘会在日后为英国带来最为辉煌的时刻。

维多利亚女王登基图。此画由乔治·海特尔绘于 1837 年

维多利亚女王登基时的英国正处于整个国力高速发展的时期。由于在历次大战中已经扫除了来自法国、西班牙、荷兰等劲敌的威胁，到19世纪三四十年代时，英国的海军实力已经稳居全球第一。维多利亚女王继位后继续大力发展海军建设，一艘又一艘新式巨舰被建造出来，尽管这些舰只中的绝大部分仅仅作为“帝国的颜面”而存在，然而存在即威慑——英国海军成为世界上最早的全球化海军，当然，这其中很大一部分原因也得“归功”于其在海外多如牛毛的殖民地。

1840年，英国占领了澳大利亚以东的新西兰——这块被认为人类最后未插足的沃土。英国的全球殖民体系就此形成。很多时候，英国在海外努力保留庞大殖民地的原因就是这些殖民地可以提供海军舰队的据点；而海外驻军据点的理念也一直持续到今天。从1825年到1875年这段时间，除英国和法国外，欧洲国家征服新殖民地的活动已基本停止，代之以向海外殖民地移民的运动。而就英国的情况来说，英国财政大臣、后来的首相迪斯雷利在1852年曾总结出一句能够概括这一时期英国对殖民地态度的名句：“殖民地是挂在我们（英国）脖子上的沉重磨盘。”以英国在冈比亚和黄金海岸的两小块殖民地为例，其商业税收远远赶不上行政开销，英国议会几次建议缩小殖民地规模或将其完全抛弃，只是由于英国皇家海军西非分舰队需要在几内亚湾建立海军据点，英国才最终保留这两处地区。

但是这样的开销对于已经蜕变为世界性大帝国的英国来说是完全值得的。当19世纪末，欧洲列强完成了对非洲的瓜分后，英国在全球的主导地位已经得到了凸显。据记载，当维多利亚女王于1901年去世时，英国的海外殖民地总面积已经达到了约3000万平方千米，这一数值为其本土面积的

维多利亚女王时期的英国著名首相本杰明·迪斯雷利（1804—1881年）摄于1878年首相任期内的照片。其曾于1868年2月至当年12月、1874年2月至1880年4月两次出任英国首相，并且也是英国迄今为止唯一一位犹太裔首相

约120倍。这就意味着几乎在全球的每一个角落，都有英国海军的据点和悬挂着英国旗帜的船只，太阳所照之处皆为米字旗（英国的国旗）飘扬之处——日不落的大帝国就此成为现实。

从欧洲海上霸主到全球化海军

倘若说16世纪的英国海军主要是以保卫国家领海、求得一邦之安为目的而存在的话，那么从17世纪甚至16世纪末开始，英国便开始走上了争夺欧洲海权的道路。拦在英国人面前的第一道屏障是已经江河日下的西班牙帝国。尽管西班牙已经日趋没落，但作为崛起的“新秀”，英国想要单独对付它仍旧存在难度。好在就在这时，刚刚脱离西班牙统治、正处于实力井喷期的荷兰“义无反顾”地站了出来。

依靠繁荣的海上贸易发家的荷兰颇有17世纪“日不落商业帝国”的意味。在那个时期，荷兰商船正如两个世纪后的英国海军一样遍及世界四大洋。但相对来说，商贸只是个松散的集合体，其效应远远没有权力统一

由荷兰画家小威廉·范德维德作于1659年的唐斯海战全貌图。此人后来在1673年移居英国，成为英国皇室御用海军画家

由荷兰画家卢多夫所绘的发生于奥格斯堡同盟战争时期的巴芙勒尔海战场面图。在这场战斗中，英、荷联合舰队获得了战略上重要的胜利，并在此之后控制了制海权

的军队来得强大。聪明老练的英国人借助“初生牛犊不怕虎”的荷兰人的力量在唐斯海战中一举撕下了西班牙的最后一块遮羞布，从而将这个老牌帝国彻底踢出了“游戏圈”。

在解决了西班牙这个老牌帝国后，英国很快意识到想要扫清争夺海权的障碍就必须铲除昔日的“兄弟”荷兰。3次英、荷战争并不能消除荷兰对英国的威胁，但是这仅仅是表面上的现象——由于国小力薄，经过长期拉锯战的荷兰终因经济衰退而败下阵来。但是这并不意味着英国就取得了成功，因为新的势力已滋生而起，那就是由野心勃勃的路易十四所统治的法国。

法国身处欧洲大陆，自古以来就是陆上强国。路易十四亲政后大力发展海军，有意拓展海外殖民地，于是不可避免地与同样以此为目标的英国发生了碰撞。由于国力占优加上地大物博，法国在较短时间内建立了一支实力超越英国的舰队，并且也涌现出如图尔维尔在内的一批战术素养较高的海军将领，然而锋芒毕露的路易十四与整个欧洲为敌，在两次大规模战争中成为众矢之的，最终被由英国领导的反法同盟所击败。

在击败路易十四的法国之后，由于荷兰的衰败，英国被送上了欧洲海上霸主的宝座。在此之后，复苏的法国和西班牙曾携手对其统治地位发起挑战，但都无疾而终。从法国大革命到拿破仑战争时期，英国海军用一系列决定性的胜利告诉每一个欧洲人：他们的海上霸主地位是牢不可撼的。

然而仅仅控制欧洲海域对于英国人来说还远远不够，或者可以说还远远不能令他们满足。从 18 世纪下半叶库克船长环游地球开始，英国加紧了对海外殖民地的扩张。在随后一百多年时间里，英国利用其强大的海军使他们的势力很快遍布全球。正如前文所提及的那样，英国开辟的新殖民地往往都以建设军事据点为目标，方便军舰在这里驻扎，并在适宜的时间进军全球任何一片海域。海军全球化，正是因此而变为了现实。

一部英国于 18 世纪下半叶建造的 50 门火炮四级舰的模型。建造这种最小型战列舰的初衷正是为了满足远洋殖民地作战的需求。英国人全球化海军的构思由来已久

尾 声

1860年12月29日，一艘通体黑色、身披铁甲的巨舰在泰晤士河下水，7个月后的8月1日，该舰正式加入英国海军，这就是世界上第一艘铁骨铁壳的铁甲舰“勇士”号。它的出现打破了风帆时代的“游戏规则”，令那些倚靠蒸汽机仍然在苟延残喘的木质船一夜之间便失去了存在的价值。事实上在进入工业时代后，人类文明发展的步伐显著超越了之前数千年的脚步，在这种情况下，唯有适应，才能避免被淘汰的厄运。

一幅描绘铁甲舰“勇士”号试航的画作。该舰修长的钢铁船身和两个喷云吐雾的巨大烟囱成为海军迈向工业化的显著特征